SAVOIRS ET SAVOIR-FAIRE PSYCHOLOGIQUES CHEZ L'ENFANT

PSYCHOLOGIE ET SCIENCES HUMAINES

Pierre Oléron
Janine Beaudichon / Annick Cartron
Jacqueline Danset-Léger / Anne-Marie Melot
Anh Nguyen-Xuan / Fajda Winnykamen

Université René Descartes, Sorbonne, Paris

savoirs et savoir-faire psychologiques chez l'enfant

PIERRE MARDAGA, EDITEUR
2, GALERIE DES PRINCES, 1000 BRUXELLES

© Pierre Mardaga, éditeur
37, rue de la Province, 4020 Liège
2, Galerie des Princes, 1000 Bruxelles
D. 1981-0024-23

Avant-propos

Le présent ouvrage réunit les contributions de plusieurs auteurs qui ont joint leurs connaissances et leurs réflexions pour le réaliser. Les ouvrages de ce genre ont l'intérêt de ne pas imposer au lecteur un point de vue unique et de laisser place à des éclairages divers liés à la personnalité de chacun. Ils lui demandent en compensation d'accepter quelques risques d'hétérogénéité dans le traitement des questions et, par la faute du coordinateur (P. Oléron), la présence de lacunes ou de recouvrements.

On a essayé de maintenir un équilibre assez difficile entre les références à une littérature souvent constituée d'expériences ponctuelles et un appel à des réflexions dont certaines peuvent paraître, par contraste, quelquefois simples voire naïves, mais qui ont paru utiles pour aider à prendre une vue d'ensemble des questions traitées.

Point commun avec beaucoup d'ouvrages, quelle qu'en soit la formule, le chapitre d'introduction peut être lu après les autres, particulièrement par ceux qui préfèrent entrer dans le vif du sujet et aborder les informations et les analyses qui se tiennent plus près des faits.

Les questions traitées ici ont fait l'objet d'exposés dans le cadre du Séminaire de 3e cycle du Laboratoire de Psychologie Génétique (Université René Descartes, Paris). Les auteurs et le coordinateur doivent beaucoup aux observations, critiques, suggestions et encouragements apportés par tous ceux qui ont participé aux discussions et ils tiennent à leur exprimer leur gratitude.

Chapitre I
Les savoirs et savoir-faire psychologiques : nature, formes, genèse

On s'est proposé de regrouper dans cet ouvrage un certain nombre de données et d'analyses concernant les savoirs et savoir-faire psychologiques de l'enfant. Ce genre de regroupement est inhabituel : les divers points que l'on a rapprochés sont en général traités séparément. Il convient donc de le justifier. En outre à sa base se trouvent certaines prises de position sur la nature de ces savoirs et savoir-faire, en particulier dans leurs rapports avec les représentations courantes des activités cognitives et de l'intelligence. Les termes mêmes « savoirs et savoir-faire psychologiques » ne sont pas d'usage courant. Sur ces points il importe donc de présenter des explicitations et explications.

1. Les aspects cognitifs de la vie sociale

Selon une formule où la banalité le dispute à l'évidence, l'homme vit en société, c'est-à-dire d'abord avec d'autres hommes. Ceci l'amène à tenir compte des caractéristiques de ceux-ci, des traits de leur personnalité, de leurs exigences, leurs attentes, leur capacité de contraindre ou de séduire, leur malléabilité, leur résistance ou leur inertie. Il assiste comme témoin ou acteur, proche ou lointain, aux actions menées par les individus ou groupes qui disposent de la puissance ou visent à la détenir pour satisfaire leurs ambitions, aspirations ou intérêts en mobilisant à tous les niveaux, y compris sur lui-même, pressions et sollicitations.

Il vit aussi, selon une métaphore familière, avec lui-même; il est amené ainsi à tenir compte, dans ses projets et ses actes, de ce qu'il ressent, de ce à quoi il aspire, de ce qu'il peut, afin de procéder aux ajustements et modifications appropriées.

Ses contacts et ses échanges, ses conflits avec les autres prennent place dans le cadre de normes, règles, pratiques sociales qui s'imposent à lui et dont il doit tenir compte à chaque instant, même (et surtout) s'il veut ruser avec elles ou se placer à leur égard en situation de marginalité ou d'infraction.

Ceci implique des savoirs d'ordre psychologique puisque se trouvent mis en jeu, comme le suggère l'énumération sommaire ci-dessus, sur les bases d'affectivité et de pulsions, des informations, représentations, projets, décisions, stratégies... Et ceci implique aussi des savoir-faire puisqu'il ne s'agit pas, en tout cas pour une large part, de contemplation ou de spéculation devant un spectacle, mais d'agir pour satisfaire ses propres ambitions dont la plus élémentaire est au moins la survie.

Cette description est évidemment valable pour l'enfant, avec les correctifs que l'âge et les incapacités qu'il entraîne obligent à introduire. Pas un auteur qui écrit sur l'enfant ne manque de souligner que celui-ci ne peut vivre, même biologiquement, que dans un cadre social et qu'une partie de ses apprentissages consiste à assimiler les règles qui déterminent ses relations avec autrui, de l'adulte aux camarades de même âge puis aux plus jeunes que lui.

C'est la raison pour laquelle tout ouvrage consacré au développement de l'enfant comporte nécessairement un chapitre sur la socialisation, de même que tout programme d'enseignement portant sur le même thème. On ne discutera pas ici sur la pertinence du terme « socialisation », qui est cependant contestable dans la mesure où il paraît présupposer que l'enfant au départ ne serait pas social, mais le deviendrait progressivement. Le point important est différent. Parler de socialisation en décrivant seulement les transformations qui s'observent sur le plan des comportements, des rapports avec les autres, avec les institutions sociales, les cadres culturels, les règles morales... serait laisser de côté ce qui nous intéresse : l'acquisition des savoirs et des savoir-faire.

Ce qui est caractéristique ici en effet est que le développement social est largement un développement *cognitif*. L'enfant n'est pas simplement le jouet de conditionnements ou de dressages qui l'amènent à se conduire d'une manière appropriée avec les autres et en respectant les normes régnantes de son environnement. Sa manière d'agir correspond à des *connaissances* sur les autres et sur ces normes. Même si au début ces connaissances sont simplement mises en pratique et vécues (il ne peut en être autrement avec le nouveau-né par exemple), elles sont plus tard incorporées dans le modèle que l'enfant appréhende dans les conduites de l'adulte et que l'entourage expose sous forme de règles communiquées verbalement. L'enfant en prend lui-même conscience lorsque les situations sont assez complexes pour le faire hésiter et l'amener à décider de la manière la plus opportune de résoudre les problèmes avec lesquels il se trouve confronté.

La référence au cognitif n'est pas introduite pour céder à un mode qui date de quelques années — et peut-être pour cette raison est déjà en train de passer — et qui consiste à introduire les termes «cognition», «cognitif», «cognitivisme» un peu partout, dans les textes, les titres d'articles, de revues ou d'ouvrages, au risque de leur faire perdre une large part de leur signification [1]. C'est simplement parce que la nature du sujet appelle cette référence. C'est tout naturellement, et en conformité avec une longue tradition et des habitudes bien établies, qu'on traitera dans les chapitres suivants de *connaissance* d'autrui, de *connaissance* de soi, de *connaissance* des faits psychologiques.

Les théories «cognitivistes» ont le mérite de mettre en avant les connaissances ou les croyances que le sujet forme (spontanément ou par induction) sur les événements et les situations et de s'en servir pour expliquer certaines de ses réactions — y compris ses réactions affectives — et les conduites à leur égard. De même en ce qui concerne les cadres ou schémas à travers lesquels le sujet organise ses expériences de l'environnement et les interprète ou leur confère un sens. Ceci intervient non seulement à l'égard des objets physiques (l'effet «placebo» dans ce domaine figure parmi les plus simples et les plus spectaculaires) mais aussi en ce qui concerne la manière d'appréhender les personnes, soi-même, la vie sociale.

C'est ainsi que divers auteurs — par exemple, Livesley et Bromley (1973), Cantor et Mischel (1977), Ross (1978) — ont mentionné des notions qui évoquent des cadres conceptuels, tels que schémas, programmes, plans, scénarios, prototypes, utilisés pour l'étude de l'in-

---

[1] «Cognition est devenu un terme à la mode au cours des dernières années. En fait il est tellement à la mode et il a été utilisé de tellement de manières par tant de gens qu'il n'a plus une signification technique unique» (Sears, 1974, 84).

telligence artificielle ou l'analyse ou la mémorisation de récits, en montrant qu'elles s'appliquaient à la connaissance de soi comme à la connaissance d'autrui. Cantor et Mischel, par exemple, ont justifié l'idée que les traits de personnalité pourraient être traités comme des prototypes conceptuels. Markus (1977) a montré que les *« self schemas »*, c'est-à-dire les représentations que les personnes se formeront de leur personnalité, facilitent les jugements qu'elles portent sur elles-mêmes et les descriptions qu'elles en donnent.

Ces rapprochements sont d'autant plus valables qu'ils retrouvent, mais avec des concepts plus précis, des idées courantes et exprimées d'une manière plus simple lorsque, par exemple, il s'agissait d'analyser les sources d'erreurs dans l'attribution des caractéristiques à des personnes ou l'interprétation de leurs comportements (Heider, 1958; Kelley, 1958; Ross, 1977).

Sans approfondir ce point, on peut remarquer que, en matière sociale et lorsqu'il s'agit de connaître les personnes (y compris soi-même), la complexité de l'objet et sa dépendance par rapport aux appréciations et aux jugements (d'attribution, de valeur) rend les schémas interprétatifs plus importants qu'en matière d'environnement physique plus ouvert au contrôle et aux contacts objectifs.

Quelle que soit la place à accorder aux schémas (ou aux concepts équivalents) le problème, lorsqu'il s'agit de l'enfant, est de chercher à déterminer comment ils se forment et non simplement de constater leur influence. A la différence des situations de laboratoire où ces cadres sont proposés par l'expérimentateur dans des contextes qui permettent de juger de leur efficacité, ils se constituent sur la base de différentes sources. Parmi celles-ci figurent les comportements mêmes du sujet et les actions qu'il met en œuvre, avant même d'en prendre conscience et de prendre conscience de leurs implications cognitives. Contrairement à une thèse « cognitiviste » pure, il importe de tenir compte des conditions pratiques dont dépendent la formation et la structuration des connaissances (cf. ci-dessous, pp. 34 et sq.) et ne pas considérer les savoir-faire comme de simples annexes ou conséquences des savoirs.

La référence à la cognition et aux savoirs et savoir-faire dans le processus de socialisation trouve une autre justification dans le fait que les connaissances et les habiletés qui contribuent à déterminer les comportements à l'égard des personnes relèvent de *l'intelligence*. On reviendra ci-dessous sur la notion d'intelligence sociale. Ce que l'on peut noter déjà est que, en effet, les contacts avec les personnes et la vie sociale représentent un ensemble de situations problèmes que le sujet ne peut résoudre qu'en mobilisant des moyens intellectuels appropriés. Certes, pas plus qu'à l'égard de l'environnement physique, ne doit-on se représenter la vie quotidienne comme une succession de problèmes et d'interrogations, de chausse-trappes et de traquenards, de pièges qu'il s'agit aussi bien de tendre que de déjouer. Mais elle en comporte sa part et par ailleurs les démarches mêmes les plus banales que font intervenir les relations avec les autres et les contraintes et contradictions qu'elles impliquent, si elles ne sont pas le fruit d'une réflexion personnelle développée sur le moment par un individu particulier, sont des solutions qui ont été imaginées antérieurement et qui sont transmises par des traditions, des coutumes, des enseignements. C'est une banalité de rappeler que l'homme ne bénéficie que de peu de capacités relevant de l'instinct (cependant probablement un peu plus à l'égard du social qu'à l'égard du monde physique). Les habiletés qui le remplacent sont bien de l'« intelligence cristallisée » si l'on peut employer cette formule, en la déviant du sens original dans lequel Cattell l'a utilisée pour désigner tout autre chose. Ainsi les apprentissages qui constituent la socialisation sont des apprentissages de connaissances et de capacités qui permettent de résoudre les problèmes de survie et de développement dans un cadre social, qu'il s'agisse de gagner sa subsistance, éviter les agressions et les sanctions, profiter au mieux des autres sans être exploité par eux...

2. La spécificité des savoirs et savoir-faire relatifs au social et au psychologique

Des psychologues se sont rendu compte qu'il y avait lieu de faire une place à part aux habiletés intellectuelles concernant le social et le psychologique. C'est le cas de Thorndike qui, dans un article publié en 1920, distinguait à côté de l'intelligence abstraite et de l'intelligence mécanique, l'intelligence sociale, définie comme la capacité de comprendre et de manier les personnes, les autres étant la capacité de comprendre et de manier, respectivement, les idées et abstractions et les objets concrets de l'environnement physique.

Mais, comme le remarquent Livesley et Bromley (1973), cette idée d'intelligence sociale n'a eu qu'une vie courte et improductive. Ceci tient à ce que Thorndike s'est placé dans la tradition de l'évaluation et de la mesure à l'aide de tests et qu'il n'a été réalisé aucun test permettant d'évaluer d'une manière fiable l'intelligence sociale (R.L.

Thorndike et Stein l'ont montré dans un article publié en 1937). L'approche psychométrique si utile qu'elle puisse être par ailleurs est clairement insuffisante, surtout si elle passe par un matériel verbal (comme l'ont remarqué Thondike et Stein), pour atteindre une réalité qui se situe au niveau de démarches complexes relevant plus de l'observation directe ou de ses substituts.

Guilford, dans sa recherche des composantes de l'intelligence (1967; cf. Guilford et Hoepfner, 1971) n'a pas ressuscité la notion, mais il lui a fait une place dans son système. Il a élargi la notion de « social » en celle de « comportemental » (« *behavioral* »), le sens de ce dernier terme s'identifiant à « psychologique » en général, plutôt qu'au comportement entendu dans un sens strictement behavioriste. Ainsi les facteurs renvoyant aux « contenus » comportementaux incluent « sentiments, mobiles, pensées, intentions, attitudes et autres dispositions psychologiques qui pourraient affecter le comportement social d'un individu » (O'Sullivan, Guilford, de Mille, 1965, 4). Evolution qui paraît significative, car elle va dans le sens des arguments qui sont développés ci-dessous (pp. 25 et sq.).

La contribution de Guilford n'a pas eu de succès, malgré l'ingéniosité déployée dans les analyses et l'élaboration des épreuves, car la pulvérisation des aptitudes intellectuelles à laquelle il aboutit garde un caractère spéculatif qui n'entraîne l'adhésion, ni sur le plan théorique, ni sur le plan d'applications possibles, par exemple, du côté du diagnostic des différences individuelles.

Par contre un important mouvement de recherches développé autour du thème souvent désigné par « cognition sociale » (« *social cognition* ») a permis de réunir des données nombreuses qui seront utilisées dans les chapitres suivants, d'autant qu'une large partie de ces études est consacrée aux développements observés chez les enfants. Le terme « cognition sociale », comme celui d'« intelligence sociale » indique l'originalité des connaissances et des démarches mises en œuvre lorsqu'il s'agit pour le sujet de considérer les réalités sociales.

Du moins devrait-il en être ainsi. Mais, quand on examine la littérature qui se situe sous cette rubrique, ou peut y être incorporée, deux caractéristiques quelque peu décourageantes apparaissent.

1. Le caractère relativement dispersé des recherches et l'absence d'un effort de structuration et de systématisation originales du domaine. Ceci n'enlève rien à la valeur informative des faits recueillis, mais maintient la cognition ou l'intelligence sociale dans une situa-

tion d'infériorité par rapport à ce que nous appelons (cf. ci-dessous) l'intelligence géométrique.

2. Les auteurs se détournent d'autant plus d'une systématisation originale de la « cognition sociale » qu'ils adoptent à la quasi unanimité, pour poser les problèmes et assurer des cadres d'interprétation, les concepts empruntés à Piaget sur le développement intellectuel. Or ces concepts excluent la spécificité des connaissances et des habiletés relatives au social et au psychologique. Nombre de ces auteurs ont cru ainsi avoir fait progresser les connaissances quand ils ont trouvé un parallélisme entre les stades piagétiens et le développement de la pensée sociale (ou morale) ou découvert des corrélations entre les deux aspects du développement, qu'ils se hâtent d'interpréter d'une manière causale. Ils invoquent ainsi des mécanismes construits pour interpréter certains aspects (sélectionnés) de la connaissance de l'environnement physique sans ouvrir un début de réflexion sur la légitimité de la réduction, qu'implique cette démarche, entre des réalités dont les différentes, à l'œil le plus naïf, paraissent plus frappantes que les similitudes.

A. *La spécificité du social et du psychologique*

Nous avons développé ailleurs (Oléron, 1979a) l'idée que ce qui est présenté par les psychologues comme l'intelligence correspond en fait à une vision partielle et partiale. Il s'agit de l'intelligence du monde physique, plus précisément d'un monde physique épuré et purifié, réduit à ses aspects mécaniques (par référence aux notions de la mécanique classique). Intelligence qui, corrélativement, parce qu'elles sont tirées de celui-ci, s'exerce d'une manière privilégiée sur les abstractions mathématiques et logiques.

Cette vision de l'intelligence est commune, malgré des substrats théoriques différents — et parfois en l'absence de substrat théorique explicite — à l'ensemble des psychologues, qu'il s'agisse des expérimentalistes aux présuppositions behavioristes ou aux constructeurs de tests. Elle est commune aussi à des philosophes, comme Bergson, et aux auteurs qui, comme Piaget, se sont exprimés à la fois en psychologues et en philosophes. Le poids qu'a donné Piaget à la logique et aux mathématiques est spectaculaire, mais cette orientation ne fait que pousser à la limite des idées impliquées par les recherches et les applications : on ne trouvera pas d'ouvrages ou d'articles sur le raisonnement qui ne fasse référence à la logique et quantité d'expériences ou de tests font appel à des raisonnements à contenu logique ou mathématique.

Les conceptions « cognitivistes » (évoquées ci-dessus) si elles ont beaucoup raffiné l'approche des activités intellectuelles par rapport aux behavioristes et aux auteurs et utilisateurs de tests, n'en gardent pas moins les mêmes postulats de base, avec le poids donné aux relations de type formel ou formalisable et l'assimilation, ou le rapprochement, du fonctionnement intellectuel avec celui des machines à logique et calcul que sont les ordinateurs. Le seul progrès tient à la place que les analyses amènent à faire à la « connaissance du monde » qui ouvre, au moins en principe, sur la diversité des objets que nie toute conception strictement logique et formelle.

Le consensus entre les auteurs serait impressionnant si l'on était obligé d'y avoir la reconnaissance d'une nature des choses qui s'imposerait sans laisser d'autres ressources que de s'incliner devant elle. En réalité il serait aisé de montrer qu'il tient à des causes historiques et sociologiques, c'est-à-dire purement contingentes. Sans entrer dans les détails on peut au moins mentionner les trois causes essentielles.

1. *Le prestige des sciences exactes*. Avant même qu'une analyse psychologique se développe, les activités cognitives sont appréciées en fonction des œuvres dans lesquelles elles s'expriment. Les sciences sont une de ces œuvres et l'intelligence est définie à partir d'elles. Le poids des mathématiques et de la logique, qui bénéficient du prestige de la rigueur a conduit à valoriser et à retenir d'une manière privilégiée les activités qui s'exercent dans ces disciplines et à façonner l'intelligence à leur image. Ceci apparaît dès les Dialogues de Platon. L'essor de la logique formelle au 19e et au 20e siècle a joué un rôle déterminant sur les conceptions logicisantes de l'intelligence.

2. *La puissance de la technique*. Cette puissance s'est révélée particulièrement spectaculaire au 19e siècle avec l'essor du machinisme industriel. Le développement de la technique attire naturellement l'attention sur les capacités intellectuelles qu'elle met en jeu et contribue à favoriser leur image, comme l'image de l'homme (*l'homo faber* de Bergson). Ces capacités sont moins abstraites que celles qui conduisent à envisager la réfexion sur les mathématiques et la logique, mais elles concernent un monde physique dont les lois prises en compte sont essentiellement mécaniques.

3. *La théorie de l'évolution*. En établissant une continuité ou au moins une parenté entre l'animal et l'homme, la théorie de l'évolu-

tion a amené à considérer les conduites intellectuelles qui pouvaient se retrouver chez l'un et l'autre. Ce qui est commun n'est pas le monde des abstractions ou du langage, ni celui des relations entre les individus et entre les individus et les groupes qui sont, pour l'animal, attribués à l'instinct, mais l'utilisation de l'environnement physique, particulièrement de ses propriétés spatiales (importance attribuée au détour) et mécaniques (usage d'instruments, comme le bâton, ou résolution de problème de type ouverture de boîte, largement utilisés pour tester l'intelligence animale; cf. Oléron, 1977c). On retrouve sur ces bases la fonction fabricatrice, particulièrement sous l'aspect de la fabrication d'outils qui devient la frontière caractérisant le passage de l'animal à l'homme. Elle converge avec la représentation que proposent le sociologue et l'historien sur la base du développement du machinisme évoqué à l'instant.

Appliquée à l'ontogenèse, c'est-à-dire au développement de l'enfant, la vision évolutionniste conduit à rechercher une continuité relative entre les étapes du développement et à poser les racines des activités les plus élaborées dans les formes les plus simples, c'est-à-dire dans l'action — toujours l'action sur le monde physique — un thème piagétien fondamental comme on sait.

Nous avons étiqueté «géométrique» cette intelligence (Oléron, 1979a) dans la mesure où elle s'exerce sur des objets dont la nature est considérée comme parfaitement et univoquement définissable, qui entrent dans des systèmes dont les combinaisons sont non moins parfaitement et univoquement réglées et qui constituent une réalité définitivement fixée qui sert de critère pour apprécier en dernier ressort les constructions et élaborations du sujet qui s'efforce d'en prendre connaissance.

Cet étiquetage implique que les processus cognitifs ainsi désignés n'ont qu'un champ d'application régional — et non universel : le monde physique purifié, mécanique, spatial, mathématique, logique. Et qu'ils ne s'appliquent pas nécessairement, d'une manière appropriée, à des réalités d'un autre ordre, en l'occurrence le social et le psychologique. C'est bien en effet ce qu'il nous paraît nécessaire d'affirmer.

La représentation du développement cognitif de l'enfant et la représentation de l'intelligence comme définie par la maîtrise de relations quantitatives, spatiales, mécaniques, logiques est caricaturale dans la mesure où elle ignore la place qu'occupent les actions et les connaissances relatives aux autres, le poids qu'ils jouent dans le développement d'ensemble de la personne. Elle est non moins caricaturale si elle présuppose que les modalités du développement des habiletés relatives au monde épuré de la géométrie et de la logique s'appliquent tel quel au social et à la connaissance des personnes et ouvre la clef à une connaissance pertinente et une action efficace.

La discussion de ce problème au fond entraînerait bien au-delà des limites du présent ouvrage. Elle conduirait à aborder par exemple un problème épistémologique fondamental : celui des rapports entre les démarches cognitives et leur objet. Qu'il suffise de dire que, en accord avec le sens commun, nous considérons que les activités cognitives dépendent de la nature des domaines auxquels elles s'appliquent. Et que la conception de structures intellectuelles de type formel est en partie une généralisation abusive induite par l'exemple particulier de la logique et des mathématiques. Plus exactement de telles structures peuvent s'appliquer valablement lorsque les propriétés ou caractéristiques des objets sont homologues à celles que décrivent les disciplines formelles comme les mathématiques et la logique. C'est le cas pour le monde physique épuré sur lequel s'exerce l'intelligence « géométrique ». Ce n'est pas le cas lorsqu'on sort de celui-ci. Et déjà à l'égard du monde physique avec lequel nous sommes confrontés dans le détail des expériences quotidiennes. Celui-ci n'est maîtrisé qu'à partir de connaissances et de savoir-faire qui naissent de ces expériences ou des enseignements les concernant et qui sont spécifiques comme ces expériences et les objets qu'elles nous conduisent à approfondir. Faut-il rappeler que les lois physiques abstraites ne prévoient pas les tours de main du constructeur et du réparateur, ni les particularités de l'usure des matériaux et des incidents de fonctionnement qui caractérisent toute machine et que seuls les essais en grandeur réelle permettent de découvrir et de corriger.

La description du développement de l'enfant sous l'angle de la formation ou de l'émergence de structures, qu'elles soient intellectuelles ou linguistiques oublie que ces structures portent sur des objets avec leurs contingences, leurs accidents et leurs exceptions. Celles-ci ne peuvent être qu'apprises *empiriquement*.

Ce qui ne signifie pas que l'histoire de ce développement est celui d'une collecte de savoirs incoordonnés et incohérents. Toute expérience comprend une large part de régularités sans le secours duquel aucun enrichissement ne serait possible. Mais ces savoirs comportent leur spécificité qui ne peut être déduite des formes générales mais doit être découverte et pratiquée avant, éventuellement, d'y être intégrée par une réflexion ultérieure désintéressée.

B. *L'originalité initiale*

Pour marquer la spécificité des savoirs et savoir-faire psychologiques par rapport à l'intelligence «géométrique», c'est une comparaison entre les objets correspondants qu'il faudrait développer. C'est dire qu'il y aurait à analyser les caractéristiques originales du social et du psychologique. Une première esquisse a été proposée ailleurs (Oléron, 1979a). On se contentera de souligner ici quelques points parmi ceux qui paraissent les plus saillants.

Les différences sont extrêmement primitives. Si les racines des activités intellectuelles, quelles qu'elles soient, plongent dans l'organisation réflexe et les premières réactions à l'environnement (on aura à se le rappeler quand on considérera la genèse de ces savoirs) ces réflexes et réactions ne sont pas du même type dans les deux cas. Pour les opposer aux réflexes sensori-moteurs classiques, d'orientation, d'accommodation, d'agrippement, de préhension ... on pourrait chercher un modèle du côté de l'érection. Celle-ci est contestable en tant que sexuelle et également sexiste mais elle concerne bien ce qui, dans sa finalité et son achèvement définit une relation entre des personnes et elle illustre d'une manière spectaculaire que les réflexes relatifs à la vie sociale sont typiquement neurovégétatifs. Les psychophysiologistes mentionnent par exemple la décharge d'adrénaline dans les réactions à l'agression, les modifications d'ordre hormonal dans la composition du milieu intérieur en présence de partenaires (partenaire sexuel chez les mâles et femmes adultes, nourrisson chez la femelle allaitante, etc.). La neurophysiologie sociale n'est pas mise en évidence dans les ouvrages classiques, mais son importance n'en reste pas moins fondamentale.

Au niveau des actions qui impliquent, comme à l'égard des objets, l'intervention de la musculature striée, la réalité d'autrui et la réalité du sujet ne sont pas assimilables à celle de l'objet physique. Pour agir sur autrui et le manipuler la procédure n'est pas la même que pour manier des objets : l'enfant recourt aux cris, aux pleurs, aux sourires, aux gestes de demande ou de refus, c'est-à-dire aux rudiments d'un langage et plus tard au langage proprement dit qui véhicule sollicitations, refus, pressions, chantages, menaces, promesses. Toutes pratiques exclues avec les objets physiques mais qui sont appropriées avec les personnes. Même le recours à la force physique avec celles-ci intervient relativement rarement, même à l'égard des pairs, et elle agit moins par son efficacité matérielle que par sa signification et les menaces virtuelles ou explicites qu'elle véhicule.

Quant à la réalité propre du sujet, ce n'est pas simplement celle d'un corps qu'il s'agit de mouvoir pour toucher des objets ou se déplacer. Le corps lui-même est source immédiate de souffrance et de plaisir, ce qui le situe dans un autre univers que l'action et se trouve sans commune mesure avec elle et les perceptions de l'environnement qui n'ont pas la même intensité. L'expérience que l'enfant continue de développer de lui-même inclut ces états affectifs et d'autres moins intenses, mais néanmoins marquants, les attentes, les anticipations, les souvenirs, la vie des images, les projets...

La précocité de l'expérience du psychique est reconnue par les ethnologues comme dans les premiers travaux consacrés à l'enfant : « primitifs » et jeunes enfants attribuent des propriétés psychologiques aux objets physiques et aux événements (cf. l'animisme et l'artificialisme de Piaget). Mais il est curieux, comme on l'a remarqué ailleurs (Oléron, 1979c) que la description du développement intellectuel dans l'histoire de l'espace et de l'individu se caractérise par *l'évacuation* du psychique au profit de la constitution d'une représentation objective du monde du physique. La réalité d'un monde psychologique avec l'originalité de ses expériences et de son organisation est laissée de côté. Plus exactement elle est réintégrée dans des systèmes qui s'attachent aux pulsions, à l'affectivité, aux sentiments mais qui ne recevraient guère d'audience s'ils intégraient ceux-ci à des modes ou formes spécifiques d'intelligence.

C. *Quelques traits typiques*

1. Si l'on réfléchit sur les caractéristiques les plus typiques de la vie sociale, il apparaît d'abord que celle-ci est dominée par des *appréciations* ou des jugements. Les groupes, quelle que soit leur étendue, font intervenir des *valeurs*. Il est possible de traiter ces valeurs comme des objets, ce que font les historiens ou les sociologues, puisqu'elles expriment dans les institutions des opinions proférées, des conduites qui se manifestent et s'enseignent dans un groupe donné. Mais les valeurs ne découlent pas d'une nature des choses, des propriétés d'un monde objectif qui les produiraient mécaniquement : elles sont créées par l'homme et reflètent les jugements qu'il

porte sur l'environnement présent ou celui qu'il veut instaurer, sans être contraint de le faire par la soumission à des constats qui s'imposeraient nécessairement à lui.

Cette liberté (relative) est attestée par les divergences que présentent les appréciations et les systèmes de valeurs acceptés et défendus par les groupes sociaux. En matière d'art, l'existence de ces divergences est classique et a été bien souvent rapportée. Une oeuvre d'art n'est pas belle en soi. Elle l'est à certains moments pour certains groupes qui la portent aux nues, tandis qu'à d'autres moments, et pour d'autres, elle est classée parmi les horreurs, ou rejetée hors des frontières de l'appréciation artistique. Il n'est aucune élaboration ou élucubration même les plus extravagantes aux yeux d'un spectateur naïf qui ne puisse être admirée par un cercle et appréciée par des critiques et des acheteurs! En matière de morale, il est sans doute peu d'actions qui, à la lumière de l'histoire ou de l'ethnographie, n'apparaissent comme approuvées ou condamnées selon les époques et les lieux. Il est difficile de trouver l'expression de quelque valeur absolue. Même la vie humaine ne pèse rien devant l'obligation de sacrifice qu'imposent d'autres valeurs, qu'elles soient religieuses, familiales, tribales, humanitaires...

2. Un autre aspect majeur de la vie sociale — et de la vie individuelle également — est qu'elle implique des *conflits*. Ceux-ci pour une part résultent ou sont associés à la diversité des valeurs évoquée ci-dessus. Ils le sont plus prosaïquement à la diversité des besoins et des intérêts. Dans le monde animal celui qui dévore a évidemment un point de vue qui est en conflit avec celui qui est dévoré — et qui fait de son mieux pour ne pas l'être. Chez l'homme celui qui exploite l'autre n'a pas le même point de vue que celui qui est exploité, celui qui vend un produit que celui qui veut se le procurer au moindre prix, celui qui convoite un bien, un partenaire sexuel, un protecteur, un poste, une fonction ... que celui qui est en compétition avec lui.

Nombre de conflits sont institutionalisés, voire ritualisés, dans des procédures de combats, guerres, guérillas, opérations de commandos, ou de décisions, comme les tribunaux qui donnent la parole aux parties et à leurs avocats, ou de choix politiques, dans le cadre d'élections, de réunions publiques, de débats parlementaires, de publications, ou de manifestations sportives, matches et championnats, jeux qui occupent une large part des préoccupations du citoyen moyen. Ces conflits font partie des spectacles de la vie collective dont les enfants sont témoins même s'ils ne présentent à certains qu'un intérêt limité.

Les conflits sont vécus d'une façon beaucoup plus intense dans la trame de la vie quotidienne et de la manière la plus précoce puisque les demandes de l'enfant se heurtent aux refus de l'adulte et les demandes de celui-ci à ses propres refus. Les conflits font partie de la vie familiale et l'enfant est témoin de ceux qui s'expriment avec plus ou moins d'intensité et de discrétion. Lui-même y est intéressé et y intervient comme partie prenante ou même otage, quelquefois comme conciliateur. La compétition scolaire est aussi une source de conflits vécus, avec des implications affectives plus ou moins vives selon la personnalité de chacun et les valorisations que leur accordent ou non la famille et les camarades. D'autres sources de conflits interviennent avec ceux-ci, en dehors des questions proprement scolaires, avec les confrontations sur le plan de la force physique, des appartenances socio-économiques, sociales, des exigences de domination voire d'exploitation, d'acceptation par des groupes ou des leaders.

3. La vie sociale est en partie constituée ou déterminée par des *représentations* et la vie des individus également. Le terme «représentation» manque de précision, mais, assez général et plastique, il est nécessaire pour désigner une variété d'éléments relativement hétérogènes par ailleurs et pour lesquels, selon le cas, les termes images, mythes, dogmes, opinions ... peuvent être également évoqués. A la différence des représentations de type scientifique qui se caractériseraient par la conformité, au moins visée, avec une réalité dont les bases d'existence sont indépendantes, il s'agit de représentations qui renvoient à des mondes en partie imaginaires. Ils ne servent à l'interprétation de la réalité qu'en fonction d'un déterminisme où les tendances, besoins, aspirations, habitudes et fantaisies des individus et des groupes interviennent, d'une manière parfois prépondérante.

Une bonne illustration peut être fournie par les personnages et événements créés par la littérature ou des média, qui, souvent, s'en inspirent. Tels sont, pour n'en nommer que quelques-uns: Ulysse, Alceste, Harpagon, Cendrillon, le Petit Poucet, Robinson Crusoë, Gulliver, Pierrot, Charlot, Mickey, Superman, Goldorak ... Ces personnages font l'objet de conversations, d'appréciations, de commentaires qui, pour un auditeur naïf, ne permet pas, au premier moment, de les différencier de personnages ayant réellement existé. Les contes, fables, récits, romans, films qui les mettent en scène définissent un domaine de la *culture*. L'ignorance à leur égard ne déprécie pas moins que celle qui concerne les personnages réels, ceux dont on peut dire par opposition qu'ils relèvent de la nature.

Des formes différentes de représentation qui suscitent moins l'intérêt immédiat des enfants, mais auxquels ils ont nécessairement accès et dont se délectent une large partie des adultes concernant les images qui sont données de personnages ou d'événements existants. La *notoriété* des personnages à une époque donnée n'est pas seulement fonction de leurs qualités personnelles (ou défauts) attestées par ce qu'ils ont fait, créé, découvert, réalisé. Il faut encore que l'on parle d'eux, qu'on les montre, qu'ils se livrent à quelque forme d'exhibition ou de publicité. L'«image de marque» comme dans le cas de la publicité consciente pour des objets se confond ou trouve son support dans l'image tout court (par exemple, l'image vivante de la télévision).

Ce qui est dit de la notoriété vaut pour les *réputations*. Celles-ci sont des images également, mais pas nécessairement au sens strictement figuratif, car elles se construisent et se communiquent le plus souvent par la parole. Elles concernent aussi bien les objets ou les situations de fait que les personnes, qu'elles soient considérées indépendamment de celles-ci — ce qui est le cas pour beaucoup d'objets qui sont, dans une société industrielle, le plus souvent anonymes — soit qu'elles servent pour leur défense, leur illustration, leur critique ou leur condamnation — lorsqu'elles peuvent être attribuées à tort ou à raison à des responsables, ce qui est monnaie courante en matière politique par exemple.

Les représentations évoquées brièvement ici ont des rapports avec la réalité qui sont comparables à ceux qu'on trouve à propos des valeurs. Ce sont des créations. Elles ne découlent pas par nécessité interne de la réalité dont elles donnent une image; elles ne sont pas lues en elle. Elles sont construites. Et elles sont construites de façon divergente selon les individus et selon les groupes et, comme les valeurs, elles se caractérisent par leur pluralisme. Pluralisme qui est matière à conflit quand elles mettent en jeu des intérêts ou des passions assez vives.

Cependant le fait qu'il s'agit de représentations ou d'images indique qu'intervient un mode de rapport original par rapport aux valeurs. La représentation et l'image présentent une similitude avec ce qui est représenté ou imaginé. Similitude qui apparaît par exemple si l'on compare la réalité d'un homme de science qui a effectué telles découvertes et l'image qu'en donnent ses pairs ou les médias ou, par eux, le public. De même pour l'homme politique qui a effectivement mené des actions efficaces et l'image qui décrit le contraire.

Représentations et images interviennent avec les fonctions de *masque* ou de *substitut*. On peut dire qu'un aspect fondamental de l'intelligence sociale est de jouer au jeu des masques. Il ne s'agit pas d'un jeu simple. On dit fréquemment que les sciences de la nature se caractérisent par le passage de l'apparence à la réalité. Mais il y a deux différences ici. D'abord le partenaire (ou l'adversaire) n'est pas neutre comme la nature : en matière sociale les masques sont posés activement et les retirer n'est pas une lutte contre des éléments inertes, mais contre des êtres qui se défendent puisque les masques les protègent ou leur permettent d'attaquer. (On le voit avec le mensonge et l'hypocrisie, mais aussi avec ces demi-masques que sont les rôles sociaux). Ensuite à cause de la similitude évoquée ci-dessus. La cellule, les chromosomes, les atomes, les protons ne sont pas semblables au vivant, à la matière perçus par les organes sensoriels. La confusion n'est pas possible. Elle est difficile à éviter entre le menteur et celui qui dit la vérité, entre une poignée de main chaleureuse et celle qui feint de l'être, le récit d'un événement et l'autre récit qui le décrit d'une manière diamétralement opposée.

Si les métaphores de l'image et du masque sont utiles pour suggérer ce que l'on entend dire, elles sont cependant trompeuses. L'une et l'autre impliquent que l'on peut accéder à la réalité qu'elles imitent ou dissimulent. Ce qui est faux hors quelques cas triviaux et sans réel intérêt. On peut toujours corriger une description de la personne physique en l'examinant, on ne peut examiner la personne morale, mais seulement substituer une représentation à une autre. La réputation de quelqu'un n'est constituée que par des jugements portés. Elle n'existe pas en dehors de ces jugements. De même pour sa notoriété. Les actes imputés à la personne existent par les témoignages. Ceux-ci peuvent être contestés, voire niés. La réalité d'événements entrés dans l'histoire (ne parlons pas de miracles ou de prodiges) voire de certains personnages n'est-elle pas récusée par des critiques qui les rejettent dans les légendes ? L'importance des actions, décisions, innovations est affaire d'affirmations contradictoires. De même leurs intentions. Les tribunaux, pour les inculpés, les journaux pour les hommes politiques multiplent à chaque page les exemples de telles divergences. L'homme commun abrité des feux de la scène n'y échappe pas dans les jugements de ses voisins, sa famille, ses relations.

4. Une conséquence des traits qui viennent d'être mentionnés est qu'en matière sociale rien n'est acquis d'une manière définitive. Tout, ou presque tout, peut être *remis en question*. L'histoire montre que les institutions qui ont régenté la vie des citoyens pendant des

années et qui ont été la norme de leurs actions et de leurs interactions, qui ont défini la trame de leur vie quotidienne sont remplacées à la suite de révolutions ou d'évolutions progressives par d'autres qui en diffèrent fondamentalement comme la guerre de l'état de paix. Toute institution, tout système de normes et, par conséquent, les activités et modes de comportements qu'elles impliquent sont sujets à des attaques qui visent à les modifier, à les renverser ou à des manœuvres qui en modulent, atténuent ou annihilent les effets.

Comme on l'a rappelé ailleurs (Oléron, 1979a) à la différence des lois physiques, le propre des règles sociales est d'être *tournées* ou *violées*. Le spectacle de la rue montre à chaque pas des affiches apposées au-dessous des panneaux qui interdisent l'affichage, des voitures arrêtées le long des bandes qui interdisent le stationnement, des piétons qui traversent hors des passages réservés et se moquent de la couleur des feux aux carrefours... L'infraction est institutionnalisée par l'existence des codes qui la prévoient, des tribunaux et de la police qui la répriment mais ne peuvent l'extirper. Le vol est un corrélat de la propriété et des lois qui la défendent. L'enfant apprend très tôt le jeu du gendarme et du voleur et il prend plaisir comme l'adulte aux faits divers, aux films, aux romans qui décrivent les cambriolages ou les activités de trafiquants divers ou de hors-la-loi.

L'enfant apprend aussi très tôt que les interdictions ou les ordres auxquels il doit théoriquement se plier peuvent être tournés, refusés, discutés. Les désaccords courants qu'il observe chez les adultes sur les exigences à son égard lui permettent de jouer subtilement pour les modifier à son avantage. Toute loi comporte des tolérances d'application et une forme de l'intelligence sociale consiste à jouer sur ces tolérances en intervenant sur ceux qui sont chargés de l'application. Les backchich et les recommandations font partie des institutions non écrites de certaines sociétés. Et quand la loi est contraire aux intérêts ou aux aspirations d'un groupe, celui-ci n'a plus qu'à entreprendre par des actions légales ou non, d'en amener la modification ou l'abrogation.

La contestation fait partie de la vie sociale. Elle est inhérente à sa nature. Elle l'est aussi à la vie psychologique puisque celle-ci implique les idées, les sentiments, les règles de décisions et de jugements qui sont une intériorisation des décisions et jugements posés — et imposés — par la société. Elle l'est aussi dans la mesure où la personne, dans ce qu'elle pense être est interpellée par les jugements que les autres portent sur elle et les représentations qu'ils en donnent. Quelqu'un qui se croit beau, intelligent, honnête, courageux trouve toujours quelqu'un pour mettre en cause ses qualités et lui jeter à la face une image contraire. Apprendre à vivre en société est apprendre à être contesté et apprendre aussi les moyens de défense et de contre-contestation.

5. Il faudrait ajouter que la vie sociale est en partie largement *gratuite*. On entend par là, en rapport avec ce qui a été dit sur la place et le rôle de la création, qu'une grande part de ce que font les hommes ne découle pas des nécessités physiques auxquelles ils seraient asservis. Même «l'homme primitif» théorique préoccupé de sa subsistance et des problèmes quotidiens qu'elle pose, se livrait à des activités qui échappent à un déterminisme strictement pratique et instrumental. Les créations artistiques, la trace de croyances magiques ou religieuses sont attestées d'une manière relativement précoce avec l'apparition des hominiens. On retrouve l'introduction de la culture en opposition avec une nature qu'il est bien malaisé de faire apparaître dans un état original et nu. Il serait déplacé de développer ici ce thème en montrant la multiplicité des modalités selon laquelle les mœurs façonnent les conduites de l'enfant pour toutes les actions de la vie quotidienne (se nourrir, s'habiller, se comporter à l'égard des adultes, des pairs, des inconnus...). Mais il faut en tout cas rappeler qu'en dehors de ce façonnement des conduites, la vie sociale comporte toutes sortes d'activités et d'échanges qui dépassent l'utilité pratique. Les jeux sous leurs multiples formes en sont un exemple. Les connaissances, les intérêts, les passions que provoquent par exemple les activités sportives en sont une illustration. La part d'éléments déterminés par une logique de la connaissance dans les conversations et les échanges, est réduite. On trouve des éléments de discours de ce genre à l'école. Mais l'école apprend une culture qui est largement gratuite. L'histoire d'époques révolues, la géographie de pays qui ne seront jamais visités, la connaissance d'œuvres littéraires, dont les préoccupations sont fort éloignées de celles de l'enfant, ne concernent pas les lois strictes de l'univers matériel, dans son déterminisme physique. La socialisation est l'apprentissage de connaissances et de modes de discours sur les connaissances qui constituent une fin en soi ou qui permettent une certaine qualification de l'individu dans un monde culturel où l'on attend qu'il joue un rôle. Mais bien que ce rôle soit institutionnalisé (par l'école, les examens, lorsque le sujet intervient comme spectateur ou acteur...) et qu'il soit perçu comme lié à un système de contraintes ou d'obligations, il arrive à un moment — ceci est souvent le cas à l'adolescence — que sa gratuité apparaisse et que des réactions des sujets aillent dans le sens d'un refus de ce qui paraît

vain, inutilement contraignant. Mais la vie implique toujours la reconstitution d'autres cadres qui ne sont jamais strictement utilitaires et ne peuvent se borner à l'être.

3. La notion de compétence psychologique

On a mentionné ci-dessus que les notions d'intelligence sociale et de cognition sociale signalaient l'originalité du domaine auquel le présent ouvrage est consacré. Il faut justifier que le terme «social» n'ait pas été utilisé systématiquement mais que de préférence on a fait place au mot «psychologique». La raison en est simple : ce dernier est à la fois plus ample et plus pertinent.

L'intelligence sociale couvre de larges domaines : la connaissance d'autrui, des modes de relations entre les personnes, des règles et habitudes régnant dans les groupes. A ce titre elle peut être traitée pour elle-même. Chaque domaine en effet couvre des faits nombreux et sur lesquelles beaucoup de connaissances et d'analyses théoriques ont été développées.

Cependant elle ne couvre pas deux domaines importants : la connaissance de soi et la connaissance des faits psychologiques.

Sur la connaissance de soi, on peut bien prétendre qu'elle dépend de ce que les autres nous apprennent sur nous, soit par l'observation que nous en faisons, soit par ce qu'ils ne se privent pas de nous en dire. Et la connaissance de soi est bien en partie évaluation de soi en fonction des valeurs ou normes acceptées, proposées ou imposées par les autres et par le groupe. Néanmoins ce que chacun est dans son originalité et sa spécificité, ses possibilités, ses aspirations, ses conflits, ses problèmes ... reste une réalité propre, vécue comme telle et n'est pas, dans son essence, sinon dans certaines de ses conditions, un fait social. D'aucuns peuvent être habiles à l'égard des autres et mal se connaître et être surpris de voir naître en eux, d'une manière imprévisible, dégoût, désespoir, indignation, impulsion à changer radicalement la vie menée antérieurement. Guilford (O'Sullivan, Guilford, de Mille, 1965) en définissant la *«behavioral cognition»* comme connaissance des autres précise bien qu'elle n'inclut pas, dans l'étude factorielle qu'il en fait, la compréhension de ses propres motivations et sentiments. Celle-ci pour lui, peut impliquer d'autres aptitudes ou d'autres traits, comme l'aptitude à être objectif à l'égard de soi-même.

Pour les faits psychologiques, la connaissance qu'en développe chacun n'est pas indépendante des échanges que permet la vie sociale et des informations qu'elle transmet, de même que des expériences qu'elle provoque. Et la mémoire comme l'intelligence dépendent de cadre sociaux, les sentiments et les émotions également. Ceci a été largement dit, mais les faits psychologiques n'en sont pas pour autant des faits sociaux. Ce sont des individus qui perçoivent, mémorisent, comprennent et ils le feraient, à condition de survivre, même dans une île déserte. Si les hommes parlent de leur intelligence, de leur mémoire, de leurs sentiments et si ces paroles les aident à prendre conscience des faits auxquels elles se rapportent, ils ne s'en appuient pas moins sur l'expérience intime et personnelle que les échanges précisent mais ne constituent pas.

En dehors de ces raisons de champ, le terme « psychologique » est plus pertinent car en dernier ressort ce sont des faits psychologiques qui sont en jeu. Ils le sont évidemment quand il s'agit de se connaître soi-même, c'est-à-dire ses pensées, sentiments, modes de réactions, goûts ou préférences. De même lorsqu'il s'agit de les étudier comme tels. L'intelligence sociale est elle-même un mode de fonctionnement psychologique où l'on retrouve perceptions, souvenirs, inférences... Elle s'exerce sur des objets qui sont aussi essentiellement psychologiques : ce qui nous intéresse dans les autres ce sont leurs intentions, attitudes, sentiments, leur personnalité et leurs stratégies... Même les institutions et les règles auxquelles le sujet apprend à s'adapter doivent être lues en fonction des demandes qu'elles nous adressent et de la manière dont elles orientent nos pensées et nos actions. Même des formes aussi structurées que les institutions judiciaires ne se contentent pas d'une lecture objective des textes : elles s'interrogent sur *l'intention* du législateur...

Pour désigner cet ensemble, d'une manière plus concise que l'expression « savoirs et savoir-faire psychologiques », nous souhaitons voir utilisée l'expression jusqu'ici inhabituelle de « compétence psychologique ». Consacrons quelques instants à l'expliciter et à la justifier.

Le terme « compétence » est d'un usage courant en français (et également en anglais). Les dictionnaires en donnent généralement une définition trop forte : « Habileté reconnue dans de certaines matières et qui donne droit de décider » (Littré); « Connaissance approfondie, reconnue, qui confère le droit de juger ou de décider en certaines matières » (Petit Robert). C'est qu'ils identifient l'homme compétent et l'expert, ce qui va au-delà de l'usage usuel et souhaitable du mot. L'homme compétent est celui qui sait, qui a les connaissances et les savoir-faire suffisants pour agir d'une manière appropriée dans les domaines où il est appelé à le faire. La compétence psychologique est ainsi l'ensemble des savoirs et des habiletés qui permettent de traiter des faits ou événements psychologiques, qu'ils soient considérés en eux-mêmes, chez soi et chez les autres, dans les interactions ou dans le cadre d'institutions sociales, sans que cependant il faille le réserver aux experts, les psychologues professionnels, psychosociologues, spécialistes de la communication sociale, des relations publiques, de l'orientation, du conseil, de la publicité... Ainsi l'homme intelligent n'est pas celui qui atteint un niveau relativement exceptionnel d'excellence, mais qui surmonte les problèmes que lui pose la vie quotidienne.

Les termes «compétence», «compétent», sont plus largement utilisés dans la littérature psychologique anglaise qu'en français, mais ils ont reçu de différents auteurs des connotations qui les écartent de la signification directe que nous retenons ici, mais dont il n'est pas sans intérêt de faire état.

La signification la plus neutre de la notion apparaît dans les ouvrages collectifs de Stone, Smith et Murphy, *The competent infant* (1973) et de Connolly et Bruner, *The growth of competence* (1974). Ces ouvrages sont consacrés à l'enfant et le premier au très jeune enfant. La place donnée au concept de compétence se comprend aisément. Le très jeune enfant n'est pas au début en mesure d'agir d'une manière efficace sur son environnement. A mesure qu'il grandit, il le devient de plus en plus et sous des formes de plus en plus variées. Entre l'enfant qui est, par exemple, incapable de saisir ou d'attirer à lui un objet qui suscite son intérêt et celui qui le peut parce qu'il a quelques semaines de plus, on peut parler d'une différence de compétence. De même, en matière verbale entre l'enfant qui ne peut articuler un énoncé intelligible et celui qui, quelques mois après, est en mesure de le faire.

L'utilisation du terme «compétence» à propos du très jeune enfant tient à la tendance contemporaine à souligner que très précocement l'enfant est en mesure de percevoir, d'agir, d'apprendre... bref de se comporter d'une manière efficace, ce qui lui était refusé autrefois. Stone, Smith et Murphy ont attiré l'attention sur ce point, justifiant ainsi le choix du titre qu'ils ont donné à leur recueil de textes. Etant donné la signification de *«infant»* en anglais, la traduction du titre cité devrait être : «le bébé compétent», ce qui permet d'apprécier son caractère provoquant par rapport à la définition du Littré...

Stone, Smith et Murphy soulignent que plutôt que de limiter l'usage de « compétent » aux sujets qui réussissent particulièrement bien, ils l'emploient pour marquer que dès les débuts, chaque enfant est un individu actif, percevant, apprenant et organisant l'information.

La compétence considérée par les auteurs cités et surtout Stone, Smith et Murphy fait référence aux données classiques considérées dans les études du développement et ne font pas explicitement mention de compétence psychologique (il s'agit de motricité, perception, cognition, langage...). Connolly et Bruner se rapprochent davantage d'une telle notion, en particulier en ce qui concerne les relations mère-enfant et la personnalité.

Ces derniers auteurs mentionnent aussi les rapports entre compétence et intelligence. Ils vont même jusqu'à les identifier. Ce qui en un sens est positif, en fonction de ce qui a été dit ci-dessus. Mais ils vont trop loin dans l'assimilation, et par là même en restreignent la portée dans la mesure où ils envisagent l'intelligence, et par conséquent la compétence, sur le modèle de la résolution de problèmes. Or si l'intelligence — et la compétence — impliquent la capacité de résoudre des problèmes, il faut relever qu'elles ne s'y réduisent pas. La compétence même sous ses formes élaborées est largement caractérisée par la disponibilité d'un répertoire de réponses. L'individu compétent est celui qui sait. (C'est une des raisons du choix des termes « savoir » et « savoir-faire »). Non seulement il sait poser et résoudre un problème mais il dispose quasi immédiatement de réponses pertinentes pour des situations qui, très souvent, ne sont pas vraiment nouvelles.

Parmi les connotations ajoutées à la signification de base de la notion de compétence, figure celle qu'a défendue White (1959). C'est parce que White est assez souvent cité pour avoir contribué à introduire le terme « compétence » en psychologie qu'on le mentionne ici. Il part d'une conception large de la compétence en la caractérisant à partir d'une perspective biologique, comme la capacité à interagir efficacement avec son environnement, mais il y ajoute une composante motivationnelle, les interactions résultant d'un besoin intrinsèque et se trouvant assimilables aux activités d'exercice mentionnées par Piaget. Il y a là un élément intéressant, comme l'importance que White attribue au sentiment d'efficacité, mais on ne peut considérer qu'ils sont inclus nécessairement dans la notion de compétence, telle que, avec les auteurs cités, on l'entend ici.

Mc Clelland (1973) a opposé la compétence à l'intelligence, plus exactement, car ce n'est pas la même chose, à ce que mesurent les tests d'intelligence. Il se place dans le contexte de la réussite professionnelle et considère que ces tests ne la prédisent pas. Il faut donc envisager d'autres capacités impliquées par la vie courante, et ce sont elles qui devraient être examinées et évaluées. Mc Clelland énumère quatre compétences : l'habileté à communiquer, la patience, la recherche d'objectifs moyens plutôt qu'extrêmes, le développement du moi. On remarquera que ces compétences — ou ces composantes de la compétence — mêlent des aspects cognitifs et d'autres qui relèvent de l'adaptation ou de qualités de la personnalité. L'intérêt de la conception de Mc Clelland est d'impliquer un aspect social, du fait du contexte où il se place, et l'opposition qu'il établit avec les tests d'intelligence correspond pour une part à l'opposition que nous défendons entre l'intelligence géométrique et des compétences de type psychologique et social. Mais il n'y a dans l'article que des suggestions et aucun développement théorique.

Ce qu'envisage Mc Clelland est en dernier ressort essentiellement la *compétence sociale*. L'idée de compétence sociale se trouve impliquée dans un certain nombre de travaux parmi lesquels les plus connus sont ceux de Doll aux Etats-Unis. Doll a réalisé une échelle de maturité sociale *(Vineland social maturity scale)* dont se sont inspirés Hurtig et Zazzo (1969). L'échelle de ces derniers auteurs (Echelle de développement psychosocial ou D.P.S.) vise a donner une évaluation de 1° l'autonomie des conduites, 2° l'intégration sociale, 3° l'intelligence sociale. Les items donnent de bons exemples de ce que l'enfant devient progressivement capable de faire, par exemple pour se déplacer dans la ville, organiser ses sorties, utiliser l'argent, du développement de ses intérêts à l'égard des événements et des personnages de la vie sociale, de ses modes de relation avec les parents, etc. Cependant étant donnés les âges auxquels l'échelle est destinée (6 à 12 ans), les items d'autonomie matérielle sont très largement représentés et l'aspect « intelligence sociale » est finalement très réduit.

Un des intérêts de l'épreuve est de faire apparaître une corrélation faible ou nulle avec les évaluations classiques de l'intelligence (mesurée par exemple avec le Binet-Simon), ce qu'a confirmé Hurtig (1969) en montrant que les débiles ont un développement psychosocial supérieur à leur niveau intellectuel.

La compétence sociale a été envisagée dans l'ouvrage de Connolly et Bruner par Hess. Hess introduit une distinction intéressante entre deux catégories de comportements relevant de cette compétence :

1. Ceux (ce sont les plus généralement considérés dans la littéra-

ture) qui concernent les relations établies par les individus ou de petits groupes; ce sont des comportements relatifs aux personnes.

2. Ceux qui sont relatifs aux « systèmes » (expression empruntée à Dennis), c'est-à-dire aux institutions et aux systèmes sociaux et politiques.

La présentation la plus extensive de la compétence sociale est donnée par Anderson et Messick (1974) rendant compte d'un symposium tenu sur ce sujet. Elle montre qu'on peut utiliser le concept pour inclure à peu près toutes les connaissances ou les habiletés que l'enfant peut être amené à mobiliser pour réagir d'une manière appropriée à son environnement, sans exclure les rapports avec l'environnement physique puisque les auteurs incluent des habiletés perceptives, motrices et intellectuelles. L'adjectif « social » est usé abusivement et s'il est introduit c'est apparemment parce que les auteurs pensent aux exigences que la société et les enseignants (leur perspective est en partie pédagogique) manifestent quant au développement de l'enfant (et quant aux moyens d'assurer celui-ci). En outre, pour ces raisons, ils incluent des références normatives; parmi les compétences mentionnées figurent la répression des conduites antisociales et l'exercice de conduites morales.

La revue de la littérature présentée par Sundberg, Snowden et Reynolds (1978) fait bien apparaître les connotations associées au mot « compétence » dans une partie de la littérature américaine contemporaine. Les citations suivantes sont éclairantes : « Compétence est un terme qui connote une recherche de caractéristiques positives, particulièrement de capacité à faire face *(to cope)* aux situations de la vie » (180). « Le terme est vague, dénotant, parmi d'autres choses, un élément motivant ou gratifiant du concept de soi..., une aptitude cognitive..., des habiletés interpersonnelles et sociales..., des objectifs pour les programmes d'éducation... et un statut légal... Ici nous définissons la compétence comme les caractéristiques personnelles (connaissances, habiletés et attitudes) qui conduisent à des réalisations ayant une valeur adaptative dans des environnements significatifs... La compétence suggère une situation écologique; les individus se meuvent activement dans des cadres qui fournissent des « aliments » ou des supports pour certaines formes d'expression de soi et requièrent certaines formes d'affrontements, mais en empêchant d'autres. La direction de soi et la responsabilité dans les affrontements avec l'environnement... impliquent l'aptitude à définir ses propres critères de succès... » (196).

Les connotations qu'évoquent ces auteurs dépassent, comme on l'a dit, la signification neutre à laquelle nous entendons limiter le terme «compétence». Mais elles méritent de ne pas être rejetées purement et simplement. Elles fournissent en effet un certain éclairage sur les modalités selon lesquelles les savoirs et savoir-faire interviennent. Ce ne sont pas des éléments purement spéculatifs (ce qu'indique d'ailleurs le mot «savoir-faire»), à considérer d'une manière abstraite. Ils sont incorporés à des besoins, des exigences, des réactions en rapport avec l'environnement et en rapport avec les besoins (d'équilibre, de développement, de satisfaction) du sujet lui-même.

4. Formes, niveaux, genèse des savoirs et savoir-faire psychologiques

En présence de connaissances et d'habiletés, de quelque nature qu'elles soient, le psychologue se pose le problème de leur apparition et de leur développement. La question est particulièrement aiguë lorsque l'on considère les enfants dont on veut essayer de suivre l'évolution des capacités, à mesure qu'ils avancent en âge.

Cependant la perspective qui amène à considérer les observations en termes de développement conduit souvent à une vision déformée. Lorsqu'on relève des formes qui paraissent d'un niveau de complexité différent et que, en outre, les formes plus simples sont associées à des âges plus bas, on induit volontiers une évolution linéaire : les formes plus simples disparaissent au profit des formes plus complexes, ces dernières étant seules présentes chez les sujets plus âgés et en particulier chez l'adulte. Or ceci n'est pas toujours une vision exacte. Il existe des modes de réponse qu'on peut considérer comme propres à l'enfant et qui ne se retrouvent pas sous la même forme chez l'adulte. Mais l'adulte manifeste souvent des comportements qui se situent à des niveaux différents et permettent une solution plus ou moins complète ou plus ou moins élégante ou même qui conduisent, ce qui est fréquemment le cas, à l'échec.

D'un autre point de vue la réalité avec laquelle le sujet se trouve confronté peut être appréhendée selon plusieurs registres : vécue, ressentie, représentée, organisée conceptuellement. Ces registres ne sont pas exclusifs l'un de l'autre et au contraire ils peuvent à un moment donné intervenir les uns et les autres et apporter des éclairages complémentaires.

D'autre part, quel que soit l'objet à connaître, celui-ci peut être atteint d'une manière plus ou moins grossière et superficielle ou plus ou moins approfondie. Cela ne dépend pas simplement des capacités que le sujet peut mobiliser, donc de son niveau de développement ou de son degré de compétence, mais tout simplement des modalités de la situation et de ce qui est exigé pour que celle-ci soit traitée d'une manière appropriée.

A. *Les exigences de la situation*

Les exigences de la situation peuvent être illustrées par ce qui se passe pour la connaissance d'autrui. Les conditions des rencontres et les obligations ou incitations qui en résultent conduisent à approfondir cette connaissance ou à s'en tenir à des aspects superficiels. A l'égard des personnes qui ne sont rencontrées que d'une manière épisodique, les renseignements les plus généraux suffisent pour une conduite appropriée, celle par exemple que requièrent les règles de politesse à l'égard d'un personnage d'un âge ou d'un rôle social donné, ou les références aux intérêts les plus communs qui peuvent être évoqués dans une conversation qui ne sort guère de l'anonymat. Au contraire, quand il s'agit des personnes qui sont l'objet de contacts quotidiens. Ces contacts sont l'occasion d'un approfondissement de leur caractère et de leurs réactions et le développement de cette connaissance favorise l'adaptation. A un plus haut niveau se trouve la connaissance que développent pour des raisons professionnelles, le juge, le biographe, le psychologue, le psychiatre, dont on attend des analyses détaillées et justifiées.

Les exigences de la situation — et le degré d'exigence des personnes en présence, leur intérêt, leur curiosité, leur souci de pénétrer l'autre et, pour le partenaire, d'être pénétré ou de rester dissimulé — interviennent dans le mode d'attention qui est prêté à l'autre et l'utilisation de cadres d'interprétation tout faits ou façonnés sur mesure. On peut chercher dans l'autre cette personne particulière et unique dont on ne se lasse pas de tenter de cerner l'originalité. Mais cette quête est relativement exceptionnelle et finalement se révèle aussi gratuite qu'une contribution artistique qui porte sur une œuvre unique. Dans la réalité courante, l'autre est un personnage plus ou moins générique défini selon de grandes lignes qui suffisent pour prévoir l'essentiel de ses comportements et de ses réactions ou absences de réactions à ses propres comportements. A la limite, l'autre est un représentant de l'espèce humaine ou d'une catégorie large, comme pour le mendiant celui qui se laisse attendrir, pour l'auto-stoppeur le conducteur qui accepte de s'arrêter, le voyageur égaré celui qui lui indique le bon chemin...

Dans une large part des relations humaines la personne de l'autre est définie par son *rôle* et les comportements manifestés à son égard sont déterminés par ce rôle et se trouvent à peine modulés par quelques particularités complémentaires, elles-mêmes plus ou moins génériques (ainsi la manière de se comporter à l'égard d'un serveur, d'un vendeur, d'un guichetier qui est là pour répondre à certaines demandes, quelques variations étant introduites dans les rapports avec lui selon son sexe, son âge, sa disponibilité, sa complaisance).

Les *stéréotypes* ont des fonctions analogues à celles des rôles et permettent de simplifier les modes d'approches des personnes et plus souvent, les modes de rejet, puisque l'on considère surtout les stéréotypes négatifs. A tort, puisque les stéréotypes vont au-delà des races ou des classes sociales et concernent aussi des catégories de personnages marqués par le prestige et que les enfants (et aussi les adultes) adoptent comme objets d'admiration, modèle ou base pour des projets professionnels.

La personne d'autrui est aussi le personnage de «scénarios» qui permettent de prévoir ses conduites souvent avec une grande précision. Les théoriciens de la mémorisation se sont beaucoup penchés sur les scénarios *(scripts)* qui définissent les cadres dans lesquels prennent place un grand nombre d'actions particulières, ce qui permet de les mémoriser et de faciliter la transmission des connaissances, lorsqu'ils interviennent dans des exposés didactiques ou des récits. Dans la vie courante, l'insertion dans un scénario, comme l'acceptation d'un rôle, permet de prévoir le comportement (ce que va faire le client qui entre dans un restaurant, un magasin, une gare).

Ce qui vient d'être dit à propos de la connaissance d'autrui vaut pour la connaissance de soi. Contrairement à l'illusion selon laquelle la connaissance de soi pourrait être considérée comme un absolu, être traitée comme une identification du sujet et de l'objet, assurant une coïncidence entre l'un et l'autre, cette connaissance peut être plus ou moins superficielle. Comme il est des personnes qui ne s'intéressent guère à autrui, il en est qui ne s'intéressent guère à elles-mêmes, qui ne font aucun effort pour se représenter ce qu'elles sont avec quelques précisions et quelques détails, qui se trouvent embarrassées pour tracer leur propre portrait, qui, quelque jour, peuvent s'étonner elles-mêmes pour des réactions qu'elles n'avaient pas prévues ou dont elles ne se croyaient pas capables. Et comme pour la connaissance des autres, des cadres interviennent pour interpréter les observations. Une part de la connaissance de soi est la connaissance de quelqu'un qui tient un rôle, exerce une fonction sociale, intervient comme acteur dans divers scénarios. Markus (1977) cité ci-dessus a montré à la fois le rôle des schémas dans l'interprétation que les personnes donnent d'elles-mêmes et les variations qui interviennent d'un individu à l'autre quant à la netteté du dit schéma. (Ceci ne signifie pas que celui qui dispose d'un schéma doit définir pour autant avec plus d'exactitude ce que manifeste son comportement ou s'accorde avec l'opinion des observateurs).

Les différences de niveaux se retrouvent également, on pourrait le montrer, quand il s'agit de la connaissance des usages et règles ou pratiques sociales et la nature des faits psychologiques. Beaucoup de personnes s'en tiennent, sur ces points, à des approximations qui s'éloignent fortement des préoccupations manifestées par l'ethnologue ou le psychologue professionnel.

B. Les aspects de la connaissance

Si l'on considère les aspects sous lesquels se constituent les connaissances, on peut en énumérer une assez grande variété. Tels sont par exemple :

1. *L'agi*, où l'organisme réagit simplement d'une manière donnée à la présence ou à l'intervention d'un stimulus, sans que cette action résulte d'une analyse ou d'une réflexion; c'est à la limite le cas du réflexe et le plus souvent de réponses habituelles devenues automatiques.

2. *Le perçu* qui porte essentiellement sur des événements ou personnes extérieures, leur apparence, leurs actions.

3. *Le ressenti* en cas de douleur, d'émotions intenses où le sujet se trouve en quelque sorte envahi par ces états et ne s'en distingue pas.

4. *Le conscient* qui concerne tous les événements appréhendés de sa propre vie psychologique : souvenir, intention, projet, rêverie, regret, satisfaction...

5. *Le message verbal* reçu de l'autre ou produit par soi qui se substitue à l'expérience directe ou l'accompagne et comporte de multiples niveaux, de l'émission traitée à titre de données à interpréter (cri, déclaration...) à celle qui constitue une interprétation (acceptée ou mise en question).

6. *Les concepts* ou organisations conceptuelles, comme les constructions élaborées sur la personnalité de l'autre, la sienne propre, les modes de relations entre les personnes, les esquisses de description ou de théorie sur la vie psychologique...

Ces subdivisions peuvent être considérées comme trop fines et manquant d'homogénéité. Il est donc préférable de s'en tenir à des distinctions plus générales et plus globales. Une de celles qui se trouve parmi les plus utilisées (sous cette dénomination ou d'autres équivalentes) concerne l'opposition entre connaissance implicite et connaissance explicite.

La connaissance implicite est de l'ordre de l'action (elle correspond à l'« agi » ci-dessus). Une action adaptée par laquelle l'organisme réagit d'une manière appropriée aux états et actions de l'objet ou d'un partenaire présuppose que l'organisme « sait » ce qu'il faut faire, faute de quoi ses actes seraient désordonnés, inappropriés, inefficaces.

Guillaume (1942) a donné de la connaissance implicite et du passage de celle-ci à la connaissance explicite les descriptions les plus fines. Il a considéré aussi bien la connaissance du monde physique que la connaissance du psychologique, dont il a par ailleurs défini les relations et les rapports dans l'ordre de la genèse avec une solidité et une profondeur qu'il serait bien difficile de surpasser.

Un exemple qu'il donne de connaissance implicite se rapportant au monde physique est relatif au maintien de l'équilibre par le jeune enfant et à la mobilisation des moyens qu'il met en jeu pour résister à quelqu'un qui veut l'entraîner. « Saisissons la main d'un enfant et entraînons-le malgré lui; sa résistance est la solution implicite d'un problème de mécanique. Traduisons-la dans le langage de la connaissance explicite. L'ensemble des forces extérieures qui agissent sur le corps de l'enfant admet une résultante appliquée en son centre de gravité. L'équilibre est réalisé quand cette résultante est égale et opposée à celle des efforts de l'enfant, dont la direction est définie par le centre de gravité et le point d'appui des pieds sur le sol. Si la traction exercée sur la main de l'enfant augmente, la résultante de cette force et du poids du corps prend une direction telle que, pour lui faire équilibre, il faut soit porter le centre de gravité en arrière (ou en bas), soit porter le point d'appui en avant (ou en haut). Toutes ces solutions existent dans les réactions spontanées de l'enfant; il se rejette en arrière, fléchit sur les jambes, avance un pied, s'appuie avec le bras ou la jambe étendue contre un mur ou contre un meuble, etc. » (1942, 45).

Sur le plan psychologique, Guillaume fait état de l'habileté de l'enfant à saisir les caractéristiques des personnes : « Tout le monde connaît des exemples d'intuitions, souvent très sûres et très fines, de jeunes enfants relativement aux dispositions des personnes à leur égard. L'enfant sent très vite, même chez des personnes qui ne lui sont pas familières, l'indifférence, la curiosité, l'ironie, la froideur, la bienveillance, la bonté, la faiblesse, la fermeté, la dissimulation (on sait combien il est difficile de donner le change à un enfant sur ce qu'on veut lui cacher), l'embarras, l'émotion » (1942, 185). Guillaume fait sans doute preuve d'optimisme à l'égard des capacités de l'enfant, qui se trompe comme l'adulte. Cependant les faits de communication précoce entre la mère et le nourrisson indiquent que les états de calme ou de tension de la première sont appréhendés par l'enfant qui y réagit aussitôt.

Les comportements précoces de « compréhension » de l'autre, sont rattachés par Guillaume à l'instinct. A juste titre puisqu'ils interviennent chez l'animal et que, par exemple, les conduites du tout jeune enfant sont apparentées au fonctionnement des équipements qui déterminent succion, agrippement, posture...

Guillaume a rapproché le comportement physique de l'enfant et son comportement psychologique, la résistance à l'effort pour l'entraîner citée à l'instant et la résistance morale (réserve ou opposition à l'égard d'une personne) en soulignant leurs similitudes dans l'ordre de l'agi ou du vécu. « Dans les deux cas la perception de l'action subie ne fait qu'une avec la réaction déjà déclenchée; la direction de l'attaque est sentie dans l'attitude de défense comme l'attrait est senti dans l'attraction; la réaction est organisée mais non construite; elle est subie plutôt que voulue. Toutes deux ont la même spontanéité, la même souplesse de moyens » (1942, 186).

La notion de connaissance implicite doit être utilisée avec prudence. Il s'agit d'une présupposition induite à partir de l'action. La connaissance est en effet seulement présupposée et l'invoquer est seulement reconnaître l'appropriation de l'action (elle-même objet d'une inférence). Les choses se passent *comme si* l'organisme savait, mais on ne peut dire qu'il sait vraiment, faute de pouvoir tester sa connaissance d'une manière indépendante de l'action. Il est toujours possible de trouver dans une forme plus simple ou plus primitive la préfiguration d'une forme plus complexe ou plus tardive. Mais la préfiguration n'est qu'une certaine manière par laquelle l'observateur *se figure* ou s'imagine les choses. Elle doit être justifiée par une analyse précise des conditions, circonstances et facteurs qui conduisent à la connaissance explicite. Sous ces réserves la notion est fondée et elle est indispensable pour comprendre l'évolution des formes et des habiletés, que ce soit sur le plan de la phylogenèse comme celui de l'ontogenèse.

Une réserve d'un autre ordre sur la dichotomie implicite-explicite est que celle-ci omet des distinctions cependant importantes à l'intérieur de la connaissance explicite. Il semble qu'une division en trois formes de connaissance — implicite, empirique et systématique — permettrait une analyse plus satisfaisante des données observées.

Si l'on voulait caractériser rapidement la connaissance empirique, il faudrait remarquer qu'elle aussi est liée à l'action. Mais à son niveau, celui qui la met en œuvre est aussi capable d'établir certains rapprochements, certaines différenciations, des liens de causalité et d'utiliser des notions et des mots qui expriment ces relations et les objets auxquels elles s'appliquent. Une connaissance empirique peut s'exprimer verbalement, au moins en partie, et par conséquent se communiquer au moins sous la forme d'indications, de recettes ou de conseils, par exemple sur ce qui arrive couramment dans telle circonstance et sur ce qu'il convient de faire. Les données sur lesquelles est fondée la connaissance empirique sont imparfaitement établies, interprétées à partir de schémas traditionnels, communiqués largement par la langue et les implications notionnelles qu'elles véhicule, et font place à des expériences particulières qui ne sont pas relativisées en fonction d'un schéma général cohérent.

La connaissance systématisée est évidemment celle dont la science offre le modèle. Cependant en relèvent toutes les tentatives pour construire un système, même si les concepts et les relations restent encore à un niveau empirique ou relèvent partiellement de l'imaginaire ou de doctrines invérifiables. La connaissance systématisée ne s'identifie pas à la connaissance vérifiée (ce que vise à être la science, mais ce qu'elle n'est pas en mesure de réaliser complètement).

La distinction entre connaissance empirique et connaissance systématisée permet de situer la connaissance naïve, la connaissance du profane sur laquelle, par exemple, les théoriciens de l'attribution, en commençant par Heider (1958) se sont plu à insister. Heider attribue au profane une connaissance intuitive très pénétrante en ce qui concerne le comportement humain. Il va jusqu'à affirmer que, à la différence de ce qui se passe à l'égard du monde physique où nous sommes tributaires de la science, même lorsqu'il s'agit de leviers ou de poulies, en matière de psychologie, toute connaissance scientifique étant supprimée, les problèmes de relations interpersonnelles n'en seraient pas moins réglés comme avant.

Cette conception de Heider — qu'on pourrait confronter à celle de Guillaume — est discutable sur bien des points. Elle attire en tout cas l'attention sur la difficulté de situer la connaissance « naïve » si l'on garde la seule distinction implicite-explicite. Cette connaissance est plus élaborée que la simple mise en œuvre de savoirs pratiques dans l'action. Heider et ses successeurs ont insisté sur le fait que les connaissances et habiletés prêtées au profane avaient l'intérêt de conférer au sujet qu'étudie le psychologue un statut différent de celui qu'avait développé une théorie stimulus-réponse, où il se trouve traité comme un objet soumis à un déterminisme qu'il subit sans l'éclairer par une représentation et une compréhension de la situation. A ce titre la conception de Heider et de ses successeurs se situe dans la perspective cognitiviste mentionnée ci-dessus. Quelle que soit la fécondité de cette manière de voir, il est difficile de supprimer toute différence entre la psychologie du profane et celle que cherche à développer le psychologue. Comprendre son sujet comme un psychologue en puissance, et non comme un objet mécanique, n'implique pas une réduction des psychologies construites par l'un et par l'autre. En classant comme empirique les connaissances développées par le profane, on garde la possibilité de les distinguer.

C. *Le passage de l'implicite à l'explicite*

Le problème que pose la distinction entre implicite et explicite ou implicite et empirique est celui du *passage* de l'un à l'autre, qui se pose évidemment d'une manière nécessaire quand on se place dans la perspective de développement.

Pour faire comprendre le passage de l'implicite à l'explicite, Guillaume fait intervenir divers facteurs, dont la variations des expériences qui est source de comparaison et, par là, de différenciation des éléments ou aspects de ces expériences. Il fait jouer un rôle particulier à l'introduction d'intermédiaires, c'est-à-dire à la substitution, à l'action directe exercée par le sujet, d'un objet ou d'une personne qui permet d'obtenir l'effet recherché. Dans le domaine des actions mécaniques, l'enfant remplace son intervention directe pour déplacer un objet, le soutenir, le tenir en équilibre par l'intervention d'un objet qui assure ces fonctions et lui permet de se trouver en dehors du mécanisme ainsi mis en place. Sur le plan psychologique on a l'équivalent quand l'enfant utilise une personne pour agir sur une autre : « Rebuté par sa mère dans un caprice, il s'adresse à sa grand-mère qu'il sait plus faible, et provoque entre elles un conflit; il s'appuie sur sa grand-mère pour faire échec à sa mère. Cette politique repose à la fois sur des rapports entre le sujet et d'autres personnes et sur des rapports entre les deux personnes extérieures au sujet. Les secondes se prêtent mieux que les premières à être *représentées, objectivées*, donc connues explicitement» (1942, 187).

Les procédés mis en œuvre pour agir sur les autres « restent implicites chez l'enfant tant qu'ils ne s'appliquent qu'à ses relations personnelles, de même que sa physique naïve restait implicite dans les relations directes de l'organisme avec le milieu. Au contraire l'interaction de trois personnes oblige à objectiver chez les deux autres une partie de ses sentiments vécus pour comprendre et pour diriger les relations de celles-ci l'une avec l'autre. De même qu'il extériorisait sa sensibilité dans l'instrument, l'enfant extériorise ses sentiments dans la personne dont il se sert; la relation vécue du moi et d'autrui devient spectacle, objet de pensée, et par là consciente d'elle-même » (188). L'interprétation de Guillaume pourrait rester valable pour l'essentiel même si l'on réduisait ou supprimait la part de l'utilisation instrumentale de l'autre, calquée sur l'utilisation d'un instrument physique, au profit d'une prise de connaissance des interactions entre tierces personnes, peut-être plus précoces, devant lesquelles l'enfant serait spectateur ou peut-être participant par empathie.

Pour comprendre le passage de l'implicite à l'explicite ou à l'empirique, il convient de reconnaître la large place qu'occupe la transmission d'informations effectuée dans le cadre des contacts ou des échanges avec des partenaires ou des institutions.

Il faut sur ce point être clair et, en particulier, écarter deux illusions qui toutes deux naissent de la filiation linéaire établie entre ces aspects ou niveaux de connaissance. La première illusion consiste à croire que l'on dépasse l'implicite par le jeu de forces internes qui s'exercent à l'intérieur de celui-ci, par un mécanisme de prise de conscience qui ne devrait rien à des influences extérieures. La seconde consiste à imaginer que la connaissance plus avancée (ici explicite ou empirique) naît toujours d'une connaissance plus élémentaire (ici implicite).

Sur le premier point, le complément que nous avons proposé en commentant l'exemple de Guillaume sur l'usage instrumental des personnes est significatif : l'enfant apprend comment les personnes interagissent sur les autres en les observant et ceci l'aide autant à les faire interagir à son profit qu'en prenant conscience des différences de comportements qu'elles manifestent à son égard, ou des conflits qu'il observerait plus tard. Il en est ainsi pour le maniement des outils matériels. L'enfant apprend leur usage en voyant les autres s'en servir et en écoutant les indications qu'on lui donne, plus qu'il ne le fait par des tâtonnements et des expériences accidentelles. Toute représentation qui fait naître la cognition de la seule action, ou bien s'en tient à une conception formelle des activités cognitives et oublie les contenus ou savoirs sans lesquels elle se réduit à une notion vide, ou bien réduit l'enfant au statut d'un Robinson Crusoé qui, ayant perdu tous savoirs et toutes praxies, devrait inventer tous les gestes nécessaires à une survie qu'il aurait peu de chances d'assurer dans de telles conditions.

Parmi les sources de connaissances empiriques ou explicites figure le *langage* et tout ce qu'il livre à celui qui l'entend utiliser et le pratique.

Guillaume (1942) a consacré une assez longue analyse au langage qui, comme le reste de son ouvrage, est d'une grande pénétration. Cependant il s'est placé dans une perspective historique, en cherchant à montrer comment s'était constitué et développé le vocabulaire psychologique. En outre il a orienté son analyse dans le but de montrer que, conformément à sa thèse, la distinction entre le physique et le psychologique, au début indifférenciés, s'est faite d'abord en faveur du physique. Il ne s'est donc pas placé sur le plan spécifique du développement de l'enfant. Or, de ce dernier point de vue, pour l'enfant la rencontre avec les mots utilisés par l'adulte, et leur usage à son exemple, est une source d'information sur les faits que désignent les mots, permettant de les isoler d'une expérience globale, de les différencier et de saisir une partie des rapports qu'ils entretiennent entre eux et avec les faits physiques auxquels ils sont liés. Si le rôle du langage est plus important dans la connaissance de l'univers matériel que ne l'admettent les théories qui font naître cette connaissance de l'action, à plus forte raison peut-il être considéré comme fondamental à l'égard de données qui sont beaucoup plus floues, moins discernables et objectivables et où l'affectivité intervient avec un poids particulier.

Une part importante de la connaissance empirique est constituée par les informations transmises oralement pour éclairer l'enfant sur le monde qui l'entoure et la manière de l'utiliser et le mettre en garde sur ces dangers.

En ce qui concerne les personnes, ceci joue d'une façon claire. Une grande partie des informations réunies sur elles sont *d'origine indirecte*. Chacun a une connaissance des personnes avec qui il n'a jamais eu d'échanges directs (hommes politiques, vedettes, et évidemment tous les personnages historiques). Pour les vivants, une partie des informations peut venir de rencontres à sens unique, le plus souvent par l'intermédiaire des média, mais la plus grande part vient de ce qu'on dit ou écrit sur ces personnes (ou contre elles). A l'égard des personnes qui font l'objet de rencontres effectives, ces rencontres sont précédées, suivies, accompagnées de commentaires présentés par des tiers qui portent sur leur caractère, leurs manières, leurs qualités et défauts et interprètent leurs comportements et leurs paroles.

Ainsi les enfants sont-ils couramment avertis des réactions et comportements que peuvent avoir les personnes qu'ils voient ou qu'ils sont susceptibles de rencontrer. Il en est ainsi avec les mises en garde à l'égard de tel ou tel personnage doûteux ou dangereux, connu ou détectable à partir de comportements caractéristiques, ou les avertissements concernant tel membre de la famille que l'on va visiter et dont les traits de caractères sont esquissés, au moins pour éviter que l'enfant ne provoque des réactions négatives ou désagréables pour lui ou ses parents... Le seul fait d'indiquer à l'enfant les comportements dont il doit s'abstenir à cause de réactions de la personne mentionnée est une manière de l'éclairer sur celle-ci.

Guillaume (1942), dans le cadre de son analyse du langage, a consacré une section à la littérature et à l'information qu'elle apporte sur la vie psychologique. Les réflexions qu'il développe à ce sujet paraissent bien caractériser les connaissances apportées par les œuvres littéraires comme étant de type empirique (bien que Guillaume, rappelons-le, n'ait pas utilisé cette catégorie). «C'est une fonction essentielle de la littérature (poésie épique, lyrique, drame, comédie, roman, fable) que l'expression de la vie morale. Elle s'inspire de l'observation de l'homme, observation à la fois introspective et extrospective, mais interprète librement les faits en créant des êtres fictifs qui deviennent des médiateurs pour comprendre les hommes réels. Elle explique le réel en le simplifiant, en le schématisant, en l'analysant».

«Pour déchiffrer la réalité morale, si variée et si complexe, pour nous orienter au milieu des faits, nous les regardons à travers les œuvres littéraires. Nous y trouvons des types, des caractères, des schémas de relation de l'homme avec le milieu matériel et moral qui nous servent de modèles et de repères. L'initiation psychologique de l'enfant et de l'adolescent se fait en partie par la culture littéraire... L'homme réel est difficilement accessible parce qu'il est trop complexe et aussi parce qu'il se dérobe aux autres et à lui-même, utilisant et faisant naître les circonstances qui peuvent le masquer ou le montrer tel qu'il veut paraître. Les créations littéraires au contraire présentent des types intelligibles, représentatifs d'un certain caractère moral...» (214-215).

On peut reprocher à ces propos de Guillaume de se placer dans une perspective classique et élitiste qui ne correspond qu'à une réalité partielle et devenue quelque peu anachronique. En tout cas pour le type de littérature auquel il se réfère. Il faudrait compléter celle-ci par une littérature populaire et faire référence à ce que lisent effectivement les enfants, s'interroger sur l'apport par exemple des bandes dessinées. De même sur les apports du film et surtout de la télévision. Sur ce point Guillaume présente des distinctions, dans le détail desquelles on ne peut entrer ici, mais qui lui permet de hiérarchiser les formes d'œuvres en fonction de la part respective d'implicite et d'explicite qu'elles contiennent (le cinéma, dont il parle, se situant au premier niveau, les œuvres des moralistes au dernier).

On peut aussi trouver que le point de vue de Guillaume est trop rationaliste, en ne retenant de l'œuvre d'art que sa valeur didactique et en évoquant surtout la présentation qu'elle fait de types bien caractérisés. Or l'œuvre d'art intéresse et séduit par son appel à l'imaginaire — en quoi elle est une réalité sociale et psychologique caractéristique — aux éléments affectifs conscients ou inconscients comme le montrent — non sans exagérations — certaines analyses modernes consacrées aux contes. Et l'homme plus proche de la réalité est moins celui qui représente un type et explicite des conflits entre des entités clairement définies (l'amour, le devoir, la raison d'Etat...) qu'un personnage ambigu et ambivalent, dont l'évolution et les rapports avec les autres se déroulent sur une scène à peine éclairée où subsistent de vastes zones d'ombre et de brouillard. Le propre des œuvres modernes, à la différence des classiques, inspirées trop directement d'une vue «géométrique» est de suggérer cette ambiguïté et cette obscurité et l'absence de frontière nette entre le réel et l'imaginaire. Mais par là même la création artistique, qu'il ne faut pas considérer seulement sous la forme du langage écrit ou parlé, remplit sa fonction de médiateur mentionnée par Guillaume, d'autant plus fidèle qu'elle garde son mode propre d'explication.

5. Lacunes et limites

Le présent ouvrage est incomplet sur beaucoup de points et l'on pourrait consacrer plusieurs pages à en faire apparaître les lacunes. Celles-ci ne tiennent pas seulement à la nécessité de présenter assez rapidement, donc au prix d'omissions dans la présentation des faits et des analyses, un domaine indiscutablement vaste. Intervient plus fondamentalement le fait que le découpage adopté, qui se justifie par ailleurs, laisse de côté certains points qui ne se trouvent pas traités et qu'ils convient au moins de mentionner. D'autre part les données rapportées concernent l'enfant et on ne trouve pas dans celui-ci les formes les plus caractéristiques de l'intelligence sociale ou de la compétence psychologique telle qu'une analyse théorique peut en définir les particularités.

A. *L'apport des notions d'attribution et de* locus of control

La division de l'ouvrage selon le plan adopté, en distinguant en particulier ce qui relève de la connaissance des autres, de soi, des interrelations et des règles sociales, laisse de côté des éléments qui ne se distribuent pas exactement sous ces diverses rubriques.

On citera à ce titre deux directions qui comportent de nombreux travaux : ce qui concerne la théorie de l'attribution d'une part, le *locus of control* de l'autre.

La théorie de l'attribution est née des premières analyses de Heider (1958) développées par Jones et Davis (1965) et Kelley (1967) et a fait l'objet de publications nombreuses en particulier de l'épais recueil de Harvey, Ickes et Kidd (1976).

Certaines définitions de la théorie de l'attribution lui donnent une extension très vaste. C'est le cas par exemple de celle de Ross : « La théorie de l'attribution, dans son sens le plus large, concerne les tentatives que font les gens pour comprendre les causes et implications des événements dont ils sont témoins » (1977, 388). Ross ne fait que suivre les indications de Heider (reprises par Kelley). Le caractère général de cette formule doit être compris par le souci de rattacher les activités intellectuelles mobilisées dans l'interprétation des conduites interpersonnelles à l'orientation de l'esprit qui cherche à donner un sens à son environnement, quelle que soit la nature de celui-ci, ce à quoi tenait Heider. Le contexte dans lequel est présentée cette définition et toute autre du même genre la réduit au domaine des relations entre personnes ou, un peu plus extensivement, à ce qui concerne les personnes, ce qui écarte la prise en compte d'une connaissance du monde physique, considéré en tant que tel.

L'attribution, dans la conception de Heider et de ses successeurs, est une démarche causale, l'interprétation des conduites étant donnée en invoquant certaines causes qui paraissent à celui qui les observe en rendre compte. La liste de ces causes est courte et leur nature est simple, puisque ce sont celles qu'invoque l'homme de la rue, le psychologue ici ne faisant que chercher à expliciter la manière dont celui-ci interprète ce qu'il observe : aptitude, disposition, effort, caractéristique de la tâche, des objets, de personnes extérieures, chance...

Le problème que pose l'évocation de ce genre de causes (ou de toutes autres causes plus raffinées) par rapport à la séparation entre connaissance de soi et connaissance des autres, par exemple, est qu'elles s'appliquent aussi bien à sa propre personne qu'à celle des tiers. Si Heider semble être parti d'une recherche visant à expliquer le comportement des autres, très rapidement (on le voit chez Kelley) le même type d'explication a été invoqué pour l'interprétation que le sujet avance de sa propre conduite. On ne voit pas comment, d'ailleurs, il pourrait en être autrement et comment il serait possible d'utiliser des cadres d'interprétations qui ne sont pas communs à soi-même et à autrui, ce qui serait rejeter une similitude évidente.

Les études consacrées au *locus of control* dont Rotter (par exemple 1954, 1966) a été l'initiateur (cf. Lefcourt, 1976) portent sur un point qu'aborde la théorie de l'attribution, mais elles sont restées curieusement indépendantes et extérieures aux analyses et recherches développées dans le cadre de celle-ci. La notion et l'expression *« locus of control »* (qu'on peut traduire par « siège du contrôle », ce qui n'est en rien éclairant sur la nature de ce qui est ainsi dénommé) est née d'une réflexion et d'un dépassement du concept behavioriste de contrôle du comportement. Dans la conception behavioriste, partagée par un grand nombre de théoriciens, les acquisitions du sujet sont tributaires du renforcement de ses réponses (récompenses, punitions): le renforcement *contrôle* les réponses. L'élargissement apporté par la théorie du *locus of control* est lié à l'introduction d'une perspective cognitiviste: l'effet des renforcements, chez le sujet humain, est tributaire de la représentation qu'il s'en fait, et en particulier du rapport qu'il établit entre ses réponses et l'apparition du renforcement; faute d'une représentation de ce rapport, celui-ci perd son efficacité.

De cette donnée qui relève des expériences de laboratoire, les auteurs, par un glissement de sens, sont passés à la recherche d'une caractérisation des personnes sur la manière dont elles perçoivent que les événements sont « contrôlés » : par eux-mêmes ou par des personnes ou des forces indépendantes d'eux (contrôle « interne » dans le premier cas, « externe » dans le second). La référence au contrôle apparaît ainsi comme l'attribution d'une causalité à certains types d'agent (y compris le hasard ou la chance) et l'on voit la parenté avec les idées clefs de la théorie de l'attribution.

S'il n'y a pas de liens entre celle-ci et les nombreux travaux consacrés au *locus of control*, cela tient à ce que ces derniers se sont placés dans une perspective d'évaluation des attitudes individuelles, alors que la théorie de l'attribution s'occupe plutôt, par des investigations de type expérimental, de faire apparaître les facteurs qui contribuent à orienter les interprétations, ainsi que les variables dont celles-ci dépendent.

Avec le *locus of control* on retrouve l'absence de séparation entre soi et autrui. Si certaines échelles, comme celle de Crandall et al. (1965), font intervenir des questions où le sujet est personnellement concerné (pourquoi il a une bonne note à une composition, pourquoi il perd à un jeu...), d'autres recourent à des énoncés concernant les « gens » en général. C'est le cas par exemple de celle de Rotter (1966 : les malheurs des gens tiennent à la malchance, ou à leurs erreurs; il y a toujours des guerres quoiqu'on puisse faire; s'il y en a c'est parce que les gens ne s'intéressent pas assez à la politique...).

Ce que, en dernier ressort, livrent les échelles concernant *le locus of control* est une vision de l'univers, une philosophie de la vie, concernant le pouvoir ou l'absence de pouvoir de l'homme sur les événements. On trouve une théorie apparentée dans les enquêtes qui visent à définir les conceptions des sujets sur la justice immanente (cf. Chalot, 1980). La notion de justice immanente se rattache à la démarche d'attribution : il s'agit de porter un jugement sur la responsabilité des événements qui arrivent à une personne; le malheur n'est-il pas provoqué par une faute, celui à qui arrive quelque infortune ne l'a-t-il pas mérité ? Les sujets qui répondent affirmativement à de telles questions expriment leur adhésion à l'idée que le monde obéit à un principe de justice.

Ici comme avec le *locus of control* c'est sur l'homme en général que s'expriment les sujets interrogés, même si les attitudes ainsi manifestées dépassent la dichotomie soi-autrui...

On ne peut rejeter les données et les analyses relatives aux notions qu'on vient d'évoquer en déclarant qu'elles ne relèvent pas des savoirs ou savoir-faire psychologiques. En fait elles révèlent des cadres d'interprétation à l'aide desquels sont perçus les hommes, soi comme autrui, et ce qui leur arrive ou ce qu'ils produisent et font — ou ne font pas. Il est clair que l'attribution d'une conduite déplaisante à une disposition ou une intention du partenaire est perçue comme beaucoup plus négative que lorsqu'elle est attribuée à la négligence ou à l'oubli (par exemple, Kelley 1979). Réciproquement, on sait que l'agressivité à l'égard d'une personne conduit à attribuer ses actions à des dispositions malicieuses ou hostiles.

De même, des études très intéressantes ont porté sur les jugements exprimés à l'égard des personnes en fonction des événements heureux ou malheureux qui leur arrivent. Tel est par exemple le cas des jugements dépréciatifs portés sur les victimes d'accidents, d'atteintes à l'intégrité physique, de souffrances qui leur sont infligées... Ces jugements peuvent être interprétés de plusieurs manières (appel à la justice immanente, réaction de défense contre la menace ressentie à l'égard de soi-même, etc.) et ils dépendent de variables dont certaines ont été analysées (participation au tort infligé, identification à la victime, etc.).

On pourrait multiplier les exemples. Ceux-ci posent des problèmes qu'on ne saurait évacuer sans réflexion préalable, en particulier en ce qui concerne les rapports entre les représentations de type largement affectif, comme celles auxquelles on a fait allusion et le caractère théoriquement rationnel des savoirs et savoir-faire qui caractérisent l'intelligence et la compétence (qu'on ne résout pas en considérant seulement l'affectif comme *objet* des savoirs). Néanmoins il ne fait aucun doute qu'un exposé complet devrait leur faire une place qui ne leur a pas été accordée ici.

B. Limites propres à l'étude de l'enfant

Le présent ouvrage se place dans la perspective de la psychologie de l'enfant et du développement. Celle-ci permet de recueillir des données plus aisément accessibles et, ce qui est plus important, de fournir ici, comme dans les autres domaines, des indications sur la formations des habiletés et des connaissances. Cependant cette préoccupation amène un décalage entre l'affirmation explicitée ci-dessus, et qui revient ensuite à plusieurs reprises, sur l'originalité de l'intelligence sociale ou de la compétence psychologique par rapport aux conceptions dominantes de l'intelligence. Une grande partie des données qui sont exposées dans les divers chapitres renvoient à des connaissances et habiletés relativement élémentaires et qui ne se différencient pas nettement, à ce niveau, de celles qui interviennent dans la connaissance et la pratique du monde physique (discrimination, observation de modèle, inductions directes ou par le biais d'instruments symboliques, inférences).

Une des raisons de ce décalage tient à ce que les formes typiques des savoirs et savoir-faire psychologiques se trouvent chez l'adulte et même tout particulièrement chez certains professionnels. Par exemple, l'art d'exploiter les apparences et de les utiliser au profit d'objectifs sciemment déterminés, se manifeste par excellence chez l'homme politique, le journaliste, l'avocat, le spécialiste des relations publiques ou de la publicité. C'est également chez l'adulte qu'on peut trouver les mensonges, les tromperies les plus brillantes et les plus crédibles, les créations artistiques les plus convaincantes ou impressionnantes. L'enfant est longtemps tributaire de son adhésion aux réalités qu'il perçoit ou à des apparences dont il n'est pas maître ou qu'il ne cherche pas à exploiter à des fins instrumentales (rêves ou jeux gratuits, illusion ou négation plus que tromperie). C'est du côté des âges qui se situent à l'adolescence ou à son approche, voire plus tard, qu'on peut s'attendre à voir se manifester des formes de conduites moins naïves, une habileté à connaître et discerner les apparences multiples mais relativement équivalentes. La tendance de la psychologie du développement a été beaucoup plus au cours des dernières années de descendre la gamme des âges pour tester — avec succès — l'émergence précoce de formes de pensée nécessairement assez simples que l'élaboration tardive de formes complexes. En matière de compétence psychologique, les deux directions sont certainement particulièrement nécessaires.

Une autre raison, cependant, en corrélation avec celle-ci, tient à ce que, malgré les affirmations contraires, l'enfant est toujours approché à partir des habiletés et capacités observées ou présupposées chez l'adulte. Ceci est très clair lorsque la pensée de l'enfant est rapportée à un modèle logique, comme chez Piaget ou son langage à un modèle linguistique comme chez Chomsky. Or, dans les matières qui nous occupent ici, les élaborations théoriques sont beaucoup moins avancées et n'offrent pas de modèles structurés qui puissent servir de point de départ pour poser des questions sur les capacités de l'enfant et les interroger grâce à des observations et des expériences appropriées. Quand on pourra disposer d'éléments d'une théorie de l'intelligence sociale qui traite celle-ci dans sa spécificité, sans s'attacher à ses seules composantes «géométriques», la situation sera beaucoup plus favorable.

Peut-être ne faut-il pas exclure des raisons d'ordre moral ou déontologique. Il n'est pas évident que les formes les plus typiques d'intelligence sociale et de compétence psychologique se trouvent dans les seules actions honnêtes et les intentions moralement pures. Detienne et Vernant, dans leur ouvrage *Les ruses de l'intelligence* (1974), ont bien montré le silence que les philosophes grecs ont gardé sur les formes d'intelligence rusée, qui vont de la tromperie manifeste à l'habileté des chasseurs et des pêcheurs, aux artifices de la rhétorique et de la politique. Ceci lui confère un caractère marginal et clandestin, que l'on comprend du point de vue des élaborations des philosophes qui défendent et associent la vérité et le bien moral et subordonnent l'intelligence à l'un et à l'autre. On comprend que le psychologue puisse légitimement partager un point de vue analogue, évidemment parfaitement respectable, qui le retient d'entreprendre certaines analyses et certaines expériences avec des jeunes enfants. Mais on n'a pas à s'associer nécessairement à des interprétations optimistes que, de son côté, l'étude des pulsions ne comporte pas.

Chapitre II
La connaissance d'autrui

« La psychologie génétique de la perception des personnes est un domaine relativement délaissé. Il n'y a pas eu d'analyse systématique des concepts que forment les enfants sur le comportement humain et la personnalité qui soit comparable à l'étude de leurs concepts relatifs au monde physique ou à l'espace, au nombre, à la causalité. Ce qui est quelque peu surprenant si l'on considère son importance. Les impressions formées chez les enfants sur les personnes qui ont quelque signification psychologique pour eux doivent vraisemblablement définir un modèle pour le développement de leurs modes caractéristiques d'interaction sociale et en même temps contribuer à fournir les cadres de référence à travers lesquels ils jugent les personnes ».

Cette citation de Livesley et Bromley (1973, 53) — qui va dans le sens des remarques présentées dans le chapitre 1 ci-dessus — reste valable aujourd'hui. Cependant la littérature présente des données qui, bien que n'étant pas systématiquement orientées vers l'étude du développement de la connaissance d'autrui, n'en sont pas moins exploitables. C'est le cas en particulier pour les premières réactions de l'enfant en la présence de l'adulte et ses premières interactions avec lui, alors même que les observations et analyses théoriques développées sur ces thèmes sont centrées sur l'affectivité ou les débuts de la socialisation plutôt que sur les aspects cognitifs.

On peut, dans un but de clarification, énumérer sur la base d'une

analyse, à la fois empirique et spéculative les composantes suivantes de la connaissance d'autrui :
1. La reconnaissance qu'il existe des personnes autres que soi-même.
2. La distinction des personnes par rapport aux objets physiques.
3. La distinction des personnes entre elles.
4. La reconnaissance de l'unité d'une personne malgré la diversité de ses apparences, actions, manifestations.
5. L'attribution aux personnes de caractéristiques qui permettent de les identifier.
6. La coordination des relations entre les actions et les réactions des personnes et les siennes propres.
7. La même coordination mais concernant les relations des autres personnes entre elles.
8. La connaissance de la vie psychologique des personnes et son utilisation pour prévoir ou interpréter les comportements.

Ces composantes sont distinguées d'une manière abstraite. Leur énumération ne correspond pas à une séquence d'ordre chronologique, encore que les plus simples mentionnées d'abord sont naturellement celles qui correspondent aux acquisitions les plus précoces. Elle ne correspond pas non plus à un programme qui engagerait à traiter chacune dans l'ordre où elles sont présentées et d'une manière également détaillée.

Le déchiffrement des expressions affectives a été traité à part par Jacqueline Danset-Léger et fait l'objet d'une section qui, pour des raisons de commodité, a été reportée à la fin de ce chapitre.

1. Savoirs et savoir-faire impliqués par les premières relations avec les personnes

La discrimination impliquée dans les composantes 1, 2 et 3 ci-dessus figure parmi les actes cognitifs les plus élémentaires. Cependant la précocité avec laquelle certaines discriminations prennent place laisse subsister bien des incertitudes quant à la chronologie de leur apparition et de leur développement. Surtout, la nature des objets concernés, dès qu'il s'agit des personnes, est telle que les discriminations qui les concernent ne peuvent être traitées sur la seule base de propriétés d'ordre perceptif.

Elles font intervenir une connaissance, au moins vécue, des rapports qu'ils entretiennent avec le sujet et cette connaissance contribue à les déterminer. En effet, une connaissance des autres, au niveau le plus élevé peut être objective. Elle ne l'est pas toujours, l'exemple des biographies et de l'histoire le montre. Mais dans sa genèse cette connaissance fait intervenir les interactions entre les autres et la personne qui vit cette connaissance. C'est dire qu'on ne peut tenir comme séparées les composantes mentionnées à l'instant, puisqu'on est obligé ici, comme on le verra ci-dessous, de faire intervenir les interactions (composante 6).

Sur le plan des sources, les données rapportées dans la littérature sous des rubriques telles que «perception sociale», «réactions sociales» ou équivalents sont utilisables dans la mesure où l'aspect *discriminatif* est effectivement pris en compte. La mention des réactions aux personnes ou aux stimuli qu'elles produisent (modification de l'activité à l'audition de la parole, déclenchement du sourire ...) ne peuvent être exploitées que s'il est établi que ces réactions ne sont pas également produites par des objets physiques, ce qui n'est pas toujours le cas.

A. *La distinction du moi et du non-moi*

La composante 1 soulève la question des rapports entre le «moi» et le «non-moi» sur lesquels les philosophes se sont interrogés. Les psychologues du développement s'expriment, dans leur ensemble, comme s'ils étaient d'accord pour admettre que l'enfant passe par une période d'indifférenciation, où ce qui relève de lui-même et ce qui relève du monde extérieur ne se distinguent pas encore. Au stade qu'il appelle «non objectal» le nouveau-né, dit Spitz, suivant Freud, «ne peut distinguer une chose de l'autre; il ne peut faire la différence entre son propre corps et une chose (extérieure) et ne ressent pas l'environnement comme séparé de lui-même. Aussi perçoit-il le sein nourricier et gratifiant, si même il le perçoit, comme faisant partie de lui-même» (1968, 27-28).

Cette manière de voir est largement liée à une approche de type phénoménologique qui invite à se représenter comment le monde apparaît au nouveau-né, en se mettant en quelque sorte à sa place. C'est ainsi que pour décrire les premières perceptions de l'enfant, Piaget parle de «tableaux» («mouvants et inconsistants qui apparaissent puis se résorbent totalement», Piaget et Inhelder, 1971, 15; cf.

Piaget 1936). Il s'agit de descriptions évidemment non contrôlables et construites (plus ou moins métaphoriquement) à partir de l'observation des comportements.

Les travaux, principalement ceux de Piaget (1936) puis de Bower (1977, 1978, cf. Vurpillot, 1972) ont essentiellement porté sur la connaissance qu'acquiert l'enfant de l'existence des objets physiques, dont la caractéristique essentielle est la permanence (des comportements de l'enfant, tels que l'absence de recherche en cas de disparition sont interprétés comme révélant l'absence de cette connaissance). L'établissement de l'existence des objets permanents n'implique pas comme corrélat la connaissance du moi constituée de la même manière. Les psychologues paraissent admettre que cette connaissance est plus tardive que celle des objets de l'environnement. Mais faute de définition précise du moi, de moyens pour y faire correspondre des comportements définis, susceptibles de se prêter à des expérimentations comparables à celles qui peuvent être effectuées avec des objets matériels, il s'agit d'une supputation dont la validité et même la signification peuvent être mises en doute. Il est toujours possible de prétendre que le corps propre, substrat premier du moi, compagnon de tous les instants, objets d'expériences directes, marquées affectivement d'une manière parfois très violente, se renouvelant selon des cycles relativement constants s'établit comme objet (ou sujet) permanent sans attendre que les éléments du monde extérieur le soient eux-mêmes.

Sur le plan des comportements, dès les premières minutes de la vie de l'enfant met en œuvre des réflexes typiquement adaptés à l'environnement et distincts de ceux qui concernent son propre fonctionnement. Les réflexes relatifs à l'alimentation comme le «*rooting reflex*», le réflexe de succion correspondent à une connaissance implicite (cf. chapitre 1) de l'existence de la mère ou d'une nourrice. Ils n'ont de sens que dans la mesure où un partenaire est disponible pour y répondre d'une manière appropriée et comportent par conséquent l'affirmation de son existence. Les cris du nouveau-né, de même, présupposent l'existence de partenaires équipés de manière à ne pouvoir que très difficilement les supporter et par conséquent disposés à intervenir pour modifier la situation qui les provoque.

Le non-moi, dans la discussion ci-dessus, correspond à la fois aux objets physiques *et* aux personnes. Les premiers ont été davantage considérés par les auteurs parce qu'ils se prêtent plus aisément à l'expérimentation (il est plus facile de les faire apparaître, disparaître, déplacer) mais aussi dans la logique d'une centration vers les processus cognitifs portant sur le monde physique plutôt que sur le monde social.

B. *La distinction entre les personnes et les choses*

La distinction entre les personnes et les choses (composante 2) ne résulte pas de ce que celles-ci donneraient matière à des perceptions de type différent. Les unes et les autres sont vues, entendues, senties par le toucher, l'odorat... Elles sont distinguées parce que, à partir de ces perceptions communes, elles se constituent en objets présentant des *propriétés* différentes.

La recherche de ces propriétés s'est faite dans deux directions qui ne sont pas toujours explicitement séparées. La première traite les personnes aussi bien que les choses comme des entités, ou des sources de stimuli, qui sont distinguables sur le seul plan de la perception. La seconde fait intervenir des interactions plus complexes où l'activité, l'affectivité de l'enfant sont en jeu, les effets et conséquences des actions intervenant comme déterminants nécessaires de la discrimination.

C'est en optant implicitement pour la première direction que Munn (1955) situe à 2 mois environ le moment où la distinction entre les personnes et les choses apparaît. Il s'appuie sur une recherche de Hetzer et Tudor-Hart, publiée en 1927, faisant intervenir la présentation de sons divers, qui montre que vers cet âge l'enfant commence à répondre davantage à la voix humaine qu'à des sons d'une autre origine, en particulier produits par des objets matériels. Wolff (1963) étudiant la production du sourire a observé une discrimination de ce type survenant plus tôt (au cours de la troisième semaine).

Ce sont les aspects visuels de la personne qui ont suscité les études les plus nombreuses. Elles ont concerné essentiellement la perception du visage. Les réactions au visage humain sont très précoces et elles apparaissent, dans de nombreuses descriptions, comme spécifiques. « Il n'y a qu'une seule perception que l'enfant suive des yeux à distance à partir de la quatrième semaine, c'est le visage de l'adulte » (Spitz, 1968, 57). Les chercheurs se sont préoccupés de définir ce qui dans les caractéristiques physiques, géométriques, cinétiques... du visage constituait la source des réponses des enfants. Pour une mise au point sur la question on se reportera utilement à Vurpillot (1972).

Les auteurs qui ont cherché à déterminer les éléments qui, dans le visage humain, sont à l'origine du *sourire* chez l'enfant se sont placés dans cette même direction. Cette réaction est précoce, encore que son apparition soit relevée avec des variations importantes (26 jours et 5e-6e mois sont les marges mentionnées par Spitz, 1968; cf. la recension des dates rapportées par divers auteurs dans M.A. Bloch, 1970).

Pour la majorité des auteurs le sourire est bien une réponse aux personnes et elle est déclenchée d'une manière discriminative par celles-ci. « Charlotte Bühler considère le sourire comme *la* réaction spécifique à la présence humaine »…. (Levy-Schoen, 1964, 15). Le nourrisson, note Spitz (1968), ne sourit pas au biberon mais il sourit au visage de l'adulte. Spitz a montré par ses expériences que l'enfant ne réagissait au début qu'à des éléments configurationnels, essentiellement le front et les yeux, qui, pour lui, agissent en « Gestalt-signes », analogues aux déclencheurs de certaines réactions instinctives chez l'animal. Il prend soin de montrer, dans le cadre de sa théorie de la constitution de l'objet libidinal, qu'il n'y a pas dans les premières apparitions du sourire, réaction à une personne identifiée sous ses différentes apparences et constituée en un objet stable. Cependant, malgré ces restrictions il apparaît que les indices auxquels réagit l'enfant permettraient « de discriminer les personnes du reste du monde » (Levy-Schoen, 1964, 15).

A cette conception du sourire s'oppose celles des auteurs qui lui donnent une autre signification et refusent d'y voir l'indice d'une discrimination *primaire* entre les personnes et les choses.

Telle est la conception de Piaget pour qui le sourire est l'indice de la « recognition » non pas d'objets (il apparaît avant la « constitution » de ceux-ci), mais des « tableaux » mentionnés ci-dessus, la « réaction aux tableaux familiers, au déjà vu, dans la mesure où les objets connus réapparaissent brusquement et déclenchent ainsi l'émotion ou encore dans la mesure où tel spectacle donne lieu à répétition immédiate » (1936, 80).

Telle est aussi la conception de J.C. Watson présentée en 1973 et que résume Bower (1977): l'enfant sourit quand il s'aperçoit qu'il exerce un contrôle sur son environnement, appréhende qu'il exerce une action causale sur l'apparition d'un événement ou d'un changement. Le sourire se manifeste, en effet, dans les situations expérimentales de type conditionnement opérant où l'enfant obtient un résultat positif (délivrance d'une boisson sucrée, allumage d'un projecteur, mise en mouvement d'un mobile…).

Les positions de Piaget et de J.C. Watson ne se trouvent pas en contradiction sur le plan des faits avec celles des auteurs dont on peut retenir Spitz comme le porte-parole. Les personnes se trouvent davantage en contact avec les enfants, ce qui donne matière à des recognitions plus fréquentes. Cette fréquence donne aussi davantage l'occasion d'exercer une causalité, suscitant des réponses, les « contrôlant » dans les divers jeux que l'adulte se plaît à engager avec l'enfant.

Mais la contradiction porte sur le fond puisque ce sont seulement des facteurs contingents, comme la plus grande fréquence des rencontres qui privilégient les personnes comme point de départ du sourire et qu'il s'agit en dernier ressort d'une sélection due à l'expérience donc, au sens large, relevant d'un apprentissage.

Ce qui paraît par ailleurs caractéristique est que les deux thèses se situent dans la seconde direction distinguée plus haut. Malgré son caractère intellectualiste, celle de Piaget invoque un aspect émotionnel et celle de J.C. Watson une intervention active de l'enfant sur l'environnement, avec les effets qui en résultent pour celui-ci.

Sans opter nécessairement pour l'une ou l'autre de ces deux thèses, il semble de toute façon que la seule référence à une discrimination perceptive ne puisse être retenue. Même si l'on accepte que l'enfant est prédisposé à réagir à certains déclencheurs de la même manière qu'il est doté dès le départ des réflexes nécessaires à sa survie, les conduites qui sont liées à leur perception n'ont pas la simplicité des réflexes de succion ou de déglutition; elles évoluent très vite et deviennent complexes.

Les faits d'ailleurs montrent que les réactions de l'enfant aux personnes sont modelées par la manière dont celles-ci se présentent devant lui, se comportent et dont elles réagissent à ses actions.

Pour le sourire, par exemple, Malrieu (1952) cité par M.A. Bloch (1970) a observé que le sourire en réponse au sourire de la mère est plus accusé que le sourire spontané. Brackbill (1958) a montré que la fréquence des sourires était influencée par les réponses de l'adulte, conformément au schéma du conditinnement instrumental: des réponses positives augmentent cette fréquence, l'absence de réponse entraîne une diminution. Ambrose (1961) dans une expérience avec des enfants de 12 à 13 semaines où un visage adulte impassible était présenté douze fois de suite à un intervalle d'une minute, a constaté une nette diminution du sourire à mesure que les présentations se poursuivaient. Il a de plus observé que, au moins chez les enfants âgés de 26 semaines, la diminution de la réponse se maintenait d'une semaine à l'autre.

Pour les vocalisations, Rheingold, Gewirtz et Ross (1959) ont montré que les réactions de l'adulte (sourire, réaction sonore, toucher de l'enfant) augmentaient significativement leur fréquence (cf. aussi Bloom, 1977).

Les analyses qu'ont développées divers auteurs pour dégager les traits qui caractérisent les personnes par opposition aux choses vont dans ce sens. On peut en faire état, bien qu'elles soient largement spéculatives et reflètent les connaissances qu'un adulte a pu acquérir sur le sujet. Quand un effort a été fait pour se placer au niveau de l'enfant, ce n'est pas toujours en tenant compte de ses capacités au moment où la distinction commence à s'établir, ni de la chronologie que leur développement devrait impliquer.

Ainsi Guillaume a rappelé le critère proposé par Baldwin : le mouvement spontané et imprévisible distinguerait les personnes. Il montre par des exemples que ce critère est insatisfaisant : « ... il y a pour l'enfant, dans les choses qui l'entourent, bien des apparences d'activité spontanée : la flamme vacille, bondit dans l'âtre ; la pendule rompt le silence et sonne ; le vent soulève le rideau, fait remuer les herbes et les arbres ; la rivière court et murmure » (1942, 189). Et il ajoute : « Les personnes sont pour le jeune enfant moins des êtres dotés de mouvements spontanés que des être dont le mouvement est éventuellement dirigé vers lui et productifs de conséquence pour lui » (id., ibid.). Et encore : « Les hommes sont à la fois « moteurs » de l'enfant et « sensibles » à l'enfant : ils sont sources de satisfaction pour lui et réagissent à ses sollicitations. Les choses n'ont en général ni l'une ni l'autre de ces propriétés essentielles » (id., 190).

C. La distinction entre les personnes

En ce qui concerne la distinction entre les personnes (composante 3) les descriptions du développement de l'enfant mentionnent que celle-ci s'établit progressivement. « Au cours de sa première année un enfant apprend à différencier la mère du père, les parents des simples visiteurs, les adultes des enfants, les frères des sœurs » (Munn, 1955, 422). Cette discrimination paraît, comme les autres, précédée d'une période d'indifférenciation. On en voit une preuve dans le fait que des réactions « positives », comme le sourire, sont au début suscitées indifféremment par toute personne adulte, quelle soit ou non familière (Spitz, 1968) et que plus tardivement l'enfant réagit différemment aux personnes familières et à celles qui ne le sont pas. (Pour des raisons de commodité la personne non familière est désignée par le terme « étranger »). La plupart des études ont considéré comme personne étrangère des adultes, mais certains ont examiné les réactions à des enfants d'âge comparable (cf. Jacobson, 1980).

Schaffer et Emerson (1964) situent vers 2-3 mois l'âge à partir duquel l'enfant se comporte d'une manière différente à l'égard de sa mère et des étrangers. Bower (1977) énumère, d'après la littérature, l'apparition de diverses manifestations précoces de discrimination: dès deux semaines l'enfant montre quelque aversion quand un étranger lui parle, surtout lorsqu'il le fait en imitant la voix de sa mère. A 14 semaines l'enfant fixe une personne étrangère au lieu de lui sourire comme il le fait à l'égard des personnes familières. A 4-5 mois il se fige quand un étranger l'approche (cf. aussi Schaffer, 1966).

Les comportements de l'enfant qui manifestent de la manière la plus nette la distinction qu'il établit entre personnes familières et étrangères sont constitués par les deux phénomènes traditionnellement situés autour de l'âge de 8 mois: la production de réponses négatives à l'égard des secondes et la production des réponses également négatives lorsque l'enfant est séparé de sa mère. « A ce stade, à l'approche d'un adulte étranger, le bébé va pleurer, crier ou encore essayer d'éviter de le rencontrer. Si le bébé peut se déplacer il va essayer de s'écarter. A un âge un peu plus tardif le bébé va commencer aussi à montrer la peur d'être séparé de sa mère. Cette séparation l'amènera à chercher à la rejoindre, à hurler, se figer, pleurer et manifester d'autres signes de détresses » (Bower, 1977, 49).

Ces comportements constituent un des éléments autour desquels a été construite la théorie de l'attachement, développée par Bowlby et qui, à cause de ses implications théoriques, a fait l'objet de beaucoup d'attention chez les psychologues contemporains (cf. Zazzo, 1974).

La variation dans leur date d'apparition, les différences importantes selon les individus conduisent à relativiser l'âge des huit mois qui est au plus une valeur modale dans une distribution établée. On peut voir des exemples de ces distributions dans Gesell et Thompson (1934) reproduit dans Munn (1955) ou dans Schaffer (1966). Mais le point le plus important concerne le manque d'accord des auteurs sur leur réalité même ou plus exactement sur la conceptualisation qui est faite à travers l'utilisation de tel ou tel terme. C'est ainsi qu'une analyse attentive de la littérature (appuyée sur leurs propres observations) a conduit Rheingold et Eckerman (1973) a rejeter la réalité et la signification de la notion de peur de l'étranger, alors que Sroufe (1977), à partir d'une analyse non moins minutieuse conclut à la réalité du phénomène et à la validité du concept. Sroufe substitue le terme «inquiétude» *(wariness)* à celui de «peur» *(fear)* mais sans les différencier fondamentalement. Par contre Bronson et Pankey (1977) argumentent (à partir des données expérimentales) pour distinguer peur et inquiétude...

Ces divergences, les analyses présentées par les auteurs cités (et plusieurs autres), les développements consacrés à l'attachement (et à ses rapports avec la peur de l'étranger) indiquent que la discrimination perceptive est une condition (ou une «précondition», Schaffer et Emerson, 1964) de l'apparition de comportements différents à l'égard des personnes, mais que celle-ci dépend de savoirs plus complexes.

Les aspects cognitifs intervenant dans la peur de l'étranger ont été clairement exposés et discutés dans plusieurs revues comme celles de Schaffer (1966), Gouin Décarie, Rheingold et Eckerman (1973), Sroufe (1977).

Une interprétation proposée pour toute peur, voire toute réaction émotionnelle s'applique ici. Selon cette interprétation l'organisme se forme «une représentation» des objets, personnes, événements ... qu'il rencontre habituellement. Lorsque l'objet, la personne ou l'événement en face desquels il se trouve à un moment donné est en désaccord avec cette «représentation» des réactions apparaissent : intérêt quand la discordance est faible, satisfaction quand elle est modérée et peut se résoudre assez aisément, peur quand elle est trop forte.

Les auteurs qui ont défendu cette théorie, dénommée le plus souvent théorie de la discordance ou de l'incongruité, se sont en général appuyés sur Piaget, utilisant les notions de schème, d'assimilation et d'accommodation. Cependant Hebb (1946, 1949, cf. Schaffer, 1966, Gouin Decarie, 1972) a utilisé des cadres conceptuels davantage marqués par ses préoccupations neuropsychologiques.

Rheingold et Eckerman (1973) et Sroufe (1977) ont présenté des objections que soulève la théorie de la discordance, surtout tant qu'elle reste focalisée sur la perception (et les représentations» ou schèmes) des objets rencontrés par l'enfant. Dans cette perspective elle permet mal de comprendre, par exemple, pourquoi la réaction ne se produit pas dès que l'étranger apparaît à distance, mais seulement quand il est proche ou pourquoi elle ne se produit pas non plus, ou se manifeste à un moindre degré, quand l'enfant est en compagnie de sa mère.

Sroufe (1977) propose de faire intervenir une *évaluation* de l'ensemble de la situation par l'enfant, qui le rend plus ou moins tolérant lors du contact avec une personne inconnue. Le mot «évaluation» est en partie métaphorique, car il ne s'agit pas d'une supputation intellectuelle, dont le jeune enfant serait évidemment bien incapable. Il s'agit plutôt d'une résultante dépendant d'un ensemble de déterminants. «L'évaluation de l'enfant est synthétique. Elle incorpore l'ensemble de la situation, le comportement de l'étranger et le choix des réponses disponibles. Elle inclut aussi l'humeur de l'enfant, son état, et le sentiment de sécurité qu'il éprouve avant et durant la rencontre. Il reflète le seuil de l'enfant à l'égard de la menace aussi bien que de l'incongruité d'ordre cognitif et ses capacités adaptatives» (Sroufe, 1977, 742).

La réaction de l'enfant n'est pas seulement fonction des déterminants ou éléments immédiats de la situation. Elle est tributaire de ses *expériences antérieures*. Les auteurs qui ont discuté de la peur de l'étranger et de l'angoisse qu'engendrent le départ ou l'absence de la mère ont fait de nombreuses références à la psychologie comparée, pour montrer que de tels comportements apparaissent également chez l'animal. L'assimilation de la configuration qui déclenche le sourire à un déclencheur des réactions instinctives (Spitz, 1968), la place donnée aux expériences d'Harlow sur les jeunes chimpanzés élevés en l'absence de leur mère (cf. Zazzo, 1974), la peur qu'engendre dans diverses espèces animales la rencontre avec des objets ou situations inhabituelles (cf. Hebb, 1949) induisent à attribuer les conduites citées à des déterminants innés. Dans le même sens, l'attribution d'une valeur adaptative à ces conduites (cf. Rheingold et Eckerman, 1973). Il est, en effet, vital pour le jeune animal de distinguer sa mère des étrangers pour rechercher la première qui lui apporte nourriture et protection et éviter les autres, qui peuvent chercher à le dévorer. Même avec les enfants tout étranger n'est pas, il s'en faut, nécessairement bienveillant, nourricier et protecteur.

Cependant, même chez l'animal, la peur dépend d'expériences préalables (Hebb a beaucoup insisté sur le rôle de ces expériences). Chez l'enfant l'apparition tardive des réactions à l'étranger ou à l'absence de la mère est ambiguë. Elle est souvent interprétée en termes de maturation, celle-ci étant d'autant plus nécessaire qu'on envisage l'intervention de facteurs cognitifs plus élaborés. Mais elle peut l'être en invoquant l'effet des expériences qui, par exemple, seraient nécessaires pour que se constituent les savoirs nécessaires à l'«évaluation» de la situation actuelle.

De toute façon, si un déterminisme biologique justifie l'attachement à la personne qui assure nourriture et sécurité, c'est seulement l'expérience qui apprend à l'enfant les indices qui lui permettent d'identifier celle-ci et de la distinguer des autres. Cette spécification intervient pour les conduites mentionnées chez l'animal : c'est l'expérience qui détermine sur quel objet va se fixer la tendance du poussin à suivre un mobile ou du jeune singe à s'accrocher à une fourrure (cf. Schaffer et Emerson, 1964).

Des auteurs qui, comme Sroufe et Waters (1977), défendent l'importance du concept d'attachement, mais font place à l'apprentissage pour décrire comment il peut rendre compte de l'organisation de comportements complexes, font apparaître dans leur description les savoirs que ces comportements mettent implicitement en jeu : acquisition d'une grande variété de comportements adaptés d'une manière flexible à leurs objectifs, de la capacité de discriminer entre les objets d'attachement et les autres, d'anticiper les réponses et les objectifs de la personne objet de l'attachement, d'apprécier une grande variété de situations, de coordonner les réponses affectives et comportementales; acquisition d'un modèle des environnement familiers et capacité d'évaluer la disponibilité de l'objet d'attachement en fonction de ses propres capacités d'action; connaissance que cette personne est fiable et disponible; élaboration d'attentes généralisées et de compétence en matière de motivation...

D. *Unité et variabilité des personnes*

On a peu d'indications sur le développement de la capacité à reconnaître l'unité d'une personne malgré la diversité de ses apparences (composante 4). On peut présumer que les choses se passent de la même manière qu'à l'égard des objets physiques. Une donnée est fournie par une observation de Spitz (1968) : à 3 mois l'enfant réagit par le sourire au visage de face mais non au visage de profil : une unité ne serait pas encore établie entre les diverses apparences du visage.

C'est dans le même sens que Bower (1972) interprète l'expérience des «mères multiples» : un jeu de miroirs peut faire apparaître plusieurs images de sa mère situées l'une à côté de l'autre. Jusqu'à 5 mois l'enfant paraît trouver la situation normale et même amusante, mais après 5 mois il paraît choqué et proteste, ayant réalisé que sa mère est un être unique.

Il s'agit ici de l'unité d'une personne considérée sous ses aspects *physiques*. Même sur ce plan la diversité d'une personne est nettement plus grande que celle d'un objet matériel dont les apprences varient essentiellement selon les lois de l'optique géométrique. Elle concerne l'habillement, les postures, les activités, les productions vocales... Que l'intégration ne se fasse pas sans quelques hésitations et difficultés, diverses observations le suggèrent. Une voix forte, une manipulation plus rude par des personnes familières, la première utilisation de lunettes par la mère provoquent une réaction de peur chez le jeune enfant (Schaffer, 1966).

L'enfant arrive à se former un schéma des personnes familières qui lui permet de tolérer des variations et des apparences inhabituelles. Par exemple, le fait pour un étranger d'appraître avec un masque accroît les réactions de peur, alors que si la mère le porte ou si elle se manifeste avec une démarche, des modes de comportement inhabituels, l'enfant réagit positivement (Sroufe, 1977).

Même établie dans son unité d'être physique une personne ne se comporte pas d'une manière identique selon les moments et les circonstances. Cette variabilité doit être également intégrée. Livesley et Bromley (1973) rapportent une expérience de Mc Henry dans laquelle est présenté un film où une même personne se comporte d'une manière très différente d'un moment à l'autre : les enfants de 3-4 ans ont tendance à percevoir deux personnes différentes. Cette réaction est instructive : elle montre que ces enfants résolvent le conflit en éliminant un des éléments du problème : l'unité de la personne. Cette solution est favorisée par le manque de familiarité avec le personnage qui figure dans le film et le poids plus faible des éléments « physionomiques » par rapport aux actions.

L'unité de la personne physique peut être considérée comme la base de l'unité de la personne psychologique. Mais par là même elle fournit matière à l'apparition de problèmes et de conflits nés de la diversité des manifestations de celle-ci. L'enfant ne peut plus comme les sujets de Mc Henry attribuer les comportements hétérogènes à des personnes distinctes où à des instances distinctes de la personne comme peut le faire le moraliste, le psychanalyste, le malade mental ! Il lui faut donc comprendre pourquoi sa mère, par exemple, se comporte à son égard d'une manière affectueuse, répondant à ses demandes et peut-être dans quelques instants va s'y opposer, l'écarter, le réprimander. L'enfant arrive à résoudre le problème dans la mesure où il peut rattacher ces conduites à des éléments de la situation qui servent d'*indices discriminatifs* et permettent ainsi une prévision. Si ces indices sont difficiles à détecter ou si le comportement de l'adulte est vraiment incohérent, l'enfant ne peut venir à bout du problème.

Bateson (cité par Vetter, 1969) a attiré l'attention sur une situation voisine mais dans laquelle, simultanément, la mère adopte des attitudes et des réactions contradictoires et (dans la formulation de Bateson) adresse à l'enfant des messages incompatibles (amour qui appelle l'approche de l'enfant et rejet quand celui-ci effectivement s'approche). Bateson voit dans cette situation (*«double bind»*) une origine de la schizophrénie. Il faut relever que les relations interpersonnelles et, d'une façon générale, toute relation investie affectivement comportent quelque degré d'ambivalence : l'enfant est chargé de valeurs positives multiples, mais il est gênant, dérangeant, il déçoit les attentes, perturbe de manière diverses la liberté et les projets des parents... Aucun indice dans ces conditions ne peut être parfaitement discriminatif et un des savoirs fondamentaux que l'enfant doit acquérir est l'existence de l'ambivalence et d'un certain taux de contradiction dans les conduites dont il est l'objet.

E. *La coordination entre les activités des personnes et les siennes propres*

Dans les déterminismes dont dépendent les conduites de l'adulte à l'égard de l'enfant, une partie est extérieure à celui-ci, mais une autre inclut ses actions et réactions. L'adulte, par exemple, peut être de bonne ou de mauvaise humeur pour des raisons de santé, d'argent, de satisfaction ou de déceptions provoquées par des événements ou des personnes étrangères à l'enfant, mais il peut aussi réagir à des conduites de celui-ci qui l'irritent ou le gratifient. Sur ce point une littérature a commencé à se développer dont le titre de l'ouvrage de Bell et Harper (1977) peut constituer la tête de rubrique.

La mise en rapport de ses propres conduites avec les actions et réactions de l'adulte correspond à la composante 6 ci-dessus. On peut, a priori, considérer que les déterminismes de ce type sont plus accessibles à l'enfant, puisqu'il voit les deux éléments du rapport, ce qui n'est pas le cas, ou n'est qu'incomplètement le cas, quand il s'agit d'interactions dans lesquelles il n'est pas directement impliqué. On peut penser en conséquence que la connaissance s'en établit relativement tôt.

De fait, les cris, les sourires, les vocalisations sont modulés en fonction des réactions de l'adulte. Cette modulation peut être décrite en termes de renforcement dans le cadre du conditionnement opérant, comme on l'a vu ci-dessus pour les sourires et les vocalisations (pp. 55-56). Il en est de même pour les cris. Ceux-ci n'expriment pas seulement la connaissance qu'il existe une personne extérieure susceptible d'y répondre (cf. p. 52). Ils sont aussi une prise de contrôle sur celle-ci. Il est couramment admis que les cris sont entretenus ou éteints en fonction des réponses que lui donne ou ne lui donne pas l'adulte. Ce qui, sur le plan du vécu ou de l'implicite, est homologue à la démarche délibérée qui entretient ou élimine dans les actions de propagande ou de publicité, chez les spécialistes, le procédé qui réussit ou échoue. Le renforcement des cris par les réponses de l'adulte a, il est vrai, été contesté par Bell et Ainsworth (1972), ce qui a provoqué une polémique avec Gewirtz et Boyd (1977a; cf. Ainsworth et Bell, 1977, Gewirtz et Boyd, 1977b). Les cris restent pour une part déclenchés d'une manière incontrôlable par un état de souffrance ou de malaise, ce qui empêche de les analyser en purs termes de renforcement. Les pleurs ou pleurnicheries de l'enfant plus âgé en rapport avec une demande précise et souvent le refus corrélatif de l'adulte s'y prêtent davantage, encore qu'ils n'échappent pas au déterminisme du désir ou d'une frustration, quand ceux-ci sont intenses.

Quantité d'observations montrent précocement des modes d'adaptation plus subtils aux actions et réactions de l'adulte et qui, à ce titre, débordent le schéma du conditionnement opérant, si l'on n'utilise pas celui-ci d'une manière métaphorique. Par exemple, Rheingold (1961) a observé plus de sourires en réponse aux « avances » de l'expérimentateur chez des enfants de 3-4 mois vivant en institution que chez des enfants du même âge vivant dans leur famille. Ceci peut refléter la plus grande familiarité des premiers avec des étrangers, ce qui est déjà une forme d'adaptation. Mais cela peut signifier aussi, comme l'a dit Rheingold, que « peut-être ont-ils déjà appris qu'une plus grande réponse de leur part maintiendrait la personne près d'eux où elle pourrait continuer à leur fournir des stimulations » (1961, 164).

Des enfants plus âgés (entre 23 et 24 mois) habitués à vivre en crèche montrent une moindre capacité d'entrer en interaction avec des adultes que les enfants élevés à la maison, d'après une observation de Ragozin (1980). Le fait est en accord avec d'autres données qu'il cite et qui ont été recueillies sur des enfants élevés en kibboutz ou en institutions. Plusieurs interprétations sont possibles, mais l'une d'entre elles ne manque pas de vraisemblance, que propose Ragozin : les enfants s'adaptent aux contacts limités que les adultes, moins présents ou moins disponibles, peuvent leur accorder et ils investissent leur activité dans des jeux qu'ils mènent sans eux.

On a considéré ci-dessus la variabilité des personnes. Mais la *variabilité de l'enfant* lui-même n'est pas moins importante. Elle se manifeste sur deux points principaux :

a) Comme toute personne il n'est pas le même selon les moments ou les circonstances.

b) Il est multiple, par la diversité de ses besoins, de ses attentes, de ses demandes, de ses intérêts. Cette multiplicité influe sur a) mais elle est aussi la matière ou l'occasion de conflits susceptibles de se manifester dans la même tranche de temps et des conditions extérieures identiques.

Si les conduites d'attachement ont été valorisées par le grand nombre d'études qui leur ont été consacrées et ont ainsi contribué à fixer l'attention sur la recherche de la sécurité, les observations révèlent, même chez le jeune enfant, des conduites qui sont décrites en termes de curiosité, exploration, intérêt pour les objets, situations, expériences nouvelles. Et, à l'égard des personnes qui n'appartiennent pas au cercle des familiers, on a noté aussi la recherche de contacts et l'établissement de liens qui nuancent beaucoup ce qui est écrit sur la peur de l'étranger. Les motivations que l'on peut invoquer à propos de ces conduites ne sont pas moins naturelles que celles qui se rapportent à la sécurité, puisqu'on les a observées chez les animaux.

Même des auteurs qui défendent la réalité de la réaction de peur (ou d'inquiétude) devant l'étranger et sa signification pour comprendre le développement de l'enfant reconnaissent l'existence de conduites positives à son égard. C'est par exemple le cas de Sroufe (1977). « D'une manière nette les enfants dans la seconde demi-année de leur vie manifestent de fortes tendances affiliatives à l'égard des étrangers. Il les observent, leur sourient, leur adressent des gestes, leur offrent des jouets, en acceptent d'eux. Ils peuvent même lever leurs bras quand ceux-ci les soulèvent. De nombreuses études ont montré que dans certaines circonstances certains de ces comportements peuvent même être plus souvent dirigés vers des étrangers que vers les mères et peuvent être beaucoup plus communs que des signes de franche détresse» (738). Une étude comme celle de Bretherton (1978) montre la facilité avec laquelle une personne inconnue des enfants peut établir rapidement avec ceux-ci (à l'âge d'un an) des relations «amicales».

La réalité du conflit apparaît à travers les comportements observés devant l'étranger. Sroufe (1977) en a rappelé quelques-uns: regarder mais ne pas s'approcher, sourire mais sans fixer des yeux, approcher le jouet offert ou la personne puis battre en retraite... Plus subtils que le conflit, l'intégration ou le soutien réciproques attestés par le fait que l'enfant entre plus facilement en contact avec l'étranger quand la présence de sa mère lui fournit une base de sécurité.

On retrouve ici la notion d'«évaluation». C'est en évoquant celle-ci que l'on peut comprendre pourquoi l'enfant se comporte différemment à l'égard de l'étranger selon, par exemple, la distance à laquelle il se trouve. Les recherches qui ont fait apparaître les réactions positives à l'égard de l'étranger introduisent celui-ci d'une manière progressive, en lui demandant de manifester des conduites amicales (sourire, parler, offrir un jouet...). Il s'agit souvent d'un personnage féminin d'un âge plus ou moins voisin de celui de la mère. Tous ces éléments sont favorables à une «évaluation» positive de la situation et permettent d'éviter l'éveil des réactions négatives.

Les personnes que l'enfant rencontre dans les situations naturelles ne se comportent pas toujours de cette manière. Certaines sont associées à des expériences désagréables voire douloureuses: examen médical, piqûres, ou simplement réprimandes, voire indifférences ou mise à l'écart de la part de personnes qui n'ont pas la même tolérance ou le même intérêt que la mère. Ainsi l'étranger, lors de sa première apparition, peut être une sorte de problème et, pour que l'enfant le résolve d'une manière appropriée, il lui faut extraire les indices qui permettent de catégoriser le nouveau venu, d'anticiper sa conduite, afin d'adopter le comportement qui satisfasse à la fois les tendances contradictoires.

F. L'identification des personnes

L'attribution aux personnes des caractéristiques qui permettent de les identifier constitue la composante 5 de la liste ci-dessus. Il est admis que l'identité d'une personne peut être définie à partir d'une multiplicité d'éléments, qui vont des caractéristiques physiques aux goûts et attitudes en matière de réalités ou de valeurs plus ou moins abstraites, en passant par des fonctions ou des rôles familiaux, sociaux, professionnels. On n'a pas de données systématiques sur la manière dont l'enfant développe sa capacité d'appréhender et d'exploiter ces divers éléments. Livesley et Bromley (1973) ont fait décrire par des enfants entre 7 et 15 ans des personnes familières; l'analyse des descriptions leur a permis de dégager 31 catégories regroupées en onze rubriques plus générales. L'intérêt de cette démarche est d'éviter une définition purement a priori des catégories et de donner, pour leur établissement, la parole aux enfants. Mais l'échantillon de ceux-ci représente des âges avancés. D'autre part, l'évolution a été étudiée en comparant deux grands types: les traits «périphériques» (concernant l'apparence physique, l'identité sociale, les conduites habituelles, etc.) et les traits «centraux» (tels que personnalité, motivations, attitudes...). Les auteurs ont relevé que les premières sont mentionnées d'abord et que les secondes n'interviennent qu'à mesure que les sujets avancent en âge. (On reviendra sur certaines données de Livesley et Bromley ci-dessous.)

La plus grande précocité avec laquelle les traits «périphériques» sont mentionnés n'est pas indépendante de la méthode utilisée et on ne devrait pas en tirer de conclusion générale, d'autant que ces traits sont en fait largement hétérogènes.

Considérer que l'enfant utilise au départ les indices que fournit l'apparence physique pour identifier les personnes ne signifie pas que, pour lui, l'identité des personnes puisse être à un moment quelconque, même très précoce, réduite à cette apparence. Les interrelations qui sont engagées dès le début de son existence contribuent plus fondamentalement à définir cette identité. Mais l'apparence physique sert bien d'*indice,* comme à l'adulte. Lorsque des personnes se ressemblent, ce qui est souvent le cas à l'intérieur d'une famille, cette ressemblance peut faciliter les transferts de réactions positives. Une tante ou un oncle, même rencontrés pour la première fois ou objets de contacts espacés, ne sont pas traités comme des étrangers s'ils sont suffisamment semblables à la mère ou au père. En cas de très fortes ressemblances, un jeune enfant peut même se comporter comme s'il confondait sa mère ou son père avec la personne parente. Que cette similitude joue plus ou moins pour nuancer les réactions négatives à l'étranger, nous l'avons suggéré ci-dessus.

Diverses études ont été consacrées à l'identification de l'âge, du sexe, de la race, de la classe sociale. Toutes ne se sont pas placées au même point de vue et la majorité a porté sur l'appréhension que l'enfant a de son *propre* statut. Cette appréhension implique une connaissance des variables correspondantes, mais elle est un élément de la *connaissance de soi* qui n'est pas nécessairement acquis au même moment que lorsqu'il concerne autrui. Des données recueillies par Clark et Clark (1947), cités par Munn (1955) et Durandin (1972) indiquent une plus grande précocité quand il n'y a pas d'implication personnelle : les enfants (noirs américains) entre 3 et 7 ans, donnent un pourcentage plus élevé de réponses correctes lorsqu'ils doivent désigner, entre deux poupées, celle qui est blanche (ou noire) que lorsqu'ils doivent désigner celle qui est comme eux. Ces données montrent que l'identification est correcte dans le premier cas pour 77 % des sujets dès 3 ans; il n'est que de 36 % à cet âge pour le second cas.

Toute épreuve qui montre la capacité des enfants à discriminer des représentations figurées, images ou photographies, révèle une condition nécessaire pour identifier les individus par les traits correspondants. Mais l'identification proprement dite suppose l'*attribution* du trait à une personne donnée, ce qui pratiquement ne peut se faire sans recours au langage (il s'agit d'appliquer à cette personne l'étiquette verbale convenable). Ceci présuppose un développement linguistique suffisant, la connaissance du vocabulaire approprié et l'intervention d'adultes ou de camarades qui servent de modèle en utilisant ces étiquettes comme qualificatifs (« garçon », « fille », « noir », « blanc », « bébé », « grand », « vieux »...).

L'identification par l'étiquette pertinente n'implique pas la possession d'un savoir sur les « rôles » ou les fonctions qui y correspondent. Celui-ci est d'un niveau plus complexe, il suppose des prévisions, des évaluations (cf. chapitre 3).

L'identification vraiment individualisante est constituée par le nom propre. Mais certaines étiquettes qui, théoriquement, désignent une classe peuvent dans le contexte d'une expérience étroite ne pas comporter (ou à peine) plus de généralité que celui-ci : c'est le cas lorsque telle personne familière est désignée comme le facteur, la concierge, l'épicier, le docteur, la maîtresse... (L'emploi de l'article *défini* est caractéristique dans ce cas.) Le nom propre (ou le prénom) cependant est susceptible d'extension, comme le montrent les exemples rapportés ailleurs (Oléron, 1979b) : celui, que cite Bloch, de l'enfant appelant des « Francines » les bonnes habillées comme la sienne, prénommée ainsi, celui de Ruke-Dravina où l'enfant utilise les prénoms du frère et de la sœur comme synonymes de « garçon » et « fille ».

L'identification par référence à des opinions politiques, des croyances religieuses, des préférences esthétiques, des options morales ... n'est accessible à l'enfant que lorsque celui-ci a développé une connaissance au moins globale, des notions correspondantes. Cette connaissance peut se réduire à peu de chose, même chez l'adulte. Les étiquettes appropriées sont souvent fournies par l'entourage, des tierces personnes et aussi par les professions de foi de la personne concernée. Ici comme ailleurs les mots précèdent souvent les réalités, quand ils ne s'y substituent pas.

L'attribution des caractéristiques identifiant un individu n'est pas une démarche assimilable à celle d'un employé d'état civil qui enregistre des données objectives : dans la mesure où elle est vécue dans le cadre d'une relation interpersonnelle, elle est empreinte d'appréciations à base affective. La personne d'autrui est appréhendée dans ses rapports avec des besoins, intérêts, attachements, aversions, attractions, rejets ... « La perception de l'homme, de ses attitudes et de ses actes, de sa physionomie, de sa voix est d'abord pour le jeune enfant quelque chose d'immédiatement significatif, qui induit, en vertu des résonances instinctives, des réactions affectives et motrices ; à aucun moment de son développement, elle n'a rien de commun avec la perception froide, neutre, dépouillée, qu'une éducation spéciale crée chez le physicien et chez le technicien » (Guillaume, 1942, 191-192). Ainsi la mère est perçue par exemple, pour le tout jeune enfant, comme la personne qui assure les gratifications majeures, l'adulte étranger comme porteur d'une menace, le frère ou la sœur d'âge voisin comme rivaux...

Les recherches qui utilisent la méthode de description des personnes (cf. Yarrow et Campbell, 1963, cités par Rosenberg et Sedlack, 1972), Livesley et Bromley (1973) font apparaître des jugements positifs ou négatifs qui se manifestent d'une façon relativement précoce (Watts, 1944 cité par Livesley et Bromley). Ces jugements sont en fait de deux types : le premier concerne des appréciations (catégorie 28 de l'inventaire de ces derniers auteurs) qui se retrouvent plus librement dans les propos spontanés (« je l'aime bien », « c'est un ami », « je le déteste » ...). A côté de ce genre de propos, qui explicitent l'attitude du descripteur et ainsi relativisent les jugements portés, figurent les évaluations (catégorie 20 de ces auteurs) dans lesquelles l'étiquette est collée à la personne comme s'il s'agissait d'une caractéristique qui lui appartient vraiment (« il est gentil », « grossier », « poli », « sale »...) alors qu'il s'agit de jugements plus ou moins empreints de subjectivité.

Ces deux types d'appréciations marquent-ils un décalage chronologique ? Dans la logique des analyses de Guillaume (1942) le second serait plus précoce car il correspond à la projection dans autrui de ses propres attitudes et réactions (« Dire que le camarade est gentil ou méchant, c'est avouer implicitement qu'on a pour lui de la sympathie ou de l'antipathie » (193). Or cette projection précède selon lui la prise de conscience de ces attitudes et réactions. Mais on ne peut oublier que la pratique des échanges verbaux entre l'enfant et son entourage conduit à expliciter précocement des jugements amenés par les questions du type « est-ce que tu aimes ? ». De même les échanges entre les adultes dont les enfants sont témoins comportent, avec une grande fréquence, des appréciations de ce type, auxquelles leurs auteurs quand ils ne sont pas des professionnels de la critique ou de la politique, se soucient rarement de donner des justifications...

2. La connaissance de la vie psychologique chez autrui

La composante 8 recouvre des aspects multiples et sensiblement plus complexes que ceux qui ont été abordés jusqu'ici, sans que, en ce qui concerne certains au moins, ils constituent une entière nouveauté. Pour désigner l'objet sur lequel portent les savoirs et savoir-faire à examiner, il est discutable d'employer un terme aussi flou et vague que « vie psychologique ». Il a cependant le mérite d'être à la fois court et général.

Il peut être commode de subdiviser la vie psychologique en caractéristiques, dispositions et activités. Les unes renvoient à des éléments permanents, les autres à des éléments se rapportant à des événements particuliers, donc temporaires. Les unes et les autres sont souvent utilisées pour décrire ou interpréter les conduites des personnes observées. Comme elles renvoient à une certaine connaissance des faits psychologiques en général, on les mentionnera avec un peu plus de détail, dans le chapitre 5.

La composante à considérer ici peut être analysée en un certain nombre de savoirs ou sous-composantes. Sans pousser l'analyse aussi finement qu'elle pourrait l'être, on peut retenir les suivantes présentées en fonction des affirmations qu'elles impliquent.

1. Il *existe* une vie psychologique chez autrui. Ce savoir conditionne et constitue en quelque sorte le substrat de tous les autres. Il est mentionné dans ce qui précède, mais il faut cependant l'expliciter.
2. Cette vie psychologique est *connaissable*. Des corollaires ou compléments de ce savoir, qu'il n'est pas absolument nécessaire de présenter à part, concernent l'existence de *moyens* pour parvenir à la connaissance et des *limites* qu'elle peut rencontrer.
3. La vie psychologique d'autrui est, sur certains points, *différente* de la sienne propre.
4. Certains éléments de la vie psychologique d'autrui se rapportent aux *interactions* entre celui-ci et les autres personnes, ce qui, entre autres conséquences, intervient sur la connaissance même de cette vie psychologique.

A. *La formation des savoirs et leurs bases*

Savoir qu'il existe une vie psychologique chez autrui et savoir en dégager certains aspects essentiels ne sont pas des connaissances qui apparaîtraient *ex nihilo* à un moment donné. Elles sont mis en œuvre pratiquement dès la naissance. La distinction entre personnes et choses et entre les personnes, étudiées précédemment, les impliquent. Heider (1958) par exemple invoque, pour caractériser les personnes par opposition aux objets physiques, le fait qu'elles ont des capacités, des désirs, des sentiments, qu'elles peuvent agir intentionnellement, nous percevoir et nous observer, qu'elles ont conscience de leur environnement. Heider analyse également les différences entre les modes d'action ou de causalité des personnes et des objets: les premières mettent en cause des intentions et prévoient des buts alors qu'avec les choses les effets sont automatiquement déclenchés. De même Tagiuri (1958, cité par Levy-Schoen, 1964) présente comme caractéristiques des personnes représentation et intentionalité.

Mais il s'agit là d'analyses et de spéculations impliquant une connaissance développée, consciente et réfléchie chez l'adulte. Celui-ci fait une large place aux savoirs qu'il a formés sur sa propre vie mentale pour inférer de celle-ci à la vie des autres. Pour l'enfant il en va autrement et il est important d'étudier comment se forment ses savoirs sans privilégier des connaissances de formation tardive, mais au contraire en les situant dans l'action et l'expérience vécue. On le fera ci-dessous. Le passage de la connaissance vécue et agie aux savoirs explicites dépend ici, comme ailleurs, de deux conditions principales :

a) apparition d'un problème qui induit hésitations et interrogations quand la réponse appropriée n'est plus automatique;

b) possibilité d'objectiver l'objet de l'expérience, c'est-à-dire ici, compte tenu des particularités des réalités psychologiques, lorsqu'il y a accès au vocabulaire qui les désigne.

1. La mise en œuvre dans l'action

Les premières manifestations d'une connaissance implicite de la vie psychologique chez autrui apparaissent dans des conduites extrêmement élémentaires, tels que les cris, comme on l'a mentionné ci-dessus. Les gestes de refus comme détourner la tête devant une cuillerée de nourriture ou ne pas tendre les bras pour être pris ou habillé ont une signification sur le plan de l'action elle-même, dont ils empêchent physiquement l'exécution. Mais ils sont aussi adressés à des personnes qui sont censés devoir en tenir compte et s'y adapter, pour s'y plier ou pour mobiliser des moyens de pression ou de séduction. Lorsque l'enfant montre du doigt un objet qui l'attire, ce geste est en partie l'esquisse d'une préhension et l'expression du désir, mais il s'adresse aussi à un témoin et a le sens d'une sollicitation qui suppose que ce témoin est susceptible d'y réagir positivement.

Des conduites plus élaborées et qui se manifestent plus tardivement comprennent le même type d'implication. Ainsi lorsque l'enfant parle à un adulte il admet, ce faisant, que celui-ci est capable de l'entendre et, plus encore, capable de comprendre le sens de ce qu'il lui dit. Lorsqu'il pose des questions, il présume que l'adulte non seulement l'entend et comprend son langage, mais connaît les réponses, donc dispose de savoirs sur les points qui l'intéressent. Lorsqu'il tend un jouet à son père pour que celui-ci le fasse fonctionner ou le répare, il présuppose de même que celui-ci dispose des savoir-faire correspondants. Lorsqu'il raconte ce qu'il a vu, ce qui le préoccupe, l'attriste ou le réjouit, il admet que son auditeur est capable de lui prêter attention, de s'intéresser à l'objet de ses propos, d'éprouver de la sympathie à l'égard des sentiments ou soucis qu'il exprime. Les caractéristiques qui contribuent à définir une personne sont d'abord vécues dans les modalités du comportement. Considérer qu'un camarade est coléreux correspond à des conduites produites à son égard, qui tendent à éviter de le mettre en colère. Le juger bête, c'est prendre la peine de lui expliquer les choses avec détail et patience et ne pas s'étonner de le voir manifester des conduites inappropriées dans diverses circonstances. Par contre, demander des explications à un autre sur des points que l'on n'a pas compris ou une aide pour résoudre un problème, c'est le considérer comme intelligent.

De même pour les dispositions et activités. Confier une commission, une consigne, un message à quelqu'un sous-entend qu'il est capable de mémorisation et d'utilisation de son souvenir à un moment donné; de même lorsqu'on l'interroge sur un événement ou une connaissance que l'on a soi-même oubliés. Les réactions différentes à un coup reçu d'un frère selon qu'il l'a fait exprès ou non révèle la distinction entre les actes déterminés ou non par une intention.

2. Les bases affectives: sympathie et empathie

Une source de connaissance qui est considérée comme primitive dans sa nature et concerne surtout la vie affective est invoquée sous les noms de sympathie et d'empathie. Malheureusement ces termes (et plus encore l'anglais «*empathy*») n'ont pas une signification précise et les concepts qu'ils dénotent donnent matière à des analyses différentes (la notion de sympathie «a servi à définir des comportements divergents, d'où ont résulté des controverses souvent confuses», dit justement Malrieu, 1973, 21). Les implications de type moral (la sympathie étant valorisée pour elle-même et pour les conséquences, bienveillance, aide, soutien ... qu'elle est censée entraîner) contribuent encore à compliquer les perspectives.

L'empathie, entendue dans son sens de «contagion affective» (expression employée par certains auteurs) est la forme plus primitive qui s'observe chez le nouveau-né dans la contagion des pleurs, comme, chez l'enfant plus âgé et l'adulte la contagion du rire ou de la peur. A la différence de l'empathie, la sympathie ne comporte pas une identification automatique à l'état de l'autre. Mais elle comporte une composante affective qui fait éprouver d'une certaine manière ce qu'il ressent et une composante cognitive, la connaissance de son état et de la nature de celui-ci. Le débat essentiel porte sur le point suivant: la participation affective peut-elle être assimilée à une modalité (ou une base) originale et autonome de connaissance ou la composante affective est-elle seulement la conséquence d'une prise de connaissance établie indépendamment (la lecture d'indices perceptifs, eux-mêmes éclairés grâce à l'expérience ou des informations plus ou moins explicites) ?

Guillaume a présenté une remarque importante : les sentiments induits par l'état affectif d'une autre personne ne sont pas nécessairement identiques à cet état. « Le rire peut éveiller la colère, la honte, la tristesse; la vue de la douleur peut provoquer l'irritation, l'inquiétude, l'hilarité, la peur répond normalement à la colère, et la colère ou la tristesse à l'indifférence » (1925, 188). On peut ajouter, que, même s'il y a participation, ce n'est pas par apparition ou production du même état : la participation à une douleur physique par exemple, *n'est pas* douleur physique mais tristesse ou compassion.

Il résulte de ceci que si la sympathie apportait une connaissance affective originale, elle ne ferait pas pour autant connaître ce que l'autre éprouve en le livrant dans une intuition directe qui permettrait de le vivre à l'identique. Elle est réaction à l'état de l'autre et non fusion avec cet état.

Ceci conduit à réviser la signification des réactions du jeune enfant. Guillaume montre que la sympathie qu'on peut lui attribuer risque d'être illusoire : la peur est la réaction la plus fréquente que produit chez lui une situation inhabituelle. La manifestation de souffrance, l'émotion, voire de mauvais traitements réels ou simulés à l'égard des proches constituent de telles situations. Les pleurs que l'enfant manifeste dans de tels cas sont l'expression de la peur ou de l'inquiétude et non la manifestation d'une tristesse produite par la sympathie. Guillaume cite des observations où ils se déclenchent devant des actions inhabituelles de l'adulte, y compris des éclats de rire.

Ces brèves analyses conduisent à mettre en doute que la sympathie puisse être considérée comme une source originale de connaissance. Dans la mesure où elle se manifeste par des conduites appropriées, elle suppose non seulement la capacité de déchiffrer la signification des situations et des actions dans lesquelles se trouve impliqué autrui, mais aussi deux types de savoirs : les premiers concernent l'expérience même des états affectifs qui sont en jeu, les seconds l'adaptation des démarches à entreprendre à l'état que manifeste l'autre.

Pour les premiers, certains théoriciens de la sympathie présentent souvent celle-ci comme une projection de ses propres états chez l'autre. Quelle que soit la validité de cette interprétation et la réalité de la démarche invoquée, elles comportent une implication qui rejoint ce qu'admet le sens commun : on ne peut comprendre ce qui arrive à l'autre que si l'on est passé par des états analogues. Faute de quoi que pourrait-on projeter ? La pauvreté des expériences de l'enfant est un obstacle à la sympathie, voire à la simple compréhension de l'autre, dès que celui-ci se tient en dehors de son cercle habituel de vie, dans un univers qui n'est pas celui de sa vie quotidienne. D'où l'ennui qu'ont distillé à tant de générations d'écoliers les héros des tragédies classiques ! Ceci vaut aussi pour les adultes, d'autant que chez eux un certain nombre, par constitution ou principe, vivent leurs expériences en en minimisant les résonnances affectives ...

Il n'est pas sûr que l'empathie elle-même ne comporte pas une nécessité de ce genre. Un exemple en est constitué par l'impression de vertige que l'on peut éprouver en voyant quelqu'un s'avancer sur le bord d'une falaise. Sans avoir soi-même ressenti le vertige dans une circonstance analogue, serait-on capable de cette empathie ? Guillaume donne deux exemples, qu'il n'interprète pas en termes d'empathie mais qui vont, semble-t-il, dans ce sens : A 1;2 un de ses enfants crie quand quelqu'un s'approche d'un objet dont il a quelque appréhension et il s'en va. Il dit « assez » et s'éloigne quand il voit son père « faire des ablutions d'eau froide, dont il a une grande aversion : c'est le mot qu'il emploie lorsqu'on procède malgré sa résistance à sa toilette » (1925, 180).

Pour les seconds savoirs, les mesures adaptées à l'état de l'autre sont rarement le fait d'une réaction intuitive : au plus dans ce cas, en face de quelqu'un d'affligé, serait-on gagné par la tristesse et fondrait-on en larmes avec lui. Ceci est une conduite empathique, qui peut d'ailleurs apporter quelque soutien à la personne affligée, grâce au sentiment qu'elle crée en elle ne pas être mise à part ou rejetée ou que l'événement qu'elle vit justifie effectivement son émotion. Mais la sympathie se traduit normalement par des conduites qui s'adaptent à l'état de l'autre, en principe pour le réduire et ramener celui-ci dans un équilibre dont l'émotion par exemple l'avait écarté, pour calmer en particulier la douleur qu'il éprouve. De telles conduites ont été relevées par les auteurs qui ont observé systématiquement des enfants en situation naturelle (Murphy, 1937, citée par Munn, 1955, Strayer, 1980 sur des enfants d'âge préscolaire) : réconforter le camarade qui manifeste de la détresse par des gestes (l'embrasser), des paroles, prendre son parti en cas de conflit, désapprouver une aggression ... Or ces conduites sont manifestées par les adultes dans des cas semblables. Elles sont de plus encouragées par ceux-ci, car elles font partie des conduites conseillées et approuvées, à cause de leur signification altruiste (on retrouve l'aspect moral de la sympathie). Que l'imitation de l'adulte soit précoce est suggérée par l'observation de Guillaume (1925). Dans le début de la seconde année, il note des manifestations de sympathie chez un de ses enfants : elles concernent des bébés qui pleurent et elles consistent à demander qu'on leur donne à boire, comportement dont il a été évidemment témoin chez l'adulte sur le plan et de l'action et des paroles.

3. L'apprentissage

Les analyses qui précèdent font apparaître que, pas plus ici qu'ailleurs, le développement ne se réalise par une simple expansion de potentialités primitives, qu'elles soient d'ordre pratique ou affectif. Il convient de porter la plus grande attention au rôle que joue la pratique des échanges (et leur observation chez autrui) et tenant compte des conditions où ils se déroulent, des apports qui sont dus à l'intervention des adultes, source pour l'enfant d'une acquisition de savoirs.

Il est tout à fait légitime d'insister comme le font les auteurs modernes sur les capacités d'initiative de l'enfant et sur le fait que celui-ci n'est pas réduit à réagir aux sollicitations qui lui viennent de l'extérieur, puisqu'il provoque activement les stimulations, particulièrement (mais pas exclusivement) celles qui sont de nature sociale. Néanmoins dans les échanges, c'est-à-dire lorsque le partenaire n'est pas réduit à un rôle instrumental mais que s'instaure une certaine réciprocité, même dans l'inégalité, l'adulte intervient comme modèle et contribue à façonner le type d'échanges qui va s'instaurer. Ceci est manifeste avec les communications verbales : l'enfant n'invente pas le langage; celui-ci ne procède pas d'une transformation spontanée des premières émissions préverbales. L'enfant reçoit un certain type de messages et il renvoie en quelque sorte la balle en suivant des règles du jeu qu'il découvre peu à peu. C'est ainsi que l'enfant des parents sourds ne va pas développer avec ceux-ci une communication verbale, mais une communication gestuelle, si ceux-ci recourent effectivement aux gestes en s'adressant à lui.

Si l'enfant se met à poser des questions, pour reprendre ce cas, ce n'est pas parce qu'il est uniquement déterminé à le faire par la curiosité, mais parce qu'il a l'expérience d'échanges sous forme de questions et de réponses, soit entre l'adulte et lui-même (l'adulte donnant le modèle du questionnement ou de l'interrogation), soit entre adultes ou entre enfants et enfants ou enfants et adultes. Les savoirs correspondant au jeu des questions et des réponses sont pour une part *ap-*

pris à partir des observations qu'il peut effectuer avant d'entrer lui-même dans ce jeu comme initiateur.

Guillaume (1925) a étudié la conduite de l'enfant qui apprend à regarder dans la direction où se tourne le regard de l'adulte. On peut dire qu'il s'agit d'une conduite où l'enfant manifeste qu'il sait que l'adulte perçoit quelque objet ou événement (en principe intéressant) et que intentionnellement ou non il l'invite à participer à ce spectacle. Cette connaissance est précoce, note Guillaume, car d'après ses observations la conduite est parfaitement organisée à 22 mois et dans la première année des manifestations épisodiques en ont été relevées. Lempers, Flavell et Flavell (1977) et Lempers (1979) ont précisé cette chronologie.

Guillaume présente cette conduite comme le résultat d'un apprentissage. L'enfant, dit-il, apprend d'abord à regarder dans la direction que l'adulte désigne de la main (la main, objet particulièrement mobile, attire spécialement son attention) puis comme celui-ci regarde dans cette direction en même temps, cette orientation du regard devient un signal qui amène l'enfant à faire de même. Guillaume a placé cette observation dans le cadre de son étude de l'imitation et l'a utilisée comme argument pour défendre sa thèse selon laquelle l'imitation (faire la même chose que l'autre, ici regarder dans la même direction) est le résultat d'un apprentissage. Mais l'analyse n'est pas moins valable si au lieu de considérer l'imitation en général, on s'adresse aux savoirs mis en œuvre par la conduite examinée, c'est-à-dire la connaissance du rapport entre voir et regarder et de la dépendance de l'un à l'égard de l'autre.

La conduite en quelque sorte symétrique de la précédente, le geste par lequel l'enfant désigne un objet en présence d'une autre personne implique le savoir qui vient d'être évoqué. Car le geste de désigner n'a pas seulement le sens d'une sollicitation. Il devient aussi le moyen d'attirer l'attention de la personne sur un objet. Il lui permet de le percevoir dans la mesure où elle tourne les yeux dans sa direction et les fixe sur lui. Lempers, Flavell et Flavell (1977) ont constaté la précocité de cette conduite. La littérature qu'ils ont consultée mentionne des dates assez variables pour son observation, mais une proportion notable d'auteurs la mentionne vers la fin de la première année. Eux-mêmes ont constaté que dès douze mois, dix sujets sur douze réussissaient à montrer l'objet que dénomme l'expérimentateur.

Guillaume n'a pas analysé cette conduite, car elle ne rentrait pas dans le cadre de son étude de l'imitation. Mais là aussi, l'apprentissage peut être invoqué d'une manière symétrique, car si le geste de désigner a une origine motrice et affective, l'enfant en voit bientôt les effets qui vont dans le sens de son attente; ils constituent un renforcement aboutissant à l'utiliser comme procédure systématique. En outre, et c'est là que le savoir se constitue, l'enfant peut observer que l'adulte ne répond à sa sollicitation que s'il regarde effectivement l'objet, première étape qui conditionne le fait qu'il va, par exemple, le prendre pour le lui donner. Il en arrive à contrôler que l'adulte procède bien ainsi. Lempers, Flavell et Flavell (1977) ont observé en effet qu'avec l'âge un nombre croissant de sujets non seulement désignent l'objet mais en outre regardent l'expérimentateur, comme pour vérifier que celui-ci obéit à leur indication.

4. Le langage

Une source fondamentale pour les connaissances que l'enfant développe sur l'existence d'une vie psychologique chez autrui (et chez lui-même) est constituée par le *langage*. Car les dispositions, les activités psychologiques comme les caractéristiques sont désignées par des mots que l'enfant entend prononcer autour de lui et qu'il se met progressivement à utiliser. Par rapport à des réalités qui sont infiniment plus difficiles à circonscrire que les propriétés des objets physiques, les mots permettent de dégager leur existence par rapport à un magma d'expériences plus ou moins confuses, de les distinguer les unes des autres, de les identifier lorsque des manifestations en apparaissent sur le plan des comportements.

On ne dispose pas de relevé systématique permettant de suivre l'acquisition d'un vocabulaire psychologique par le jeune enfant, soit du point de vue de sa compréhension, soit du point de vue de son utilisation active (ce qui est caractéristique d'une situation qui a été discutée dans le chapitre 1). On peut tirer seulement quelques informations approximatives dans des relevés constitués à d'autres fins par divers auteurs. Guillaume (1925) dans son étude des aspects affectifs de l'imitation relève comme « vocabulaire affectif », à 21 mois, d'un de ses enfants les termes suivants : « content, méchant, colère, malade, pleurer, bobo, avoir mal, vouloir, peur » (195); sauf « malade » ces mots désignent des états psychologiques. Plusieurs de ces mots sont mentionnés pour des manifestations plus précoces : « bobo », à 1;2 « peur » à 1;3 « dodo » (chez un autre enfant) à 1 an (155).

Grégoire (1947) a donné des relevés du vocabulaire de ses deux enfants. Il est possible d'en extraire les éléments d'un vocabulaire psychologique.

Pour les cinq derniers mois de la deuxième année (donc de 1;7 à 1;11 on trouve les termes suivants: «peur», «mal», «dodo» et «faire dodo».

Il s'agit de mots appartenant au vocabulaire actif des enfants (essentiellement de l'aîné, en avance du point de vue verbal sur le second). Dans le relevé suivant (de 2;11 à 3;3) sont mélangés les mots produits spontanément et ceux dont la connaissance était testée à partir d'une liste présentée par le père. On trouve (les mots étant classés en fonction des catégories grammaticales) pour l'aîné:
- imbécile, polisson, rossard, saligaud;
- besoin, dodo, faim, mal, peur, soif, sommeil;
- bavard, fâché, fatigué, fou, gentil, malheureux, méchant, obéissant, paresseux, pressé, tranquille, triste;
- aimer, s'amuser, apprendre, attendre, connaître, crier, croire, demander, devoir, lire, dormir, écouter, entendre, éveiller (= s'éveiller), fâcher (se), ficher (se), grogner, gronder, lire, mesurer, montrer, moquer (se), obéir, parler, pleurer, pleurnicher, pouvoir, prier, punir, raconter, radoter, regarder, reposer (se), rire, savoir, sentir, taire, toucher, voir, vouloir.

Comme autres termes, chez le cadet seulement:
- appétit;
- drôle;
- appeler.

On peut être frappé par la longueur relative de cette liste, surtout en ce qui concerne les verbes. Toutefois, un tel relevé n'a qu'une portée limitée, en dehors même du fait que la sélection des termes retenus peut prêter à contestation. La connaissance que les enfants ont de ces mots n'est pas en effet testée et le critère retenu pour certains d'eux (l'affirmation faite par l'enfant qu'il les connaît) est faible. En outre, on ne peut conclure que la connaissance des mots atteste la connaissance des faits psychologiques correspondant. Un grand nombre de ces mots sont polysémiques et ne désignent pas seulement ces faits; tous comportent plus ou moins des connotations qui renvoient à des actions ou à des objets matériels associés à une activité ou un état psychologique. Ce sont ces significations ou ces connotations que l'enfant peut avoir essentiellement retenu. Guillaume (1925) par exemple, remarque que son fils emploie bien «bobo» pour indiquer qu'il s'est fait mal, mais aussi en voyant un bouton sur la lèvre de sa mère. Il n'est pas nécessaire dans un tel cas d'invoquer empathie, projection ou identification (qui peut intervenir cependant et qui sont probables dans d'autres cas). « Bobo » est en effet utilisé dans le langage bébé pour désigner une inflammation, une écorchure, un bouton, sans que la signification « douleur » soit effectivement actualisée.

Des relevés pleinement exploitables seront réalisés lorsque des chercheurs se livreront à des investigations systématiques sur le type de mots concernés, en notant pour chacun les circonstances dans lesquelles ils ont été prononcés, sans négliger par ailleurs d'étudier également le vocabulaire que les parents utilisent dans leurs échanges avec les enfants.

Quelles que soient les lacunes concernant la constitution d'un inventaire complet, l'observation de la manière dont les mots étudiés sont employés révèle un point important sur lequel Guillaume (1925) a justement insisté : ces mots désignent aussi bien les états de l'enfant que ceux des autres personnes (« acception subjective » et « acception objective » dans la terminologie qu'il emploie) et l'enfant très rapidement *associe* les deux types de signification. (Ceci ne fait qu'étendre une démarche que Guillaume relève également pour les objets — parties du corps, par exemple — ou les actions purement physiques). Guillaume donne des exemples pour le mot « bobo » que l'enfant emploie pour désigner sa propre douleur et celle des autres, « dodo » pour signifier qu'il veut dormir, mais aussi en voyant son frère couché. Le « vocabulaire affectif » relevé ci-dessus (cf. p. 77) est, à l'exception de « peur », employé à propos de lui-même aussi bien que des autres.

L'importance que revêt l'utilisation des *mêmes mots* pour désigner des états ou des activités psychologiques, quelle que soit la personne qui les vit, tient au fait que la connaissance de ceux-ci n'est établie qu'à partir du moment où une correspondance existe entre ce que l'enfant peut observer de lui-même et ce qu'il peut observer des autres. La douleur, la peur, la tristesse, la joie ... sont ce qui est ressenti intérieurement *et* ce qui est manifesté extérieurement par un autre. De ce point de vue la connaissance d'autrui, en tant qu'il est le siège d'états et d'activités psychologiques n'est atteinte complètement que si la jonction est faite entre les deux types d'expériences. Comme la correspondance est bilatérale, ceci vaut également pour la connaissance de soi à laquelle elle apporte une objectivité qu'un développement spontané ne pourrait permettre.

Il ne s'agit pas, on le voit, de tout attribuer au langage. Ce qu'on vient de dire réhabilite, en un sens, le rôle de l'expérience subjective, à laquelle Guillaume accorde sa place. Il faudrait approfondir les apports de celle-ci. Les références qu'on y a faites à propos de l'empathie seraient à reprendre et compléter. L'expérience de la douleur physique, sur le plan affectif, celle du rêve et du souvenir, sur le plan cognitif, sont une source d'informations irremplaçables. Sans elles, l'enfant n'acquérerait pas plus de connaissances sur les faits correspondant que l'aveugle complet ne peut en acquérir sur les couleurs. Mais, ceci admis, l'expérience des faits psychologiques comme ceux-ci (à la différence de ceux qui portent sur des objets stables et permanents, parmi lesquels figure le corps propre) est fugitive, elle s'évanouit, sans se retrouver identique et n'est pas soumise à un contrôle qui permettrait de la reproduire à volonté et ainsi de l'intégrer à une organisation quelque peu stable. Les mots assurent ce que l'expérience vécue, par sa nature, ne peut permettre.

Guillaume, qui pose bien le problème, reconnaît le rôle du langage, mais ne lui accorde pas l'importance qu'il mérite, simplement parce qu'il développe une théorie générale de l'assimilation entre soi-même et autrui qui comprend d'autres aspects, comme l'identité des réactions, où l'information perceptive est suffisamment claire (cf. la fixation conjointe du regard sur un objet qui a été évoquée ci-dessus, p. 76).

B. *Les aspects de la connaissance de l'autre*

A la question: «Qu'est-ce que l'enfant apprend à connaître de la vie psychologique d'autrui?» il n'est pas possible de donner une réponse sous forme d'un tableau systématisé. Cette vie psychologique comprend, on l'a dit, des éléments divers en rapport avec des traits de personnalité ou des modes habituels de réponses ainsi que des représentations, souvenirs, sentiments, intentions, émotions... Le sujet rencontre ces éléments dans l'observation de lui-même et il peut s'en former une idée sans les rapporter spécifiquement à une personne. La connaissance d'autrui, comme la connaissance de soi, sont évidemment en rapport avec la connaissance des faits psychologiques (examinée dans le chapitre 5) et en une certaine mesure elles dépendent de cette dernière. Comme l'adulte ou le psychologue professionnel, l'enfant connaît d'autant mieux autrui qu'il dispose de concepts permettant de le décrire et d'interpréter ses conduites. (Le progrès dans la description a été mentionné par Livesley et Bromley (1973); cf. ci-dessus, p. 66). Jusqu'à ces dernières années on disposait de bien peu de précisions sur les savoirs des enfants relatifs aux caractéristiques et aux faits psychologiques. Il subsiste encore quantité d'obscurité, en particulier sur l'ordre et la manière dont l'enfant forme ces savoirs et comment il les utilise dans ses rapports avec les personnes. On peut s'attendre à ce que, selon la loi générale, il accède plus précocement aux connaissances qui ont un *intérêt* pour lui. Pour la vie psychologique d'autrui, il s'agirait des faits qui sont en rappport avec ses besoins, ses désirs, ses intentions, ses projets... D'où son intérêt probable pour les dispositions de l'autre, ses sentiments à son égard, ses réactions affectives, ses intentions, les projets auxquels il désire être associé. Il y a lieu aussi de tenir compte de l'*intensité* des manifestations et de leur retentissement affectif. L'enfant est naturellement plus sensible aux réactions vives, voire violentes de l'adulte, c'est-à-dire à celles qui sont de type émotionnel, car elles suscitent peur ou désarroi; elles sont parfois traumatisantes et se trouvent à l'origine de frustrations qui peuvent être vivement ressenties. Mais la charge affective et la participation vécue ne sont pas favorables à la formation des représentations, qui suppose une certaine prise de distance à leur égard.

Les états affectifs sont relativement «lisibles» car ils sont liés à des expressions corporelles qui, pour certains au moins, sont clairement apparentes et distinguables les unes des autres. En outre, ils sont liés le plus souvent à des événements extérieurs ou des situations qui sont perçues en même temps par l'enfant. Comme ces situations peuvent produire les mêmes réactions affectives chez les spectateur, celui-ci dispose d'indices supplémentaires pour interpréter ce qui se passe chez l'autre. Faut-il ajouter que la spontanéité des réactions affectives, la difficulté relative de les réprimer ou de les feindre, les rend plus transparentes et moins accessible à la dissimulation que les états affectivement plus neutres? (On a consacré une section, cf. ci-dessous, pp. 112 et sq., à l'identification des états émotionnels à partir de leur expression).

Les éléments de la vie psychologique de type cognitif comportent des modes de «lecture» différents. Ils ne sont pas liés à des expressions corporelles frappantes, caractéristiques et largement involontaires. Leur moyen d'expression privilégié est le langage. Mais celui-ci est contrôlé et la personne observée peut ne pas l'utiliser, soit qu'elle souhaite garder pour elles ses opinions ou intentions, soit qu'elle ne soit pas en mesure ou ne fasse pas l'effort de traduire des impressions, quelquefois obscures ou confuses en mots, soit encore qu'elle recoure à la parole pour donner de sa pensée ou de ce qu'elle sait une représentation inexacte. De toute façon, la communication par voie linguistique suppose les compétences nécessaires pour comprendre les énoncés et n'est accessible qu'à l'enfant qui a déjà une certaine connaissance du langage. Sur le plan non verbal, certains comportements sont la mise en œuvre de savoirs ou de leur conséquences ou implications, telles que l'utilisation pratique d'objets, l'évitement de situation ou de personnes, la recherche d'autres qui révèlent des connaissances concernant leur nature, leur usage, leur utilité ou leur nocivité.

Quant aux éléments conatifs, qu'il s'agisse de pulsions ou de décisions, ils sont accessibles par l'exécution de l'action ou le début d'exécution, ainsi que par des indices divers, de type affectif, comme les manifestations d'impatience, par exemple, ou qui indiquent une focalisation de l'attention sur un objet ou un but, les uns directs, comme le fixer, s'en approcher, les autres plus indirects, concernant des substitutions ou des représentations matérielles à valeur affective (réunir les images des objets désirés) ou préparatoires (réunir par exemple des documents les concernant). Sur le plan verbal, le langage intervient sous forme de déclarations explicites du désir ou du projet, qui ont une valeur informative, sous les réserves rappelées à l'instant, ou d'expressions qui révèlent, comme les comportements, par le retour de mêmes thèmes, une centration des intérêts sur un certain objet ou un certain objectif.

Lorsque les éléments de la vie psychologique d'autrui concernent une réalité permanente et commune à l'observateur et à l'observé, comme dans le cas de la perception du monde extérieur, l'accès à la connaissance de l'autre est relativement facile. La base commune, le monde perçu par l'un et l'autre, permet cet accès et les différences de points de vue, dans la perception visuelle en tout cas, peuvent être annulées ou coordonnées. Il en est tout autrement lorsque les éléments en jeu sont plus strictement personnalisés, c'est-à-dire fondamentalement marqués par l'individualité et l'originalité de l'autre : modes de réactions exprimant des traits de caractère, attachements et répulsions à l'égard des objets et des personnes, interprétation des événements et des conduites, intentions et projets personnels. A plus forte raison lorsque les éléments en question sont associés à des intérêts en conflit, lorsque le point de vue de l'autre est antagoniste du sien propre et ne peut s'y réduire, la seule conciliation pouvant se faire sur le plan de compromis, par un équilibre de forces ou une négociation. Le plus souvent les oppositions continuent à s'affirmer selon des modalités plus ou moins ostensibles, pouvant s'articuler avec le maintien de liens et d'intérêts communs. La «lecture» de l'autre devient, dans ces conditions singulièrement plus difficile et aléatoire et tributaire de savoirs et de pratiques infiniment plus subtils et qui ne permettent que dans des cas simples une interprétation satisfaisante.

1. La connaissance de l'autre et de sa différence

Accéder à la connaissance de l'autre c'est, en quelque sorte par nécessité logique, accéder à la connaissance qu'il *est autre*, c'est-à-dire différent de nous. Ainsi il est normal que la majorité, sinon la quasi-totalité des recherches étudient non pas simplement comment l'enfant arrive à connaître la vie psychologique d'autrui (et ce qu'il arrive à en connaître) mais comment il parvient à la connaissance que cette vie est différente de la sienne (et en quoi elle l'est).

Cette orientation toutefois n'est pas due au seul respect de la logique, mais largement à l'influence de Piaget. Ses toutes premières observations sur la communication entre enfants, puis ses expériences sur la représentation de l'espace l'avaient conduit à admettre que les jeunes enfants étaient incapables de se placer à un point de vue différent du leur. Il a popularisé le terme «égocentrisme» pour désigner cette attitude et le terme «décentration» pour désigner la capacité contraire, qui permet de se placer au point de vue de l'autre.

Les recherches qui ont été développées par la suite ont très largement fait usage de ces notions, soit pour préciser les faits qu'elles recouvrent, soit pour mettre en question les affirmations de Piaget, qui portent non seulement sur l'existence primitive de l'égocentrisme mais sur sa durée relativement longue. D'autres études ont porté sur le bien fondé et la signification même de ces notions. On peut se reporter pour une revue des travaux récents à Beaudichon et Bideaud (1979).

Le succès de la notion d'égocentrisme, en dehors de l'autorité de Piaget, n'est probablement pas indépendant de sa concordance avec une représentation courante du tout jeune enfant, renforcée par certains aspects de la théorie psychanalytique: il ne serait au départ qu'un faisceau de besoins, le monde extérieur et les personnes n'étant que des instruments destinés à leur satisfaction et n'ayant pas d'existence qui puisse être posée indépendamment d'eux (cf. Spitz, 1968).

L'égocentrisme radical sur le plan cognitif correspond à une indifférenciation : le sujet appréhende le monde ou agit sur lui sans imaginer qu'il puisse apparaître autrement qu'il existe pour lui, sans même qu'il puisse donner un sens à la notion d'apparaître par rapport à celle d'exister. Ceci exclut toute référence à une vie psychologique saisie comme telle, y compris en ce qui le concerne lui-même.

On peut considérer comme plausible, l'appréhension de différences étant la condition de base pour toute affirmation d'existence, que la reconnaissance de différences entre autrui et soi-même est la condition dont dépend la première prise en compte de l'existence d'une vie psychologique. Du moins tant que les choses sont considérées sur le plan des comportements observés. Car l'expérience donnée par la conscience des désaccords entre, par exemple, les attentes et les constats, les souvenirs et la perception actuelle, ou l'incapacité de faire concorder le rêve avec la réalité offerte au réveil contribuent de leur côté à faire admettre à l'enfant la réalité spécifique des faits psychologiques.

L'emploi inconsidéré du terme « égocentrisme » a contribué à donner une représentation inexacte des capacités du jeune enfant et à retarder considérablement le moment où il était déclaré capable de reconnaître que l'autre avait un autre point de vue que le sien.

En effet connaître qu'autrui est différent de soi comporte deux composantes. La première exprime la reconnaissance de cette différence, en quelque sorte sur le plan des principes : autrui est différent de moi et je dois le traiter comme tel. La seconde se situe sur le plan des détails et comporte que soit tracé, pour parler par image, le portrait de l'autre, en mentionnant, selon le cas, ce qu'il ressent, perçoit ou imagine. Cette seconde possibilité suppose l'utilisation de moyens, c'est-à-dire de savoirs spécifiques et de techniques d'investigation (cf. Turiel, 1977, qui distingue la capacité de se mettre à la place de l'autre et le système de concepts — d'ordre spatial, psychologique, moral — relatifs au problème posé). De ce qu'un sujet ne dispose pas de ces moyens on ne peut conclure qu'il n'a pas accès à la première composante.

C'est cependant ce qui a été fait dans les premières descriptions de l'égocentrisme, considéré comme une attitude générale s'étendant à l'ensemble des comportements. Il a fallu la multiplication des recherches qui ont fait appréhender la grande diversité des âges à partir desquels les enfants apparaissent capables de se mettre à la place de l'autre, pour admettre qu'il faille renoncer à un concept trop global pour permettre d'interpréter, ou même de décrire exactement, les capacités en jeu et leur évolution. Cette diversité se comprend si l'on tient compte que les tâches proposées au sujet se différencient par les habitudes, savoirs et savoir-faire spécifiques qu'elles requièrent. Ainsi dans la tâche classique de Piaget (Piaget et Inhelder, 1947) où il s'agit pour l'enfant de montrer ce que l'on voit d'un paysage miniature selon les divers endroits où l'observateur se trouve placé, il est nécessaire, pour réussir, de pouvoir pratiquer les transformations des relations spatiales en fonction des déplacements. Les connaissances relatives à ces relations et leurs transformations, de même que la capacité de les manipuler mentalement sont d'acquisition tardive, mais cela ne signifie nullement que l'enfant ne soit pas bien plus tôt capable d'admettre qu'un spectateur placé autrement que lui appréhende le spectacle autrement. Des variations dans la manière dont la tâche est présentée jouent sur sa difficulté et entraînent des variations dans l'âge auquel elle est réussie. Pour l'épreuve des trois montagnes de Piaget et Inhelder, les variations obtenues vont comme l'a relevé Turiel (1977) de 8-9 ans dans la version originale à 12-13 ans dans la forme utilisée par Laurendeau et Pinard (1968) et 16 ans pour une autre élaborée par Flavell et al. (1968).

Des observations naïves comme celles qui ont été plusieurs fois mentionnées suggèrent que la connaissance d'une différence entre autrui et soi-même est, à titre de savoir implicite, fort précoce. Lorsque l'enfant sollicite par ses cris, ses gestes, ou ses paroles une intervention de l'adulte, il lui reconnaît des pouvoirs dont il ne dispose pas lui-même. Quand il lui pose des questions, il lui attribue des connaissances qu'il n'a pas. Quand il raconte au retour d'une promenade ce qu'il a vu, il suppose que son interlocuteur ne dispose pas des informations dont il lui fait part. Dans un autre domaine l'enfant apprend vite qu'il est un garçon ou une fille (cf. chapitre 3) et que ses partenaires du sexe opposé n'ont pas le même rôle que lui-même et il leur prête bientôt des capacités et des modes de réactions distincts du sien. Au sujet de la communication, des observateurs ont relevé que, dès 3 ans, l'enfant est capable de modifier sa façon de parler quand il s'adresse à un bébé (parler plus lentement, sur un ton plus élevé). A 4-5 ans, ils utilisent un langage plus simplifié quand il s'adresse à des enfants plus jeunes qu'à des adultes. (Voir Rondal, 1978, pour un rappel des données caractéristiques sur ce point. La capacité de s'adapter à l'interlocuteur est traitée dans le chapitre 3 ci-dessous.)

Des observations non moins naïves, mais portant cette fois sur les adultes en pleine possession de connaissances et de moyens intellectuels, révèlent des échecs lorsqu'il s'agit de pénétrer la pensée des autres. Un diplomate ou un chef militaire est bien des fois amené à reconnaître qu'il ne peut décidément pas définir ce que veut ou prépare son adversaire. Même l'entraînement à pénétrer les intentions et les projets d'autrui, assorti de moyens d'investigation sophistiqués n'entraîne pas une réussite automatique. Devant l'échec, on peut parler de l'égocentrisme de l'observateur, dans la mesure où il a imaginé les projets ou les réactions de l'adversaire à l'image de ceux qui auraient été les siens dans les mêmes circonstances. Mais plus généralement, l'échec tient — en dehors des déficits dans les moyens d'investigation et dans l'interprétation des informations qu'ils fournissent — à ce que l'observateur n'a pas fait preuve d'une imagination suffisante pour dépasser ses cadres habituels d'interprétation ou ceux qui s'appliquent à la dernière guerre ou la dernière crise, alors que l'adversaire s'est montré capable de création et d'innovation, aussi bien dans la découverte de stratégies nouvelles que dans leur dissimulation. C'est un déficit d'ordre cognitif. Il peut s'associer à une forme d'égocentrisme mais il ne s'y ramène pas.

D'une façon générale la connaissance d'autrui se développe dans la contradiction et le paradoxe. L'enfant est amené à se représenter que, en un sens, l'autre est semblable à lui. Ce que l'on a dit ci-dessus sur la communauté de la perception des objets qu'un autre et soi-même regardent ensemble, sur l'identité des émotions ou sentiments que l'un et l'autre éprouvent et que les mêmes mots expriment fournit des exemples de cette similitude. Par ailleurs, l'enfant ne parvient à connaître autrui que dans la mesure où il apprend qu'il reste différent de lui-même et qu'il ne peut se comporter d'une manière appropriée à son égard que s'il tient compte de cette différence. Il s'agit là d'une situation qui n'admet aucune solution définitive, même chez l'adulte, et qui est la source de problèmes toujours renouvelés. Une part des difficultés marquant les relations entre les personnes, telles qu'elles sont vécues, ou exprimées ou analysées au niveau de la littérature, de la philosophie ou de la psychologie, prennent leur source dans cette dualité et expriment les tâtonnements et les échecs qu'elle amène d'une manière quasi nécessaire.

- La perception

La notion de point de vue a son sens plein quand il s'agit de la perception visuelle des objets dans l'espace. On peut considérer comme «publics» les états psychologiques qui constituent cette perception. Il peut paraître étrange d'employer le mot «publics» dans ce contexte. Mais, dans le cas de la perception, ce qu'une personne voit et aussi ce que voit une autre; si l'une se met à la place de l'autre elles voient *exactement* la même chose (en laissant de côté les nuances esthétiques ou sentimentales). Ceci joue sur la précocité avec laquelle l'enfant coordonne sa vision et ses gestes avec ceux de l'adulte (cf. ci-dessus, p. 76).

Cette précocité existe aussi lorsqu'il s'agit pour l'enfant de saisir que l'autre voit les choses dans des conditions qui ne sont pas les mêmes que celles dont dépend sa propre vision au moment et à l'endroit où il se trouve. Lempers, Flavell et Flavell (1977) ont proposé à leurs sujets une tâche où l'enfant dispose d'une photographie d'un objet familier qu'il doit montrer à un adulte. Dès 2 ans, 10 sujets sur 12 présentent la photographie en la tournant vers l'adulte en position verticale (ce qui implique qu'eux-mêmes à ce moment cessent de la voir). La conduite la plus fréquente chez les enfants d'un an et demi est de montrer la photographie horizontalement, ce qui leur permet de continuer à la voir en même temps que l'adulte. Aucun sujet n'effectue un mode de présentation égocentrique, c'est-à-dire l'image tournée uniquement vers lui.

Le savoir de l'enfant est ici très probablement tributaire de l'expérience. Il peut constater que toute personne qui regarde une image la tourne vers lui. Il peut aussi apprendre qu'il doit la présenter de cette manière, sinon l'adulte la retourne ou le corrige verbalement. Le caractère «public» de la perception visuelle lui permet de saisir d'une façon générale les conditions dont dépend cette perception parce que ces conditions sont elles-mêmes «publiques», appartiennent au donné des relations topographiques dans lesquelles il intervient lui-même comme élément. C'est pourquoi les connaissances sur les conditions dont dépend la perception sont également précoces (cf. chapitre 5).

Par ailleurs, il apparaît que les choses lui apparaissent sous des aspects différents selon l'angle ou le point de vue selon lesquels il les regarde, ne sont pas pareilles quand il les regarde de devant ou de derrière ou de tel ou tel côté. Shantz et Watson (1970), cités par Shantz (1975) ont réalisé une expérience dans laquelle des enfants âgés de 3 à 5 ans regardent d'un côté un assemblage d'objets puis tournent autour pour le regarder à nouveau d'un point de vue opposé (à 180°). Dans certains cas, à leur insu, le dispositif tourne en même temps qu'eux et du même angle. La moitié des sujets marquent surprise, étonnement ou amusement en constatant qu'ils voient les choses comme elles apparaissent avant la rotation, ce qui révèle leur attente d'un changement d'apparence liée au changement du point d'observation. Dans quelle mesure l'enfant utilise-t-il cette expérience pour arriver à comprendre que les autres ont un point de vue différent ? L'âge des sujets de Shantz et Watson est relativement avancé par rapport à ceux de Lempers, Flavell et Flavell, ce qui laisse penser que l'apprentissage invoqué ci-dessus (observation des adultes et correction de ceux-ci) peut être un déterminant plus précoce que l'interprétation d'une expérience subjective qui reste plus longtemps sur le plan du vécu.

- Prise de rôle et empathie

En dehors de la perception visuelle, tous les éléments de la connaissance psychologique d'autrui sont «privés». Certains font cependant la transition. Par exemple, les souvenirs qui renvoient à des expériences vécues en commun. Leur évocation, essentiellement par le langage, appuyée éventuellement, comme c'est le cas fréquent aujourd'hui, par des documents, photographiques ou films, comportent l'élément «public» commun à la perception. L'intérêt de l'évocation de souvenir est de faire apparaître les différences qu'ils comportent selon les personnes et les contestations que ces différences peuvent faire apparaître. Ceci peut être une source dans la prise de conscience des différences entre la vie psychologique de l'autre et la sienne propre. Mais on n'a guère d'indications sur son rôle et sa place dans cette prise de conscience.

Un grand nombre de recherches ont été consacrées par les auteurs américains à ce qu'ils appellent à peu près indifféremment «*role-taking*» ou «*empathy*». Ces termes, en dehors du fait qu'ils ont leur équivalent littéral en français, ont l'avantage de dénommer brièvement ce qu'ils désignent : l'identification de ce que l'autre pense ou ressent. Mais ils ont l'inconvénient d'écarter les mots de leur sens habituel et d'obliger à en éliminer des connotations qui leur sont plus ou moins fortement associées. «Rôle» dans «prise de rôle», comme le spécifie Shantz (1975) ne renvoie pas aux rôles définis à partir des fonctions ou activités admises ou attendues par la société, comme les rôles liés au sexe ou à la profession (étudiés dans le chapitre 3 ci-dessous). Il est utilisé pour désigner «des positions ou relations même momentanées entre deux personnes ou davantage » (264). Shantz illustre ceci par les échanges dans une situation de communication : les personnes ont alternativement les rôles de locuteur et d'auditeur et le locuteur doit tenir compte des informations attitudes, vocabulaire ... de l'auditeur et contrôler ses propos en tenant compte de la perspective de celui-ci. Inversement, l'auditeur doit se mettre à la place du locuteur, prendre son rôle pour déterminer ses intentions.

«*Empathy*» est utilisé par les auteurs sans y inclure nécessairement les éléments affectifs qui lui sont associés par l'étymologie et un usage habituel. Maucorps et Bassoul (1960) ont utilisé en français «empathie» de la même manière. Ils s'en servent pour désigner la capacité d'un sujet à se représenter les choix sociométriques effectués par un autre (cf. ci-dessous, p. 107). Il serait préférable d'employer «empathie» en le distinguant de «prise de rôle» lorsque des éléments affectifs sont en jeu, en réservant au second une démarche plus exclusivement intellectuelle. Des auteurs utilisent «prise de rôle» dans les deux cas, distinguant «prise de rôle cognitive» et «prise de rôle affective». Quel que soit le vocabulaire, la séparation est en partie spéculative. Sauf dans un domaine comme celui de la perception des objets dans l'espace, il est difficile de se mettre à la place d'un autre sans un engagement plus complet de sa personne, avec le cas échéant, ses expériences affectives.

Les notions de prise de rôle et d'empathie sont, dans la plupart des recherches, associées, plus exactement opposées, à celle d'égocentrisme. En vertu de ce qui a été rappelé ci-dessus, la représentation fidèle de ce que perçoit, ressent ou pense autrui est lié par les auteurs à l'abandon d'une attitude égocentrique. Celle-ci induit le sujet à croire que ce que l'autre ressent est ce qu'il perçoit, éprouve ou pense lui-même. La capacité de se mettre à la place de l'autre, prise de rôle ou empathie est le contraire de cette attitude. (L'enfant égocentrique est un «*non-role-taking child*», Shantz, 1975, 264.)

Malheureusement la référence à l'égocentrisme n'aide pas à éclairer sur la nature des savoirs et savoir-faire que l'enfant doit mobiliser quand il pénètre la pensée ou les sentiments de l'autre.

Elle détourne plutôt de leur analyse. Un type de dispositif utilisé par un certain nombre de chercheurs pour déterminer la capacité d'empathie ou de prise de rôle consiste à présenter des données à partir desquelles le sujet doit inférer l'état psychologique d'un personnage. Par exemple, ce personnage est présenté dans des images ou des photographies qui révèlent telle ou telle émotion qu'il s'agit d'identifier. Ou bien on présente une situation ou un événement où est impliqué le personnage et le sujet doit, de même, décrire ce que celui-ci ressent du fait d'être mêlé à cette situation ou à cet événement.

La réussite est liée à la capacité de détecter les indices et les indications fournies dans l'épreuve et de les interpréter correctement. On ne pourrait attribuer en toute rigueur l'échec à l'égocentrisme que si l'on pouvait tester l'état affectif du sujet au moment de l'épreuve et si l'on constatait qu'il concorde avec celui qu'il prête au personnage, lequel serait en quelque sorte la projection de son propre état. Une recherche de Mood, Johnson et Shantz (1974), citée par Shantz (1975) apporte un élément d'information. Ces auteurs ont comparé (sur des enfants de 3 à 5 ans) les réponses où le sujet doit dire ce que le personnage éprouve et par ailleurs ce qu'il éprouve lui-même. Les réponses ne coïncident que dans 30 % des cas, *qu'elles soient correctes ou non*. Ceci suggère que l'échec et la réussite procèdent des mêmes mécanismes et que l'échec est attribuable à des ratés dans la détection et l'interprétation des indices, c'est-à-dire (en laissant de côté les ambiguïtés du matériel, qui n'est pas toujours parfaitement clair) dans une insuffisance de savoirs concernant les liaisons entre l'état affectif et son expression ou les causes qui habituellement le déclenchent. Et si l'on voulait cependant, malgré les résultats de Mood, Johnson et Shantz, que la réponse de l'enfant soit dictée par l'état émotionnel qu'engendre la présentation de l'événement, dans la mesure où cet état n'est pas approprié à celui-ci, c'est qu'il résulte d'une «lecture» déficiente de l'événement.

Un type de dispositif plus sophistiqué a été utilisé par plusieurs chercheurs, qui se prête mieux à contraster égocentrisme et prise de rôle. Le principe consiste à présenter à l'enfant une histoire, le plus souvent à l'aide d'images, puis à modifier la situation, par exemple en retirant certaines images et en demandant à l'enfant de construire un récit nouveau à partir des images restantes (Flavell et al., 1968), ou, mieux, à faire intervenir un personnage qui n'a pas vu le début de l'histoire; le sujet doit inférer ses sentiments (Urberg et Docherty, 1976) ou raconter l'histoire comme celui-ci doit la percevoir (Chandler et Greenspan, 1972). Ainsi chez Urberg et Docherty l'histoire est racontée en trois images. La première évoque la rencontre de l'enfant avec un chien, la deuxième indique qu'il veut le caresser mais que le chien se fâche et le poursuit. Sur la troisième un ami est introduit et voit simplement le chien. Après les deuxième et troisième images, l'enfant doit indiquer, en choisissant entre quatre items, l'état d'esprit des deux personnages (heureux, triste, furieux, surpris). La place que l'enfant fait ou ne fait pas aux informations dont il dispose en plus de celles dont est censé disposer le personnage permet d'évaluer sa capacité à se placer ou non à un point de vue différent du sien.

Une vue d'ensemble des recherches consacrées à la prise de rôle ou l'empathie fait apparaître que ces termes recouvrent des capacités différentes qui apparaissent à des âges différents et que, à un âge donné ou avec un contrôle de l'âge, les corrélations sont faibles entre les épreuves qui sont censées les évaluer. Non seulement les corrélations sont faibles entre épreuves qui concernent les sentiments ou émotions d'un côté et les représentations de l'autre, mais elles sont faibles aussi à l'intérieur d'un même groupe. En outre à l'intérieur même d'une épreuve des items construits sur le même modèle mais évoquant des situations ou événements différents ne donnent pas des résultats cohérents (cf. par exemple, Hudson, 1978; Rubin, 1978).

Ceci indique que l'appréhension des états psychologiques d'autrui dépend de connaissances et d'habitudes largement spécifiques dont il importe d'approfondir la nature sans s'en tenir à l'unité apparente évoquée par les mots.

Sur ces connaissances et habiletés, les recherches qui ont été menées principalement en laboratoire apportent des informations et se prêtent à des analyses. Mais les situations présentées au cours des expériences sont différentes de celles que l'enfant rencontre dans la vie. Elles sont le plus souvent présentées sous une forme symbolique, en général par une description verbale, ce qui implique une sélection et un appauvrissement des données (cf. Shantz, 1975) et, en dehors des capacités linguistiques, l'obligation pour l'enfant de construire une représentation des événements à partir de leur description.

Que ces facteurs jouent un rôle est attesté par une expérience de Chandler, Greenspan et Barenboin (1973) qui ont observé qu'une histoire présentée sous forme de film amenait les enfants à mieux percevoir l'intention des acteurs que lorsqu'elle était présentée sous une forme verbale.

Quel que soit le mode de symbolisme utilisé et même si la situation de laboratoire fait intervenir un personnage en chair et en os, les personnages sur lesquels l'enfant doit raisonner restent abstraits, de même que les situations se trouvent détachées du contexte de sa propre existence. Lorsque l'enfant identifie l'état affectif d'un personnage en fonction d'une situation qu'on lui décrit (ce qu'il peut faire dès 4 ans d'après une recherche de Borke, 1971), il mobilise des savoirs sur les concomitants habituels des émotions, c'est-à-dire des connaissances psychologiques d'ordre général. Celles-ci sont d'une grande importance. Mais dans la vie courante, lorsqu'il s'agit d'individus particuliers avec qui il se trouve en interaction régulière, son interprétation et ses prévisions sont déterminées par les particularités de la personne, ce qui implique des habiletés plus fines et plus nuancées que celles que requièrent le jugement sur un personnage et une situation plus ou moins standardisée.

2. La connaissance des intentions et des mobiles

Parmi les éléments de la vie psychologique de l'autre qu'il est important de connaître, figurent ses intentions.

La connaissance des intentions permet de prévoir l'action et c'est donc une condition pour se préparer à réagir aux conduites de l'autre avant même qu'elles n'aient reçu un commencement d'exécution.

D'autre part l'intention est liée à l'évaluation de la valeur de la conduite. Les normes morales de la société moderne attribuent une place déterminante à l'intention pour cette évaluation, de même que les normes juridiques y font une place importante. Piaget s'étant intéressé au jugement moral (1932) a été amené à considérer cet aspect de l'intention. Ceci explique que, sous son influence, la plupart des auteurs aient adopté la même orientation dans les recherches qui ont été menées après lui.

Les racines de l'intentionnalité plongent dans le fonctionnement même de l'organisme. Si bien qu'il est fort malaisé d'établir à partir de quel moment on peut parler d'intention à l'origine d'une conduite particulière. Lorsque l'enfant a faim ou souffre, il crie et ses cris provoquent une intervention de l'adulte qui met fin à la situation pénible. Ensuite, sans que ceux-ci soient automatiquement déterminés par son état, l'enfant recourt aux cris pour obtenir l'attention, l'intérêt, l'intervention de l'adulte, ou la satisfaction d'un désir. Autrement dit, lorsque l'enfant a dépassé le stade des simples réflexes et qu'il paraît se fixer des buts et mettre en œuvre des moyens pour les atteindre, sa conduite a un caractère intentionnel. Cela n'implique pas pour autant qu'il comprenne ce qu'est une conduite intentionnelle ni qu'il soit capable de la distinguer d'une autre qui ne l'est pas. Ici encore l'observation des autres et la communication avec eux est une condition qui permet d'arriver à une connaissance claire et utilisable.

Heider (1958) qui a mentionné, comme on l'a dit, l'intentionnalité parmi les caractères qui distinguent les personnes des êtres inanimés oppose la plasticité de la conduite d'une personne qui poursuit une intention à la rigidité mécanique de l'action d'un objet matériel. Il illustre cette opposition en comparant les dispositions que quelqu'un peut prendre pour se protéger d'une chute de pierre ou se défendre contre une personne qui le poursuit armé d'une pierre. Dans le premier cas, il suffit de se mettre à l'écart de la trajectoire suivie par l'objet, d'interposer un obstacle. Cela ne suffit pas dans le second cas, car la personne va modifier sa conduite pour poursuivre son objectif.

Ce qui caractérise la quasi-totalité des conduites de l'homme est qu'elles sont intentionnelles. L'enfant a très précocement connaissance d'une quantité d'actions qui sont en rapport avec un effet qu'il perçoit et qui, le plus souvent, a un intérêt pour lui (par exemple, ce que la mère fait pour le nourrir, le changer, le promener...). Dans ce contexte l'action non intentionnelle est une exception. Elle se trouve marquée souvent par le caractère inhabituel, voire dramatique de l'incident (chute d'une personne, d'objets, bris de ceux-ci, liquides répandus, repas qui brûle ...) et par les réactions verbales de l'adulte qui les soulignent (exclamations, accusations portées, disputes ...). Ce qui favorise sa discrimination par rapport aux actions intentionnelles.

L'enfant a précocement, de son côté, l'expérience d'effets qu'il n'a pas visés et qui ont des conséquences frustrantes ou douloureuses (laisser tomber un objet qui cesse d'être à sa portée, tomber lui-même quand il commence à marcher, heurter ou renverser des objets fragiles ou instables ...), avec les réactions diverses, parfois vives, de l'adulte.

Sur le plan verbal, lorsqu'un adulte demande «Que vas-tu faire?» il évoque un projet que l'autre se propose de réaliser et qu'il mentionne dans sa réponse. Les excuses, dans le cas d'une action que son auteur désavoue («Je ne l'ai pas fait exprès») apportent une information qui favorise la distinction intention-absence d'intention. L'observation montre que l'enfant acquiert relativement tôt les formules de ce type, les excuses fondées sur l'absence d'intention s'avérant un procédé efficace pour éviter les sanctions, ce qui en renforce l'usage.

Dans les remarques qui précèdent on n'a pas distingué intentions et mobiles. Or, comme le remarque Keasey (1977), les deux concepts ne sont pas équivalents. En considérant l'intention on oppose les actions qui sont motivées et celles qui sont accidentelles. Si l'action est accidentelle on ne peut la rattacher à des mobiles. Mais si elle est jugée comme intentionnelle on peut s'interroger sur les mobiles de son auteur. Cette analyse de Keasey est juste mais il faut la pousser plus loin, car la notion de mobile conduit à considérer des actions qui peuvent ne pas être intentionnelles au sens strict du terme, c'est-à-dire avec une représentation claire du but et des moyens mis en œuvre. Selon un exemple classique, quelqu'un qui est animé par une passion ou une émotion vive peut engager des actions dont il ne se représente pas, au moment où il les engage, le but ni la fonction instrumentale. C'est le cas, cité à l'instant, de l'enfant qui crie lorsqu'il a faim.

Si l'on reste dans la perspective du jugement moral, les mobiles de la conduite relèvent aussi de l'évaluation; certains correspondent à une préoccupation altruiste, étant appréciés positivement, d'autres, égoïstes, négativement.

D'autre part certains mobiles, même chez l'adulte, ne sont pas conscients. Le sujet qui interprète l'action d'une personne doit le savoir. Il doit savoir aussi que certaines actions peuvent être considérées comme déterminées par des mécanismes qui échappent au contrôle et/ou à la connaissance du sujet et sur lesquels la théorie psychanalytique a attiré l'attention.

● L'intention à travers l'évaluation morale

Les investigations de Piaget sur le jugement moral ont visé à faire apparaître, comme on vient de le rappeler, la place que les enfants accordent à l'intention dans l'appréciation de la conduite. L'expérience type consistait à présenter aux sujets deux situations qui ont l'une et l'autre des effets dommageables. Dans un cas ces effets sont associés à une intention « mauvaise » et dans l'autre il s'agit d'un accident. Pour mieux faire apparaître la place donnée à l'intention, celle-ci est contrastée avec la gravité de l'événement : les conséquences de l'action mal intentionnée sont minimes (un enfant qui veut s'emparer de confiture casse une tasse), celle de l'accident sont plus graves (en ouvrant une porte l'enfant renverse un plateau de quinze tasses qui sont toutes brisées). En fonction des réponses fournies par les sujets Piaget estime que les enfants ne prennent vraiment en compte l'intention que vers 10 ans; autrement ils apprécient essentiellement la gravité des conséquences matérielles de l'action pour l'évaluer sur plan moral.

Les expériences de Piaget ont fait l'objet de multiples répétitions avec diverses variations et analyses critiques (pour une revue, cf. Shantz, 1975; Keasey, 1977; Karniol, 1978) mais essentiellement du point de vue de leur objectif, c'est-à-dire l'étude du jugement moral. En ce qui concerne l'intention comme fait psychologique, Piaget ne met pas en doute que même les sujets qui ne lui font pas jouer un rôle dans l'appréciation morale en ont cependant connaissance. Ceci est confirmé par des recherches dans lesquelles l'intention et l'accident sont plus clairement contrastés que dans les histoires initiales (dans l'histoire citée ci-dessus, c'est aussi par accident que l'enfant casse une tasse en essayant d'attraper la confiture; la «mauvaise» intention ne porte donc pas sur l'action elle-même). Par exemple, Armsby (1971) demande de juger la gravité de l'action dans laquelle un enfant brise intentionnellement une tasse en mettant la table et d'autres actions où le personnage casse par accident une tasse et d'autres situations provoquant, toujours par accident, des dommages de gravité matériellement croissante. Dès 6 ans les enfants distinguent nettement entre les deux types d'actions et jugent plus graves l'action commise intentionnellement. Berg-Cross (1975) a également constaté, avec des histoires d'une structure plus simple que celles de Piaget, une prise en compte de l'intention dès 6 ans.

Aucune des recherches qui font apparaître que les enfants tiennent compte de l'intention n'excluent que ceux-ci soient également influencés dans leur appréciation par la gravité des conséquences. On comprend qu'il en soit ainsi. Sans exclure les artéfacts qui peuvent naître du mode de présentation (on a vu que Chandler, Greenspan et Barenboim, 1973, avaient trouvé que la présentation verbale des situations tendait à fixer l'attention sur les conséquences plus que la présentation filmée), à aucun moment dans les normes courantes la gravité des conséquences n'est exclue de l'appréciation globale de l'action.

Si l'on se réfère au droit, celui-ci distingue bien les actes selon l'intention de l'auteur et ne qualifie pas de la même manière l'homicide involontaire et le meurtre avec préméditation; mais il n'en expose pas moins l'auteur à des sanctions pénales et en tout cas économiques en cas de dommage causé à autrui ou même à l'égard de la loi (amendes pénales dont on ne peut se dispenser en invoquant l'ignorance ou des bonnes intentions).

L'enfant n'a pas de connaissances juridiques explicites, mais il entend des conversations où des crimes et infractions et leurs jugements sont mentionnés et commentés par les adultes ou des camarades. Il est témoin de réactions devant des méfaits ou maladresses, les siennes propres, celles de frères ou de camarades, celles d'autres membres de la famille qui s'inspirant des mêmes orientations, d'autant que la colère provoquée par ces incidents ne laisse pas toujours à celui qui dispense les sanctions la liberté d'esprit nécessaire pour peser en toute sérénité l'absence ou la présence d'intention et la place à leur accorder. Lui-même éprouve une peine plus vive lorsque par accident ou par colère il abîme ou détériore des objets dont il est en mesure d'apprécier la plus grande valeur.

L'enfant n'est-il pas capable d'appréhender les intentions avant l'âge de 6 ans mentionné ci-dessus? Piaget (1932) lui-même a exprimé l'opinion que la différenciation entre faute non intentionnelle et la contravention volontaire à la règle pourrait prendre place dès 3 ou 4 ans. Du moins, précisait-il, en ce qui concerne les actions du sujet, car mentionnant le fait que l'enfant utilise bientôt l'excuse « Je ne l'ai pas fait exprès », il suggère que comme l'adulte il tend à juger les autres plus sévèrement que lui-même !

Les recherches conduites en laboratoire avec les méthodes habituelles n'ont pas confirmé cette intuition. Cependant, des travaux récents ont montré que des enfants très jeunes pouvaient distinguer les mobiles des actions et porter des jugements différents selon qu'ils sont « bons » ou « mauvais » (Keasey, 1978; Nelson, 1980). Par exemple dans la recherche de Nelson, les sujets ont à comparer une situation où un personnage jette une balle vers un camarade, dans un cas pour engager un jeu avec lui, dans un autre cas parce que fâché contre lui il voulait le blesser. Dès 3 ans les enfants évaluent plus favorablement le personnage dont le mobile est positif.

Figure 1. Exemple de matériel utilisé par Nelson (1980) dans une recherche portant sur la capacité des enfants à apprécier la valeur morale des mobiles d'une action. Le matériel sert d'appui à une histoire présentée oralement. Dans cet exemple, le mobile de l'acteur, figuré dans une « bulle », est mauvais (jeter la balle à la tête du camarade contre qui il est en colère). (Reproduit avec l'autorisation de l'auteur et de l'*University of Chicago Press*.)

Un résultat comparable a été obtenu par Keasey. Mais le dispositif expérimental adopté par celui-ci fait intervenir à côté d'actions déterminées par des mobiles (bons ou mauvais) des actes accidentels. Les résultats font apparaître que les jeunes sujets ne sont pas capables d'évaluer ceux-ci. Ceci conduit Keasey à considérer que la discrimination des mobiles, positifs ou négatifs, précède la discrimination des actions intentionnelles ou non intentionnelles.

Ce décalage est intéressant. Il suggère que la discrimination logique : il faut juger d'abord si un acte est intentionnel ou non et seulement s'il est décidé qu'il est intentionnel déterminer son mobile, n'a pas de signification psychologique. L'enfant arriverait d'abord à savoir que les actes sont déterminés par des mobiles ou des intentions et comprendrait ensuite qu'un événement puisse être produit accidentellement. Ceci est conforme aux données recueillies par Piaget dans ses premières études consacrées à la causalité (1927). L'enfant invoque une causalité psychologique plus précocement qu'une causalité physique même pour rendre compte des événements naturels. Les données rapportées ci-dessus suggèrent que l'enfant saisirait la personne comme un agent psychologique avant de le saisir comme un agent physique (dans une action accidentelle on peut considérer qu'elle joue ce rôle).

Cependant cette déduction doit être nuancée. Les données rapportées ont été recueillies dans des enquêtes faisant intervenir l'évaluation des conduites. L'enfant peut saisir plus tôt que les mobiles sont concernés par cette appréciation et sont susceptibles d'être répartis en deux catégories, positives et négatives, tandis que le couple action intentionnelle - action accidentelle l'est plus tardivement sans que, pour autant, un décalage se retrouve dans la simple appréhension de leur existence.

● Comment sont détectés les intentions et mobiles

Les recherches et analyses que l'on vient d'évoquer apportent des informations sur l'acquisition par l'enfant de savoirs concernant l'existence d'intentions et de mobiles. Dans la vie réelle le problème important est d'inférer les mobiles particuliers dont dépend l'action attendue ou observée, à un moment donné, d'une personne donnée. Un problème important est également d'inférer si la personne a agi intentionnellement ou non puisque, selon les cas, l'appréciation en est différente et aussi les réactions, représailles ou sanctions, de l'observateur ou de la victime.

Les expériences du type de celles qui ont été évoquées livrent pour la plupart la clef de la conduite en indiquant l'intention du sujet (ou l'absence d'intention quand il s'agit d'un acte accidentel). Par conséquent elles n'apportent pas de contribution à la question des inférences sur les mobiles et l'intention. Certaines cependant sont moins explicites, en particulier celles qui utilisent des films comme stimulus. Mais faute d'une analyse précise de ceux-ci il n'est pas possible de savoir exactement quels indices sont livrés au spectateur. Il y a là tout un domaine de recherche qui est largement ouvert.

Quelques auteurs se sont inspirés des idées de Heider (1958) et de ceux qui, après lui, ont développé les éléments de la théorie de l'attribution pour dégager des indications sur certaines des bases qui permettent d'inférer l'existence d'une intention sous-jacente aux actions observées.

Smith (1978) propose de considérer en premier lieu le caractère volontaire ou non volontaire de l'action. Certaines actions sont, par définition en quelque sorte, volontaires (marcher, parler, saisir, jeter); d'autres sont involontaires (éternuer, tousser, cligner des yeux, rire, pleurer); dans d'autres, la personne est mue comme un objet physique (quand elle est poussée, tirée, qu'elle tombe, qu'elle se heurte à un obstacle ...). En second lieu le caractère intentionnel de l'action peut être inféré de trois sources :

1. *L'état de connaissance de la personne.* Excluent l'intention dans la réalisation d'un certain effet : l'absence de prévision de cet effet, l'ignorance d'une circonstance importante (qu'une arme ait été chargée), le fait que l'acteur ne regarde pas ce qu'il fait, qu'il ait manifesté de la surprise devant le résultat.

2. *Les mobiles possibles.* La difficulté de trouver un mobile rend l'intention improbable. Quand l'effet a un caractère désirable ou indésirable, les goûts de la personne, la satisfaction ou le déplaisir qu'elle manifeste sont des indicateurs de l'intention ou de son absence.

3. *La nature de l'acte.* Certains actes sont nécessairement intentionnels (frapper, saisir, écrire, parler). D'autres sont ambigus, pouvant être ou non intentionnels (heurter quelqu'un ou quelque chose, par exemple).

A partir de cette analyse Smith a réalisé une expérience qui a consisté à présenter de courtes séquences filmées illustrant les différents types d'action puis interrogé ses sujets (4, 5, 6 ans et adultes) sur leur intentionnalité (demandant si la personne avait cherché à les exécuter (*to try*) ou les avait voulus (*to want*). Le principal résultat est que les enfants de 4 ans attribuent un caractère intentionnel à toutes les actions, même involontaires, même (quoique avec quelques exceptions) quand la personne est mue comme un objet physique. La discrimination se fait mieux à 5 ans mais elle n'atteint le niveau adulte qu'à 6 ans.

Les enfants tiennent compte également du fait que le personnage regarde ou ne regarde pas ce qu'il fait pour juger si l'action est ou non intentionnelle. Mais sur ce point même les appréciations des adultes varient d'une manière assez complexe en fonction de la nature de l'action (toujours ou pas toujours intentionnelle) et des effets (positif ou négatif).

Whiteman, Brook, Gordon (1974) ont utilisé aussi les idées de Heider sur les rapports entre les effets favorables ou défavorables d'une action et l'intention de son auteur, mais ils ont innové en prenant en compte l'*intensité* des éléments en jeu dans les divers aspects des relations entre l'intention et les résultats. Ceux-ci peuvent être en effet fortement, moyennement, faiblement favorables ou défavorables. D'autre part l'« instrumentalité » de l'action n'est pas simplement considéré comme permettant ou empêchant d'obtenir un effet, mais elle peut être appréciée comme plus ou moins fermement orientée vers l'effet (un malade qui téléphone au médecin exécute une action d'un degré plus élevé d'intentionnalité que celui qui profite de son passage accidentel pour le consulter). L'intention ainsi apparaît non seulement comme présente ou absente mais plus ou moins vive.

Les auteurs ont construit un certain nombre d'histoires sur la base de ce schéma et ont constaté que les enfants répondaient dans l'ensemble conformément à ce que l'on pouvait attendre.

La prise en compte de l'intensité est une innovation importante. Toutefois pour être logique avec le distinction entre mobile et intention il convient de parler d'intensité de la motivation plutôt que d'intensité de l'intention. (Les auteurs parlent de motivation dans le titre de leur article et les questions posées aux sujets utilisent le verbe « *to try* ».) La notion d'instrumentalité d'autre part est plus claire si on y inclut d'une manière plus explicite un élément d'engagement ou de mobilisation de la personne quant à la recherche d'un moyen approprié pour obtenir un résultat (ce qui apparaît dans l'exemple plus que dans la définition). Si l'on prend quelque peine pour engager une action ceci constitue un indice du point de vue comportemental qui permet d'inférer le degré de motivation. La notion à ce moment n'est pas sans rapport avec celle d'*effort* mentionnée dans certaines analyses développées dans le cadre de la théorie de l'attribution et qui correspond au moins pour une part à des comportements observables. Cette référence n'épuise pas la liste des variables qui peuvent servir d'indices, la *persistance* étant par exemple parmi celles qui peuvent également être mentionnées.

C'est également sur la base de concepts empruntés à la théorie de l'attribution que se situe la recherche de Karniol et Ross (1974). Les auteurs partent ici du *« discounting principle »* exposé par Kelley (1973). Lorsqu'une action peut être attribuée à plusieurs causes, en particulier à une cause interne (l'intérêt intrinsèque d'une activité) et à une cause externe (la récompense qui est accordée pour avoir exécuté cette action), les sujets tendent à écarter une des causes.

L'expérience de Karniol et Ross (1976), inspirée de Smith (1975) consiste à décrire aux sujets une scène dans laquelle un enfant exécute une action (jouer avec un objet) soit de sa propre initiative (il choisit un des deux jouets à sa disposition), soit parce que sa mère lui ordonne de le faire avec un jouet déterminé, ou parce qu'elle lui promet une récompense s'il le fait avec ce jouet. Les sujets sont interrogés et doivent dire quel est l'enfant qui a vraiment envie (*to want*) de jouer avec le jouet. Les enfants interrogés sont âgés de 6, 7 et 8 ans environ. Une proportion notable, surtout chez les plus jeunes, choisissent d'une manière cohérente le personnage qui reçoit l'ordre ou la récompense. Le même effet est retrouvé lorsque pour écarter l'influence possible de la compréhension du verbe *to want*, celui-ci est remplacé par *to like*.

Ces données indiquent que les enfants qui donnent cette réponse estiment qu'on a davantage envie de faire quelque chose, qu'on aime davantage le faire lorsque, à l'intérêt intrinsèque (cet intérêt est présupposé par la nature de l'activité mentionnée: s'amuser avec un jouet) s'ajoute soit l'obéissance à la mère, soit une récompense additionnelle.

D'un certain point de vue cette conception est justifiable: n'éprouve-t-on pas plus de satisfaction quand au plaisir de l'action elle-même s'ajoute une récompense ou le plaisir donné à une autre personne en lui obéissant? Cependant les adultes font porter leur choix sur le personnage qui agit indépendamment des pressions ou incitations extérieures. Ceci tient à ce qu'ils ont développé la notion de mobiles ayant leur origine dans la personne même, envie, désir, volonté. Ils ont également développé l'idée corrélative que la personne peut être conçue comme libre à l'égard des contraintes ou sollicitations d'origine externe et se situant au point de départ de ses actes.

Faut-il conclure que les jeunes enfants n'ont pas encore ces conceptions et que celles-ci se développent avec l'âge? On peut trouver un appui à cette interprétation dans les réponses aux épreuves portant sur le *« locus of control »*. Interrogés sur l'origine ou la responsabilité des événements susceptibles de les concerner les enfants jeunes invoquent davantage les causes externes que les enfants plus âgés. C'est avec le progrès du développement que l'on voit augmenter le nombre de réponses qui attribuent la causalité à la personne elle-même (cf. Oléron et Soubitez, 1981).

Il est cependant difficile d'imaginer que les enfants n'aient pas l'expérience de leur propre causalité et du fait qu'ils soient à l'origine de l'exécution de leurs actes et même de l'exécution d'actes qu'ils déterminent chez les autres. Ce qui est en cause concerne plutôt l'élaboration de concepts qui sont en rapport avec des expériences, mais les intègrent dans une représentation plus complète — et plus complexe — des déterminants en jeu. L'action est connue par les enfants les plus jeunes comme déterminée par des éléments dont la présence physique est marquante, saillante (la mère, le gâteau promis comme récompense). Il faut un développement de la pensée pour arriver à admettre l'autonomie de dispositions psychologiques d'une représentation moins aisée, le désir, le libre choix, la préférence et pour y restreindre la signification des termes employés par l'adulte («vouloir», «avoir envie», «aimer» ...) Termes qui, de leur côté, contribuent sans doute à établir l'autonomie de ces états psychologiques.

Dans ce qui précède on a considéré des déterminants conscients de la conduite et dont le rapport avec le comportement est clair. Le psychologue professionnel, surtout lorsqu'il est spécialisé dans la psychologie clinique et la psychologie de la personnalité est tout à fait à son aise devant les mobiles inconscients de la conduite et une de ses activités est de détecter leur intervention dans le cas de tel ou tel comportement ou de tel problèmes rencontrés par les sujets objservés ou examinés. Le profane a quelque accès à ces notions, soit parce qu'un certain nombre fait partie de la culture courante de l'époque, soit parce que l'observation conduit à en admettre l'existence. Sur le plan de l'interprétation des conduites, à un premier niveau au moins, le fait que le mobile invoqué pour les comprendre soit conscient ou inconscient chez la personne observée ne change pas grand-chose à la démarche de base: elle consiste toujours en une inférence qui a son point de départ dans l'observation de ce que la personne fait (ou dit).

On ne peut pas attendre du jeune enfant des connaissances bien avancées dans ces domaines. Mais le développement de la compétence comporte quelque accès à celles-ci qu'on peut chercher à tester au moins à partir de l'âge préscolaire.

Plusieurs auteurs se sont intéressés aux mécanismes de défense. Whiteman (1967) a été le pionnier. Il a présenté à des enfants de 5-6 ans et 8-9 ans le récit de courtes scènes présentant sous une forme rudimentaire (comme il le dit lui-même) sept mécanismes de défense (six dans une seconde expérience). L'évaluation de la compréhension des mécanismes à partir d'une interview montre des progrès avec l'âge, comme on pourrait s'en douter, et une inégale difficulté à appréhender les divers mécanismes et une réussite assez limitée même chez les sujets du second groupe d'âge.

King (1971) a repris deux items de Whiteman, portant sur le déplacement et la régression et administré ces épreuves dans le cadre d'une étude sur l'intention. Les enfants appartiennent à trois groupes d'âge, de 4, 5 et 8 ans. Les résultats confirment les conclusions de Whiteman, indiquant un progrès chez les sujets de 8 ans, mais une compréhension encore très partielle.

Berndt et Berndt (1975) se sont limités au déplacement en prenant comme exemple une agression, la présentation étant faite cette fois à l'aide de film. Les enfants (4, 8 et 11 ans) manifestent une compréhension comparable à d'autres formes d'agression également testées et correspondant soit à des motivations différentes (intentionnelle égoïste, intentionnelle altruiste), soit à un accident. Les enfants de 11 ans atteignent une réussite presque parfaite.

Chandler, Paget et Koch (1978) se sont livrés à l'étude la plus systématique. Ils sont partis de l'hypothèse que la compréhension des mécanismes était tributaire de leur complexité intellectuelle. Ils les ont analysés en termes de transformation de type logique entre la donnée apparente et ce qu'elle recouvre (inversion, réciprocité, négation de la liaison). Ils ont trouvé un parallélisme entre le niveau de difficulté des mécanismes définis à partir de cette analyse et le niveau intellectuel des sujets évalués dans une perspective piagétienne.

La tentative de définir les niveaux de complexité des mécanismes est intéressante, quoiqu'il ne soit pas évident que les cadres logiques constituent la meilleure voie d'analyse en la matière, pas plus qu'il n'est évident que les progrès constatés avec l'âge croissant des sujets soient déterminés par le seul développement des capacités de combiner des relations, indépendamment de leur contenu et des occasions d'en prendre connaissance et de leur lisibilité.

C. *Les interactions cognitives*

Par interactions cognitives on entend les interactions dont l'objet — ou l'intermédiaire — est la connaissance ou la représentation de la pensée ou plus généralement de la vie psychologique de l'un et/ou l'autre des partenaires — ou adversaires — en présence.

1. L'autre comme source d'information

« Tandis que l'action de l'homme sur la nature dépend seulement de l'idée qu'il se fait des résultats de cette action, son action sur les autres hommes dépend aussi de l'idée qu'il se fait de l'idée que les autres hommes s'en font eux-mêmes. *Penser à la pensée d'autrui est une caractéristique essentielle de toute attitude sociale;* chacun cherche à suivre et à devancer le progrès de la pensée de l'autre, l'avantage étant à celui qui devine une pensée de l'autre que celui-ci croit ignorée. »

Ce passage de Guillaume (1942, 182) mentionne un type d'interaction relativement simple, celui dans lequel la connaissance concernée porte sur l'environnement, c'est-à-dire une réalité physique ou sociale, extérieure aux partenaires en présence. L'enfant se trouve constamment dans une situation où les adultes ou les frères ou camarades plus âgés ont davantage de connaissances sur le monde qu'il n'en a lui-même. Une partie de ses acquisitions résulte de l'accès à ces connaissances.

Cet accès en général n'est pas difficile car les détenteurs de ces connaissances se font le plus souvent un plaisir de les communiquer. La technique que mobilise l'enfant ne dépasse pas le questionnement, l'instrument essentiel étant de nature linguistique et comportant l'usage des diverses formes d'interrogatifs.

Le jeu question-réponse est ainsi une des premières formes d'interaction cognitive. Les chercheurs qui ont étudié le développement du langage ont davantage considéré la maîtrise de ces formes (pour un bref aperçu, cf. Oléron, 1976) que les conditions de leur utilisation ou les modalités des « pactes » qui s'établissent entre celui qui pose des questions et celui qui répond. On a surtout relevé la donnée classique selon laquelle l'interrogation devient souvent pour l'enfant (par exemple, par la multiplication des « pourquoi ») un instrument de pression pour agir sur autrui et obtenir un dialogue plus qu'une véritable information. L'enfant n'a pas encore à ce stade acquis la condition de sincérité développée dans la théorie des « postulats de conversations » (Searle, 1972) qui implique que celui qui questionne ne dipose pas de la réponse. Les réactions d'impatience auxquelles l'adulte cède après une suite fastidieuse de « pourquoi » contribuent à apprendre à l'enfant cette règle du jeu, de même qu'il apprend par un enseignement plus codifié les règles qui définissent les usages sociaux du questionnement (on ne doit pas poser n'importe quelle question, poser des questions à n'importe qui, dans n'importe quelle circonstance ...).

Ces expériences et ces enseignements contribuent à ce que l'enfant comprenne que la pensée de l'autre, ses connaissances ne sont pas toujours accessibles et que leur détenteur peut les tenir cachées. Ce que renforcent les refus explicites de répondre, soit par jeu ou taquinerie de la part de l'adulte ou de camarades, soit en fonction des règles sociales évoquées à l'instant. Ces refus conduisent à mobiliser les modes de sollicitation et d'insistance qui peuvent dans certains cas, et en fonction des règles du jeu qui sont également à apprendre, permettre de les surmonter et amener le détenteur du savoir à livrer finalement celui-ci.

L'enfant est amené à apprendre aussi que la personne interrogée peut ne pas répondre à ses questions par ignorance et — savoir plus subtil — à juger à quelles personnes il est pertinent, ou non pertinent, de poser des questions en fonction des chances qu'elles ont d'être informées — et naturellement disposées à répondre. On n'a pas d'indication sur la genèse de ces savoirs. Une idée répandue est que les enfants commenceraient par attribuer aux adultes des savoirs — comme des pouvoirs — sans limites et qu'ils découvriraient ces limites, d'une manière parfois traumatisante (Piaget, 1926, p. 114 rapporte un témoignage dans ce sens). Mais ceci doit sans doute être accepté avec des réserves.

Le savoir important que l'enfant a à acquérir concerne l'ambiguïté des ignorances avouées, leur double interpétation (ne pas savoir effectivement ou ne pas vouloir dire), les indices qui permettent de distinguer l'un ou l'autre et l'indécidabilité fréquente lorsqu'il s'agit d'effectuer cette distinction.

2. *L'atteinte de la représentation de l'autre*

Lorsque les représentations concernent les personnes en présence, certains éléments se retrouvent, comme ceux qui concernent les règles du questionnement, la sincérité et la dissimulation. D'autres sont plus spécifiques.

Il semble que ce soit une expérience très primitive, encore qu'on manque de données pour la dater, de constater qu'autrui ne se comporte pas de la même manière selon les personnes qui se trouvent en sa présence. Il arrive aussi à l'enfant d'observer qu'une personne se comporte différemment selon qu'elle se trouve seule ou en présence d'autres personnes. Lui-même est amené à constater que ces variations se présentent lorsqu'il est concerné. En présence des parents, par exemple, des interdits sont respectés qui ne le sont pas toujours en leur absence. L'enfant apprend, pas toujours spontanément, à se cacher pour exécuter les actions défendues. Les règles de bienséance lui imposent d'éviter certains actes ou certaines paroles en présence, par exemple, de personnes moins familières et inversement d'en produire d'autres, conformes à ces règles ou à des attentes familiales, comme d'exprimer de l'affection ou de la gratitude à des parents éloignés, indifférents ou froids voire rébarbatifs.

Ces constats comportent des implications sur le plan cognitif. Si A et B sont les deux personnes, chacune est l'objet de perception pour l'autre. A comme B exercent divers contrôles sur leurs actions en fonction de cette perception. La perception offerte à B n'échappe pas entièrement au contrôle de A qui peut modifier son apparence — ou mieux créer une apparence distincte de sa réalité. L'un et l'autre, ou au moins l'un d'entre eux, mettent en œuvre des projets relatifs à certains effets à produire sur le partenaire.

Si A est l'enfant lui-même, les savoirs qu'il développe sont non seulement qu'il est perçu par B mais que B élabore des représentations de lui (A) et sur leurs rapports, ce qui le conduit à des procédures qui visent à influencer la perception de B soit pour la favoriser, soit pour l'égarer. Devant lui (A), B est « en représentation » et les indices qu'offre son comportement doivent donc être soumis à une double lecture: a) l'une consistant à une interprétation directe (les larmes expriment la tristesse, le sourire la bienveillance); b) l'autre attribuant une valeur de probabilité à ces indices pouvant conduire à une lecture diamétralement opposée (joie sous l'apparence de tristesse, malveillance derrière le sourire).

Ces savoirs ne se développent pas par un mécanisme de prise de conscience et d'intériorisation d'une pratique; ils sont largement tributaires de l'observation et d'enseignements informels; ils ne se développent pas sous une forme générale s'appliquant à toutes les situations et toutes les personnes. Ceci doit être répété, sous peine de donner de leur genèse une image schématique.

Les représentations que se forme autrui sur l'enfant, son caractère, ses qualités et défauts, sa personnalité dans la mesure où ces représentations sont communiquées par les comportements ou les paroles contribuent à la connaissance qu'il développe de lui-même.

Pour certains théoriciens, que leurs conceptions soient d'inspiration psychosociale ou behavioriste, cette source est fondamentale (cf. le chapitre 4 ci-dessous). Cependant la manière dont une personne intègre dans la représentation qu'il se forme de lui-même ce que lui fait connaître l'autre ne constitue pas une procédure simple. Elle serait simple à deux conditions : que le message de l'autre soit clair et explicite et que la personne qui le reçoit en accepte la validité. Ces conditions sont remplies dans une situation idéale que l'on imagine pour le jeune enfant : l'adulte s'exprime clairement à son égard ; il lui dit qu'il est gentil, sage, paresseux, gourmand ... et l'enfant ne tend pas à mettre ces informations en doute à cause de l'autorité qu'il accorde à l'adulte. Mais, par suite de la variabilité des attitudes de l'adulte et de leur ambivalence, le message n'a pas cette clarté théorique. De même, ce qui est fréquent, lorsque différentes personnes de l'entourage familial expriment des jugements discordants. Il est même des cas où l'enfant peut prendre l'adulte en flagrant délit d'erreur, lorsque par exemple il est accusé d'un méfait, larcin, bris d'objets, voire plus tard mensonge, qu'il sait indiscutablement ne pas avoir commis.

Le jeu, le faire semblant invoqués ci-dessus impliquent une double lecture de l'image de lui que transmet l'adulte à l'enfant. Très tôt celui-ci s'habitue à ce que sa mère ou quelque adulte, un grand frère le traitent par jeu, à certains moments d'une manière bourrue, le secouent, lui parlent d'une grosse voix, plus tard feignent de le rejeter, de le fuir, le gronder, lui adressent des reproches imaginaires ou lui adressent des qualificatifs négatifs ou injurieux. De même que pour les jeux physiques où ils feignent de le jeter en l'air, de le laisser tomber, ces situations déconcertantes au début et source d'inquiétude deviennent un élément des relations avec autrui et une source de stimulations et de variations par rapport aux échanges monotones habituels.

Les discordances entre les opinions exprimées par différentes personnes sur l'enfant et entre ces opinions et les constats qu'il peut faire, au moins sur ses actions et ses comportements, ont des effets sur l'acceptation par l'enfant de la représentation que les autres lui proposent de lui-même. Mais ils ont aussi des conséquences sur la représentation qu'il développe sur les personnes concernées. Par exemple en ce qui touche leur crédibilité. Et aussi en ce qui concerne la sympathie ou l'affection à leur égard. Quand l'autre apparaît dans la fonction de « donneur d'étiquettes » distribuant publiquement des qualifications qui présentent l'enfant comme entêté, maladroit, menteur, désobéissant ... celui-ci réagit naturellement d'une manière positive ou négative selon que la qualification est favorable et conforme à sa propre perception ou contraire à celle-ci.

Réaction qui ne dépasse pas le niveau affectif, quand la disproportion des statuts et des forces est trop grande, lorsque les «donneurs d'étiquettes» sont les parents, des adultes dotés d'autorité. Mais qui se développe en un savoir car l'enfant apprend aussi à ses dépens le pouvoir qu'ont les mots pour orienter les opinions et les attitudes. Il trouve ainsi un modèle — conforté par l'observation des relations interpersonnelles où il n'est pas directement partie prenante — dont il pourra s'inspirer bientôt et ne pas cesser d'utiliser par la suite pour se défendre, attaquer et pratiquer un des jeux favoris des grandes personnes.

La difficulté que rencontrent l'appréciation et l'utilisation des représentations que les autres se forment de nous — et par conséquent la pertinence de nos réactions — tient à l'impossibilité de définir des critères de vérité pour ces représentations, confiance ou méfiance absolue étant généralement aussi irréalistes l'une que l'autre. C'est le même problème que rencontrent — à un niveau de complexité inférieure — les auteurs qui s'interrogent sur la validité de la «perception» des personnes. Certaines situations permettent une confrontation valable: lorsque la représentation de l'autre s'exprime d'une manière objective à laquelle on peut comparer l'appréciation, également objectivée, que porte la personne concernée.

Maucorps et Bassoul (1960) sous le nom discutable d'«empathie» ont rapporté des recherches effectuées à partir de situations de type sociométrique où des personnes désignent dans un groupe celles qu'elles choisissent ou rejettent, par exemple pour un travail à effectuer en commun. La question qu'ont examinée les auteurs concerne la «perception» que les personnes objets des choix et des rejets ont de ceux-ci, c'est-à-dire l'identification qu'ils font de ceux qui les choisissent ou les rejettent. Cette variable, sous le nom de «sensibilité», a été considérée sous l'angle de l'adaptation personnelle (Tagiuri, 1952; Lindzey et Borgatta, 1954). Mais elle a d'abord une signification cognitive. Les «perceptions» des personnes choisies ou rejetées peuvent en effet être réalistes, c'est-à-dire correspondre aux choix effectivement portés, illusoires, les choix affirmés ne correspondant pas à des choix réels, ou aveugles, les choix portés n'étant pas reconnus. D'où les caractéristiques de clairvoyance ou de cécité pour les sujets cibles et de transparence ou d'opacité pour les choix portés selon qu'ils sont ou non identifiés. Maucorps et Bassoul ont constaté l'influence de l'âge (une des recherches rapportées teste des enfants de 8, 11 et 14 ans): elle se traduit comme on pourrait s'en douter par une augmentation du réalisme. Mais de nombreuses variables interviennent aussi, comme la nature des tâches proposées, le milieu socio-économique et scolaire, la popularité des sujets, le sexe.

3. La pensée de la pensée: pénétration et dissimulation

Se représenter que l'autre voit, et même se représenter comment il nous voit, est une démarche qui dépasse à peine la perception, car les témoignages de l'autre, qu'ils soient d'ordre comportemental ou verbal, sont souvent fort clairs et explicites. Se représenter qu'il se forme une représentation de notre pensée est plus complexe. C'est cependant ce qui est nécessaire à un certain niveau dans toutes les compétitions, qu'elles interviennent sous forme de jeu ou dans la réalité de la vie sociale, y compris lorsqu'il s'agit de se représenter, dans des jeux collectifs, par exemple, la représentation du partenaire.

Figure 2. Spécimens de matériel utilisé par Miller, Kessel et Flavell (1970) pour tester la capacité des enfants à comprendre le fait de penser la pensée de l'autre. En A, boucle simplement récursive (*Le garçon pense qu'il est en train de penser à lui-même*). En B, boucle doublement récursive (*Le garçon pense que la fille pense à son père en train de penser à la mère*). (Reproduit avec l'autorisation des auteurs et de l'*University of Chicago Press.*)

Miller, Kessel et Flavell (1970) ont étudié cet aspect du développement. Ils ont utilisé pour cela des figures du type de celles que présentent les bandes dessinées avec des «bulles» permettant de symboliser la pensée d'un personnage. Grâce à ce procédé ils ont pu étudier non seulement les boucles simplement récursives (du type: «le garçon pense que la fille pense à lui») mais aussi des boucles doublement récursives («le garçon pense que la fille est en train de penser qu'il pense à elle»). Ils ont inclus en outre des situations où les personnages pensent à d'autres personnes et aussi à eux-mêmes, et d'autres où ils pensent à une action de la personne représentée, en l'occurrence parler à une autre personne.

La situation «action» est plus facile que la situation à une boucle bien qu'elle comprenne le même nombre de personnages (80 % pour les enfants d'environ 11 ans, sans progrès ultérieur, contre 55 % à 12 ans). La boucle double n'atteint à ce dernier âge qu'environ 35 %.

Les enfants ne peuvent réussir ou simplement participer à une telle épreuve que s'ils comprennent ce qu'est penser à la pensée de l'autre. Néanmoins l'épreuve est à la fois formelle (sans contexte indiquant la nature des pensées et leur objet et les conditions qui amènent une telle démarche) et mécanique (par l'intervention des indices fournis par le symbolisme des bulles). Elle n'éclaire donc qu'assez indirectement sur les capacités que les enfants peuvent déployer dans des situations plus naturelles.

On se rapproche des conditions naturelles en plaçant les sujets dans des situations de jeu compétitifs où, pour réussir, il faut imaginer les prévisions et décisions de l'autre, qui, elles-mêmes, doivent être conçues comme tenant compte des stratégies probables du sujet lui-même.

Flavell et al. (1968) et De Vries (1970) ont réalisé des expériences faisant intervenir de telles situations.

Chez Flavell il s'agit de deviner le choix que fait un adversaire entre deux gobelets. Vers 7-10 ans les sujets commencent à définir une stratégie de l'adversaire fondée uniquement sur les caractéristiques objectives du matériel (un des gobelets permet d'obtenir une somme plus élevée que l'autre; les sujets supposent que l'adversaire choisira celui-ci). A partir de 11 ans apparaît la stratégie plus complexe où le sujet tient compte de ce que l'adversaire peut ajuster son choix en fonction de la représentation qu'il se fait de son attente à lui, sujet. Celui-ci prédit alors que, pour déjouer cette attente, l'adversaire choisira le gobelet le moins rémunéré.

De Vries a utilisé le jeu classique où l'un des joueurs doit deviner dans quelle main l'autre joueur a caché un objet. Il a expérimenté sur des enfants de 3 à 7 ans, jouant les deux rôles (cacher et deviner) et a constaté que la plupart des sujets de 6 à 7 ans étaient capables d'adopter la stratégie qui tient compte des anticipations prévisibles de l'autre. La précocité est nettement plus grande que chez Flavell et al. Cela tient sans doute à ce que la stratégie appropriée est ici très simple et d'une exécution relativement grossière (absence de séquence régulière, mais au contraire, irrégularité dans les choix et dans le positionnement de l'objet caché). Comme le suggère Shantz (1975) il ne faut pas exclure que, ce jeu étant familier aux enfants, ceux-ci imitent ce qu'ils ont vu faire par d'autres, sans être capables d'élaborer par eux-mêmes la stratégie pertinente. Il faudrait d'autres expériences pour préciser ce point.

Les jeux du type de ceux qui viennent d'être mentionnés impliquent des règles relativement claires, encore qu'elles conduisent, dans une pratique élaborée, à des situations où la décision est impossible sur la base de la seule logique (ce qui fait leur intérêt). La plupart des jeux laissent intervenir des possibilités de tricherie ou de tromperie de la part de l'adversaire ou incluent même cette tromperie comme élément constituant, sous la forme du «bluff». L'observation des enfants et même de certains adultes montre qu'ils s'amusent parfois plus à l'évocation des tricheries possibles qu'à la pratique du jeu selon les règles officielles; ceci est normal, la tricherie introduit une règle optionnelle qui accentue, par sa détection réelle ou imaginaire, l'intérêt de la partie et les implications personnelles.

Les enfants sont assez facilement amenés à penser qu'on les trompe. Piérault-Le Bonniec (1974) a rapporté que dans une expérience portant sur le jugement modal certains sujets avaient tendance à supposer de la part de l'expérimentateur une conduite définie non par les caractéristiques objectives de la tâche, mais par la production de la réponse la moins probable. Piérault-Le Bonniec parle à ce propos du machiavélisme que l'enfant prête à l'expérimentateur.

Le machiavélisme apparaît ici sous une forme bien simplifiée. Mais il comprend des formes plus élaborées et plus dignes du patronage de l'auteur du *Prince*. Dans leurs études consacrées au machiavélisme, Christie et Geiss (1970) décrivent les machiavéliques comme indifférents à la moralité courante, neutres affectivement dans les relations interpersonnelles, indifférents aux objectifs désintéressés et disposés à manipuler les autres et y réussissant. Des échelles comportant une liste de questions permettent de détecter les personnalités de ce type, ou plus précisément de répartir les sujets des populations tout venant selon le degré auquel ils manifestent ce genre de disposition.

Deux points intéressants sont rapportés par Christie et Geiss d'après les recherches qu'ils résument: 1. Une échelle de ce type a pu, moyennant simplifications, être appliquée à des enfants (10 et 11 ans). 2. Des enfants de ces âges choisis pour leurs notes élevées dans l'échelle se montrent plus capables que les autres de distinguer mensonge et vérité chez leur adversaire dans des jeux qui impliquent la dissimulation et plus capables aussi de dissimuler leurs mensonges. (Après un lancer de deux dés qui font apparaître soit des faces blanches soit des faces noires, les faces des deux dés sont identiques ou différentes. Le joueur peut déclarer un résultat faux; il gagne si l'autre accepte sans vérifier, mais perd dans le cas contraire.) Dans une autre expérience les jeunes machiavéliques s'avèrent plus capables de convaincre des camarades de manger des biscuits rendus amers par des doses de quinine.

Des recherches de ce genre ont, entre autres, l'intérêt de se placer sur le plan des différences individuelles, trop rarement prises en compte par les études habituelles du développement. Elles amènent aussi à s'interroger sur l'origine des dispositions que manifestent les enfants en cette matière. Kraut et Price (1976) ont observé une corrélation positive entre les notes des parents et d'enfants d'environ 11 ans dans des échelles de machiavélisme, ce qui les induit à penser que les enfants acquièrent leur disposition à partir de l'observation des parents. Il est notable qu'ils n'ont pas retrouvé la corrélation mentionnée ci-dessus entre le machiavélisme révélé par l'échelle et la réussite dans le jeu de « bluff » avec les dés. Ils concluent à la nécessité de distinguer la capacité à tromper les autres et la capacité à distinguer la tromperie chez eux, la première corrélant avec le machiavélisme parental mais non la seconde.

Les études sur ce sujet posent de multiples questions quant à la valeur des échelles et des situations expérimentales pour révéler des traits de personnalité complexes et sur lesquels les sujets ne sont pas nécessairement enclins à s'exprimer avec sincérité. Mais on ne peut pas dire que les problèmes qu'elle pose quant aux démarches intellectuelles mobilisées dans les interactions cognitives (et les interactions en général) ne sont pas du plus grand intérêt.

3. *Le déchiffrement des expressions affectives*

La capacité d'induire des expressions du corps, particulièrement des expressions faciales, la nature des états affectifs contribue naturellement à la connaissance d'autrui, même si (comme dans les sondages d'opinion ...) il s'agit seulement d'une connaissance de l'instantané, ici et maintenant. C'est un savoir-faire que toute rencontre offre à exercer.

L'expression affective peut être en certains cas le pur effet d'événements intérieurs à l'organisme (on réagit émotionnellement à des stimulations viscérales, à des souvenirs, à des rêves ou à des fantasmes, à des anticipations ...). Elle est souvent déclenchée par des événements extérieurs, cela va sans dire. Mais elle peut aussi être envisagée comme un moyen de communiquer. Beaucoup d'expressions servent en effet couramment dans la vie sociale pour transmettre aux autres des informations (ou pour agir sur eux, ce qui est une manière de communiquer). Et l'on n'a pas manqué de les assimiler parfois à un langage. Certes un peu abusivement, car les mimiques affectives se distinguent d'un langage au sens strict de code arbitraire impliquant lexique et grammaire (même si le langage des hommes n'est, peut-être, qu'une «énorme expansion de la mimique vocale»: Pagès, 1965, p. 131). Le psychologue français Georges Dumas a parlé autrefois clairement du «langage du rire» et du «langage des larmes» (Dumas, 1937, p. 269 et 287). De fait, chacun sait qu'à un certain âge un enfant se met plus volontiers à pleurer s'il a un témoin, éventuel interlocuteur ou consolateur, que s'il est seul. Et l'adulte lui-même sait prendre les mines de circonstance lorsqu'il est en public. Dans ces cas, l'expression n'a possiblement qu'une fonction de communication, et les mimiques sont éventuellement comprises aussi clairement que la parole, même si elles ne sont pas indices d'un état affectif ressenti vraiment.

Quoi qu'il en soit, qu'il s'agisse d'une émotion ressentie, d'un sentiment vécu, ou d'un message adressé, élaboré d'une manière plus ou moins conventionnelle à l'intérieur d'une culture donnée, l'expression pose un problème de lecture, d'interprétation, de déchiffrement, ou d'inférence.

Sur la base de quels indices est-on amené à inférer l'existence, réelle ou feinte, de tel ou tel état affectif? L'enfant sait-il interpréter ces indices? Dans quelle mesure la lecture des expressions est-elle tributaire du développement? Ce sont des questions complexes que se sont posés depuis longtemps les psychologues, et auxquelles ils restent attentifs.

Au sens strict, un indice est une donnée sensible qui témoigne de la présence d'un objet. En ce sens, le sourire peut être indice de gaieté, le froncement des sourcils indice de mécontentement ou d'inquiétude, l'écarquillement des yeux indice d'étonnement. Mais les postures du corps ou le ton de la voix sont aussi des indices possibles d'états affectifs. De même que certaines modalités du contact corporel: il y a bien des manières d'embrasser ou de serrer la main, et l'on sait bien que les bébés réagissent différemment selon qu'on les manipule avec douceur ou brutalité...

Certains gestes expressifs du corps, manifestement culturels, comme le «pied de nez», «signe» de mépris ou de défi, ne sont pas à proprement parler des indices tels qu'on les envisage ici. Ce sont précisément des signes, à bon droit comparables à des éléments de langage, et que l'on apprend à interpréter. Mais il va de soi que l'interprétation des mimiques, apparemment plus naturelles que de tels gestes, peut être aussi, en une certaine mesure, tributaire de l'expérience: une mine renfrognée ne signifie pas la même chose chez une personne habituellement joviale et chez une autre dont la mauvaise humeur est chronique. D'une manière générale, les indices à interpréter tranchent avec l'apparence habituelle (Hebb, 1946). Ils marquent une rupture momentanée dont le sens est à découvrir.

Les travaux les mieux connus, susceptibles d'apporter des éléments de réponse aux questions que l'on vient de soulever, font l'objet d'un chapitre classique de la psychologie sociale expérimentale (voir, par exemple, le chapitre XI du vieux traité de psychologie expérimentale de Woodworth, 1949, consacré à «l'expression des émotions», dont la substance est reprise dans le Traité de Psychologie expérimentale de Fraisse et Piaget, aux chapitres XVI par Fraisse, sur les émotions, et XXXII par Pagès, sur la perception d'autrui). Ces travaux sont surtout relatifs à la question des indices. Et ils concernent principalement des sujets adultes. Qu'il soit permis cependant d'en rappeler ici très brièvement l'essentiel, avant d'envisager les données, qui peuvent en être éclairées, relatives au déchiffrement par l'enfant des expressions affectives.

A. L'identification des états affectifs et le rôle des indices

Une des méthodes les plus anciennes utilisées en laboratoire consiste à présenter des physionomies reconstituées, comme les portraits robots, par assemblage de fragments (yeux, sourcils, nez, bouches) de formes diverses. Les résultats obtenus ne sont guère brillants, mais on parvient ainsi quand même à faire identifier convenablement par environ la moitié des juges les expressions bien typées du dégoût, de l'horreur ou de l'étonnement (Fernberger, 1928). D'autres stimuli employés au début du siècle consistent en des photographies de poses d'acteurs dont le visage est particulièrement expressif et habitués à mimer telle ou telle émotion à la demande (ça marche assez bien pour la joie, identifiée par la moitié des sujets, encore mieux pour la peur, la souffrance, la surprise ou le mépris, identifiés par les 2/3 à plus des 3/4 : Feleky, 1924), ou bien des photographies d'expressions faciales spontanées, extraites de documents de presse (avec des résultats comparables à ceux des poses d'acteurs : Munn, 1940), ou réalisées exprès en situations destinées à provoquer l'émotion (ce qui se révèle plus difficile pour certains états, comme la joie ou la colère, que pour d'autres, comme la surprise ou la peur). C'est ce dernier procédé, inauguré à la fin du siècle dernier par Charles Darwin (1874), qui a conduit en particulier aux observations très fameuses (et quelque peu ambiguës) de Carney Landis (1929), que l'on ne résiste pas à l'envie de rappeler encore ici, montrant par exemple que pour près de la moitié des juges, le visage d'un individu en train de décapiter un rat vivant avec un couteau émoussé exprime la joie, ou que celui d'un sujet dont la main plonge dans un bocal où se trouve, sans qu'il le sache, une grenouille vivante exprime un sentiment maternel ... Une autre méthode, plus perfectionnée, permet enfin la présentation d'expressions dynamiques puisqu'elles sont filmées. Indiscutablement, on les reconnaît mieux ainsi (cf. Frijda, 1953; Bassili, 1978 et 1979).

Evidemment, aucune de ces méthodes n'évite le recours au langage pour identifier la nature de l'état affectif, et si on laisse les juges libres de choisir leur vocabulaire, il en résulte une extrême diversité de termes plus ou moins synonymes pour caractériser une même expression, tant il est vrai que les mots ne sont pas des «appellations contrôlées», mais sont distribués dans des «espaces sémantiques» individuels (Pagès, 1965, p. 125): ainsi, 39 termes différents sont relevés pour 100 sujets ayant à juger la photo d'une actrice voulant exprimer la haine ... aucun terme, il est vrai, ne signifiant la joie ni la surprise (Feleky, 1924). Pour éviter cet écueil, on peut rendre la tâche plus complexe (ou plus simple ...), en forçant à choisir dans une liste de mots sans synonymes ou en faisant conjecturer la situation ou deviner les paroles du sujet qui pose, par exemple. On obtient alors des résultats plus satisfaisants. Ainsi, la surprise ou la peur mimée reconnue par trois quarts des sujets, l'horreur, la honte ou la colère par plus de la moitié ... mais le soupçon ou la pitié par seulement un quart, ou moins (Kanner, 1931).

Au total, ce qui ressort au moins de l'emploi de toutes ces méthodes, c'est que les expressions sont inégalement identifiables. C'est déjà, pour notre propos, une information non négligeable.

Sur quel fragment du visage se fondent les jugements ? La bouche paraît jouer un rôle important, quelle que soit l'expression (joie, surprise, dégoût, souffrance). C'est ce que montre une expérience où des photographies du type Landis (prises en situation suscitant l'émotion) sont coupées horizontalement au niveau du nez (appendice dont la contribution expressive est sans doute peu variée) et les bouches associées au hasard à des yeux qui ne leur appartiennent pas (Dunlap, 1927). Mais cela peut dépendre du type d'expression (Frois-Wittmann, 1930; Kline et Johannsen, 1934; Hanawalt, 1942, 1944; Frijda, 1968; Bassili, 1979). La bouche, dont le contrôle de la musculature est sûrement mieux développé que celui des yeux, paraît en tout cas plus importante quand les expressions sont mimées plutôt que naturelles (Coleman, 1949).

Dans aucune des recherches dont les brèves indications précédentes suffiront pour donner une idée, on n'observe un état affectif identifié à 100 % d'après l'expression d'un visage. C'est dire que toute expression est en quelque mesure ambiguë. C'est si vrai d'ailleurs que dans toutes ces expériences, les juges sont rarement sûrs de leurs réponses et peuvent en changer à la moindre suggestion (Langfeld, 1918; Fernberger, 1928). Cela dit, ces travaux offrent un exemple typique de ce qu'on a souvent reproché aux études psychologiques de laboratoire : dans la vie, ce ne sont pas des visages muets et désincarnés comme des effigies que l'on rencontre habituellement, encore moins des bouches (à moins d'avoir une attention très orientée ...), mais des personnes, c'est-à-dire des corps et des corps en situation, et dans un contexte. Au mieux, l'isolement de la mimique fournit une abréviation (Pagès, 1965, p. 127).

Le contexte inclut naturellement l'action d'autres segments corporels, mais aussi, d'une manière générale, ce qui suscite la réaction. Il est facile de montrer que la connaissance de la situation oriente, voire détermine, l'interprétation du sens des mimiques (Sherman, 1927; Goodenough, 1931; Munn, 1940; Bruner et Tagiuri, 1954). Et l'on conçoit bien que les gestes, et aussi les intonations (d'ailleurs probablement plus finement décodables que les expressions accessibles à la vue : Kanner, 1931) ont leur part en maintes expressions affectives. A tel point que la seule perception des mains (Carmichael et al., 1937) ou de la voix (Dusenberry et Knower, 1939) peut quelquefois permettre une estimation au moins comparable au jugement établi sur la seule base des mimiques faciales. Si la situation implique interaction avec d'autres individus, il va de soi en outre que l'interprétation des mimiques et autres mouvements expressifs, ceux-ci faisant alors partie d'un dialogue, se trouve éclairée si l'on tient compte de l'ensemble des partenaires (Cline, 1956).

En vérité, l'identification des expressions affectives est certainement un processus très complexe où entrent en jeu toutes sortes d'indices, mimiques, posturaux, gestuels, situationnels. Un processus dont le fonctionnement peut être amélioré par apprentissage (des auteurs l'ont montré, semble-t-il, rien qu'en expliquant par exemple le rôle des muscles faciaux : cf. Allport, 1924 et Guilford, 1929, dont les résultats sont critiqués il est vrai par Jenness, 1932, mais confirmés plus récemment par Davitz, 1964), mais qui, surtout, s'affine au cours de l'enfance.

B. *Réactions du bébé aux mouvements expressifs du visage*

En général, les mimiques offertes aux bébés manquent singulièrement de variété : on leur sourit. Il n'est donc pas surprenant que les premières observations et les premières analyses connues soient relatives aux réactions de l'enfant au sourire. Il semble qu'elles soient dues à Charles Darwin (1872) qui avait cru remarquer chez son propre fils la reconnaissance très précoce du sourire d'autrui, et qui finit par soutenir l'idée de l'innéité de la reconnaissance des expressions affectives ... Certes, la capacité de reconnaissance ou de discrimination perceptive n'implique pas celle d'un jugement sur le sens. Mais, pour savoir interpréter, encore faut-il distinguer ce qu'il s'agit d'interpréter.

De toute manière, le sourire n'est sûrement pas l'exemple le plus pertinent, en raison de son statut complexe et privilégié dans l'histoire des premières relations.

En fait, pour ce qui concerne les changements d'expression du visage, c'est sans doute être très optimiste que de créditer l'enfant de moins de six mois de réelles capacités d'interprétation. Un visage en colère fait réagir l'enfant très jeune, mais d'abord plutôt positivement que négativement, au moins jusqu'aux premières manifestations de l'attachement (Bühler et Hetzer, 1928, d'après Honkaavara, 1961) ... Au cours des premiers mois, l'enfant ne réagit pas en résonance à une expression affective. Il réagit (par le sourire, ou une fixation prolongée, ou un ralentissement du rythme cardiaque) à la configuration physique du visage humain, vu de face (dont il voit les yeux ...), qu'elle soit ou non expressive (Kaila, 1932; Fantz, 1963; Kagan et al., 1966), et sourit au moindre mouvement d'un élément de cette configuration, simple signal évocateur (Spitz et Wolf, 1946), même si ce mouvement apparaît comme un affreux rictus ... Ce n'est que vers 3 ou 4 mois (cf. Ambrose, 1961) que l'enfant commence à sourire plus volontiers au sourire qu'à n'importe quelle grimace.

Ainsi, le moins que l'on puisse dire (mais le plus aussi, sans doute) est que, pour le nouveau-né, le visage humain peut être vu assez tôt comme un objet électivement attrayant.

Il faut cependant mentionner quelques tentatives récentes qui tendent à montrer que l'enfant parviendrait assez tôt à discriminer (à distinguer les unes des autres) des images d'expressions faciales, à condition toutefois de les soumettre à des séances d'habituation en laboratoire. Quelques résultats positifs allant dans ce sens ont été obtenus, concernant la distinction entre expressions de joie et de colère à 4 et 6 mois (Labarbera et al., 1976), de joie et de peur à 7 mois (Nelson et al., 1979), de joie et de surprise à ... 3 mois (Browne et al., 1977). On est sans doute encore loin d'un véritable déchiffrement des expressions affectives (en tout cas, la mesure des temps de fixation n'informe en rien sur ce point ...), mais il est somme toute assez naturel qu'entre l'attrait pour les visages et la capacité de discerner le sens des mimiques faciales, on découvre des étapes intermédiaires. La capacité de distinguer un mouvement expressif d'un autre en est une, manifestement. On peut croire, en outre, que dans les interactions avec la mère, l'enfant « éprouve » ou « ressent » très tôt la différence entre un visage impassible et un visage avenant (Stern et al., 1978, d'après Ekman et Oster, 1979). Mais, sauf à poser que toute conduite est en quelque mesure cognitive, on ne saurait assimiler ce qui relève de la sensibilité à des savoirs ou des savoir-faire (dire cela n'est évidemment pas postuler que l'important de la vie relationnelle se déroule dans les seules sphères de la connaissance ...).

C. Progrès avec l'âge de la lecture des expressions

Nul doute que la signification des indices des états affectifs d'autrui, en particulier des indices offerts par les mouvements expressifs du visage, n'est pas donnée d'emblée à l'enfant. Lire correctement des mimiques est un savoir-faire acquis progressivement, d'ailleurs en partie tributaire des progrès réalisés en vocabulaire. Certes, les expressions que sait prendre un visage humain sont, d'une manière générale, inégalement identifiables et toujours plus ou moins équivoques (voir plus haut). Mais les plus facilement identifiables ne sont pas forcément celles que l'enfant parvient le plus tôt à bien identifier. De fait, on a observé depuis longtemps que certains états affectifs sont inférés plus précocement que d'autres à partir des mimiques faciales et, curieusement, ce ne sont pas les plus évidents (d'après les expériences historiques auxquelles on a fait allusion précédemment).

En présentant individuellement à près de 500 enfants d'âge préscolaire et scolaire une demi-douzaine de photographies de poses d'actrice (extraites de Ruckmick, 1921), Georgina Gates (1923) avait pu montrer, en effet, en dépit des incertitudes et maladresses de vocabulaire, que les expressions les plus claires pour l'adulte n'étaient correctement déchiffrées (par au moins la moitié des sujets) qu'à 10 ans (la peur), 11 ans (la surprise), voire 12 ou 13 ans (le mépris), tandis que la douleur ou la colère étaient déjà identifiées à 6 ou 7 ans, et le rire dès ... 3 ans.

D'autres données de la même époque ont confirmé ensuite ces indications relatives à l'accroissement avec l'âge des capacités d'identifier les expressions affectives. En particulier celles de Dashiell (1927), évitant les écueils du vocabulaire en proposant aux enfants d'assortir des images d'expressions faciales aux personnages d'un récit, à tel ou tel moment tendu de celui-ci (méthode reprise récemment par Camras, 1980), et quelques résultats rapportés par Gates (1927), obtenus auprès de plus de 600 enfants de 8 à 13 ans et concernant cette fois la reconnaissance des intonations de la voix (d'un homme déclamant l'alphabet comme le « Spountz » de Pagnol un article du code pénal : avec joie, pitié, méfiance, mépris, etc.).

Ces observations concernant le développement de la capacité de lire les expressions affectives, établies il y a plus de cinquante ans, n'ont jamais été contredites. Les travaux les plus récents, traitant du même thème et se référant le plus souvent aux premières études de Gates, (Dimitrowsky, 1964; Rothenberg, 1970; Gitter, 1971; Cooke,

1971, d'après Chandler, 1977; Odom et Lemond, 1972; Abramovitch, 1977; Zabel, 1979; Zuckerman et Prezwuzman, 1979; Daly et al., 1980), en présentant de nouvelles confirmations n'y ajoutent que des précisions ou des spécifications différentielles, d'intérêt au demeurant assez relatif par rapport à ce fait général du progrès lié à l'âge au cours de la période préscolaire et scolaire, dans la mesure où elles concernent des relations aisément imaginables. On apprend ainsi, par exemple, que les enfants déchiffrent mieux qu'ils ne savent produire eux-mêmes les mimiques (Odom et al.), que les enfants perturbés sur le plan émotionnel (Zabel) ou les moins bien adaptés (Zuckerman et al.), sont moins aptes que les autres à lire les expressions du visage, que les enfants dont les mères sont particulièrement expressives sont plus experts dans le décodage des mimiques (Daly et al.), mais que les enfants comprennent mieux les expressions de leur propre mère que celles de n'importe qui (Abramovitch), etc.

D. *L'utilisation des mimiques dans l'appréhension d'autrui par l'enfant*

Quoi qu'il en soit du progrès avec l'âge des capacités de déchiffrement des expressions affectives, force est de constater que «juger sur la mine» reste un comportement d'adulte, ou du moins inexistant avant l'«âge de raison» ... bien sonné. L'attention des enfants, jusqu'à un âge assez avancé, n'est pas en effet attirée d'emblée, comme celle des adultes en général, vers les traits (spécialement du visage) qui expriment les sentiments ou quelque chose de la vie intérieure des gens qu'ils rencontrent, mais plutôt vers des aspects matériels plus extérieurs, voire plus accidentels, non significatifs (ou beaucoup moins en tout cas) de leur état psychologique.

C'est ce qui ressort nettement des analyses (plus subtiles que les travaux précédemment cités) publiées aux Etats-Unis par Sylvia Honkaavara (1961) et en France par Ariane Lévy-Schoen (1964).

Les données très fines de Honkaavara, recueillies en Finlande au début des années 50, portent sur une gamme d'âge très étendue: de la maternelle à l'âge adulte. Elles montrent que les plus jeunes enfants (5-6 ans) n'interprètent quasiment jamais spontanément l'expression des visages quand on leur demande ce qu'ils voient sur des photographies de personnages particulièrement expressifs (de la joie ou de la tristesse) ou des dessins au trait, contrastés par la courbe de la bouche et des sourcils. Ils se contentent généralement d'une description, ou d'un constat de fait, d'ailleurs très sommaire (du type: «c'est un homme», ou «c'est une femme»). Et quand on les provoque à émettre un jugement sur l'état affectif, 15 % répondent qu'ils ne savent pas ... et les autres sont rarement sûrs de leur réponse, qu'ils changent volontiers, surtout si elle est contredite par un stimulus extrinsèque à retentissement affectif (comme du rouge vif sur une figure triste). Au mieux, c'est en termes d'action affective (comme le rire ou les pleurs) qu'ils parviennent quelquefois à émettre un jugement stable.

Ce sont les sujets adultes qui évoquent d'abord l'expression du visage et proposent une interprétation. Entre cinq ans et l'âge adulte, on observe une progression très lente et régulière du nombre des jugements sur l'expression, jugements de plus en plus souvent corrects (ce qui confirme les indications anciennes de Gates), avec des délais de réponse de plus en plus brefs.

Ce fait de l'émergence tardive de l'attention spontanée aux expressions affectives est d'autant plus frappant que l'on aurait pu s'attendre au contraire à l'observer très tôt, compte tenu de la tendance du jeune enfant (autrefois décrite par Piaget, 1926, puis par Wallon, 1945) à se conduire comme s'il conférait la vie à toutes les choses qui l'entourent. En réalité, ces formes primitives de «représentation du monde» impliquent sans doute moins l'attribution de vie psychologique ou d'états affectifs que celle de force et d'activité. C'est l'adulte (surtout s'il est quelque peu cultivé) qui est peut-être le plus «animiste» lorsqu'il trouve gai ou triste un paysage inanimé, mélancolique ou nostalgique un air de musique, parce qu'il y projette, pour quelque raison, ses propres sentiments (ce que fait rarement l'enfant de cinq ans: cf. Honkaavara).

Les expériences de Lévy-Schoen, encore plus rigoureuses et précises, aboutissent à des conclusions comparables à celles de Honkaavara, établies indépendamment. Dans le classement de portraits (photographiés ou dessinés) diversement expressifs, classement par préférence ou par ressemblance, les adultes choisissent des critères liés aux mimiques («signaux spécifiques de variables interpsychologiques»), ce qui reflète une orientation systématique de l'attention vers cet aspect des personnes représentées. Les enfants, au contraire, (ils ont de 4 à 13 ans), se réfèrent d'abord en priorité aux attributs inexpressifs, accessoires adjoints aux portraits (objets d'ornements ou vestimentaires: boucles d'oreilles, colliers, coiffures, écharpes, chapeaux, etc.), quand il y en a ... (mais certaines particularités du visage pourraient en tenir lieu: cf. Harizuka, 1979). Ce n'est que vers 8 à 10 ans que, très généralement (la tendance est à peine plus accusée chez les enfants de meilleur niveau social ou intellectuel), paraît se produire l'«émergence des mimiques», d'abord dans l'acte même de classement, ensuite seulement dans les propos justificatifs. Et cette émergence est le plus précoce dans les classements par préférence, quand il y a implication affective en quelque mesure (ce qui se produit très tôt avec des portraits souriants, préférés dès 4 ans par la plupart des enfants; Honkaavara l'avait observé elle-même à 5 ans).

Notons que ces observations ont été confirmées par des résultats plus récents présentés par Gilbert (1969), par Stavisky et Izard (1970) et dernièrement, au Japon, par Harizuka (1979), un peu plus optimistes, semble-t-il, quant à la précocité de l'«émergence des mimiques» dans les tâches de classement, mais allant dans le même sens pour ce qui est de la priorité donnée par les plus jeunes aux aspects non expressifs.

Figure 3. Type de matériel permettant de montrer que les enfants répondent d'une manière relativement tardive aux caractéristiques expressives. A gauche (Levy-Schoen, 1964), les enfants jeunes sont plus attentifs à la différence de coiffure qu'aux changements d'expression. A droite (Harizuka, 1979), il s'agit d'une série de masques classables en fonction de l'expression affective (colère, joie, tristesse). Les enfants jeunes établissent des catégories à partir de la forme d'un élément (yeux, bouche ou nez). (Reproduit avec l'autorisation des auteurs, des *Presses Universitaires de France* et de la *Japanese Psychological Association*.)

Ainsi, l'intérêt spontané porté par l'enfant (ou la sensibilité) aux aspects expressifs de la vie affective des gens qui l'entourent serait décidément plus tardif qu'on ne le croit communément.

Mais c'est encore trop peu dire, et ce n'est d'ailleurs pas la seule interprétation que propose Lévy-Schoen. Les expressions affectives se distinguent des objets accessoires (vestimentaires ou autres) auxquels s'attache d'abord l'enfant, en ce qu'elles ne sont pas, comme ceux-ci, des objets discrets, isolables, manipulables, énumérables, etc. Les mimiques sont des configurations inséparables du visage, continues dans le temps, et aussi en quelque mesure dans l'espace, fondues les unes dans les autres, se transformant sans arrêt. Qu'est-ce qu'un sourire, par exemple ? Rien, si ce n'est un visage souriant, et qui peut être douloureux l'instant d'après ... Et puis, à moins qu'elles ne soient que signes conventionnels (ce qui peut être le cas de certains sourires), les mimiques ne sont que des indices de quelque chose d'autre, qu'on ne perçoit pas directement (ce que ne sont jamais au même degré, ni aussi souvent, les accessoires vestimentaires). Ce qu'on ne perçoit pas directement, c'est l'état affectif. C'est le sens, à quoi conduit un processus de déchiffrement, qui implique une inférence (au sens large), ou un jugement probabiliste. On suppose que tel mouvement du visage signifie tel sentiment, qui lui-même annonce tel comportement possible ou probable. Il faut, pour se livrer à ce déchiffrement, d'une part éprouver ainsi le besoin d'anticiper ce qui est susceptible d'advenir, et d'autre part il faut être capable d'inférence au plan symbolique ... Or, les psychologues du développement cognitif savent bien, depuis déjà quelque temps, qu'il ne s'agit pas là de performances précoces chez l'enfant. Et cela peut expliquer l'inattention relative des enfants jeunes à l'égard des expressions affectives.

Cela ne veut pas dire qu'il n'existe pas une appréhension plus précoce des mimiques faciales exprimant des états affectifs. Mais peut-être ne s'agirait-il alors que d'une « appréhension pragmatique strictement perceptive, intuitive », relevant d'une espèce de « behaviorisme superficiel du petit enfant qui, même quand il désigne des mimiques, paraît décrire une action, plutôt que déchiffrer une expression et sa signification » (Pagès, 1965, p. 137).

E. L'enfant et les artifices de la représentation graphique des émotions

Les observations dont on a fait état jusqu'à présent sont relatives à la lecture d'images (le plus souvent photographiques) représentant des visages plus ou moins (et diversement) expressifs de sentiments ou d'émotions. Il s'agit d'un type de matériel que les enfants n'ont pas si fréquemment l'occasion d'avoir à déchiffrer dans leur vie quotidienne. La plupart du temps, ils ont affaire (comme tout le monde ...) à des situations vécues, où ils sont d'ailleurs eux-mêmes éventuellement impliqués. Ainsi ont-ils rarement à devoir lire des expressions affectives désincarnées.

Ces remarques ne sont certes pas destinées à mettre en doute ou à dévaloriser les résultats obtenus dans les conditions plus ou moins artificielles du laboratoire, dont personne ne doute qu'elles ont permis à la psychologie de progresser (dans ce domaine comme en bien d'autres). Mais elles conduisent à se demander s'il n'y a pas lieu maintenant de tenter d'élargir les recherches en s'aventurant sur des terrains plus proches du « vécu ». Les images de la littérature enfantine, où des dessinateurs s'exercent à représenter des personnages en situation de vie, offrent de ce point de vue un vaste terrain d'étude, malheureusement peu exploité par les psychologues, en dépit des incitations d'un des plus éminents d'entre eux (Wallon, 1956). Qu'il soit permis, au terme de ce bref exposé concernant la lecture par l'enfant des expressions affectives, de présenter simplement quelques observations inspirées de recherches consacrées justement à la reconnaissance des états affectifs de personnages dessinés, recherches encore inédites, et faisant suite à des analyses récemment publiées (Danset-Léger, 1980) visant à préciser les appréciations d'enfants à l'égard de certaines variables intervenant dans la construction des images d'albums qui leur sont destinés.

Soulignons d'abord que la gamme des nuances affectives et des jeux de physionomie que sait vraiment traduire le dessin est relativement étroite (et le répertoire est forcément encore plus réduit quand les figures humaines sont en quelque mesure stylisées). La presque totalité des mimiques et expressions que l'on rencontre dans les images destinées aux enfants ont ainsi rapport à quelques émotions ou sentiments élémentaires (joie, tristesse, peur, colère ...). Seulement, même si les gestes et attitudes sont également limités, ceux-ci offrent très généralement un recours éclairant pour l'inférence des états affectifs des personnages. D'autant plus que ceux-ci sont, en outre, le plus souvent représentés en interaction avec des objets, ou dans des conduites interpersonnelles universellement compréhensibles. C'est en ce sens que les images de la littérature enfantine sont plus proches des situations vécues par l'enfant que de simples portraits. Or, on s'aperçoit que dans ces conditions les compétences des enfants sont loin d'être nulles.

Dès cinq ans, par exemple, la joie ou la tristesse des personnages est très bien reconnue (et pertinemment commentée) par la plupart des enfants, même en dépit d'une tonalité du décor en disharmonie avec l'expression des visages. C'est seulement si l'on occulte les traits du visage que le décor détermine l'interprétation. Mais à huit ans, dans ce cas, il est surtout tenu compte alors des attitudes du corps.

Certaines expressions représentées dans les albums d'images paraissent plus aisément identifiables que d'autres, et ce ne sont pas toujours celles qui sont réputées le mieux lisibles sur des photographies de poses. La surprise (ou l'étonnement) serait ainsi mieux rendue que la peur par exemple, et plus tôt reconnue ... même s'il n'est pas rare que l'enfant confonde ces deux états dans des vignettes à plusieurs personnages en interaction.

Mais, plutôt que de multiplier ce genre d'observations (ce qui appellerait d'ailleurs des précisions méthodologiques hors de propos dans le cadre de cet ouvrage), il est plus utile ici de souligner ce qui fait la spécificité des images en question.

Les illustrateurs de livres pour enfants sont très souvent amenés, pour être compris, à exagérer les traits qui serviront d'indices, et pas seulement les mimiques, mais aussi les gestes. Et, ce faisant, ils donnent forcément à ceux-ci des allures conventionnelles qui s'écartent des mouvements naturels (plus subtils, surtout chez l'adulte) de l'expression émotionnelle. La joie est ainsi exprimée par un corps cambré qui saute ou qui danse, les bras levés; la tristesse au contraire par un corps abattu, la tête basse, la main sur le front, les pieds qui traînent ...; la peur par un corps en fuite, bras en avant, la tête tournée vers l'objet effrayant; la surprise par un mouvement vers l'arrière, les genoux fléchis, les mains ouvertes en éventail à hauteur de la taille; la colère par un violent piétinement, ou (si le personnage est un adulte) le corps penché et l'index en avant, ou la bouche en rectangle découvrant les dents; la douleur par la tête rejetée en arrière et la bouche également en rectangle, ou la tête sur la poitrine et la bouche fermée, aux coins affaissés, etc. Et l'on sait quels sommets peuvent atteindre les créateurs d'images de ce point de vue, dans la convention, quand il s'agit des personnages de bandes dessinées : cheveux dressés, tremblement, gouttes sur le visage, pour la peur; chapeau levé pour la surprise; corps en l'air pour la colère, etc. Il s'agit alors d'un véritable codage, auquel s'habituent, semble-t-il, de plus en plus tôt les enfants ...

On est là sans doute assez loin du déchiffrement des expressions affectives dans la réalité. Mais la lecture de ces représentations conventionnelles (ou codées) des mouvements expressifs du corps ne relève-t-elle pas aussi d'un savoir-faire psychologique? Au reste, ces formes sans poids ni épaisseur, «mystérieux fantômes de la réalité visuelle» (Gombrich, 1971) qu'on appelle des images, font partie de toute manière (même quand elles sont photographiques ...) d'un univers de convention, que nous ne déchiffrons que par le relais de la culture. Et l'on n'a guère parlé d'autre chose depuis le début ...[1].

---

[1] On n'a pas mentionné d'études consacrées à la lecture directe par l'enfant des mouvements expressifs. Il en existe, mais elles sont très rares (cf. Blurton Jones, 1967, 1972). On y apprend par exemple que dès l'âge préscolaire, l'enfant sait discerner dans ses rencontres si l'approche est hostile ou amicale.

Chapitre III
Adaptation aux interactions et aux situations sociales

Les interactions qui prennent place au sein des situations sociales nécessitent l'adaptation mutuelle des partenaires en présence et l'adaptation au cadre dans lequel se déroule la relation sociale. Le sujet traite l'information dont il a besoin pour comprendre son environnement humain et s'y adapter grâce à certains moyens de connaissance.

L'analyse des composantes de l'adaptation conduit à mettre l'accent sur un certain nombre de processus vraisemblablement en jeu; un premier point considère les moyens mobilisables pour réaliser des interactions adaptées. L'adaptation aux interactions sociales va se réaliser principalement dans le cadre de communications interpersonnelles; un second point considère les capacités d'adaptation de l'enfant au cours de la communication. L'adaptation aux situations sociales se fait pour une part importante à travers l'exposition et l'intégration de modèles de conduite représentatifs des différents rôles sociaux intéressant l'enfant; un troisième point considère le problème des relations entre adaptation, modèles de conduite et rôles sociaux.

1. Les déterminants de l'adaptation aux interactions

A. *L'approche expérimentale des interactions*

L'adaptation aux interactions constitue un champ d'application privilégié des savoirs et savoir-faire psychologiques.

Il paraît d'abord utile de proposer une définition opérationnelle des termes « interaction » et « adaptation », conforme à celle qui se dégage actuellement (parfois implicitement) des contributions les plus marquantes.

L'interaction sociale est réalisée lorsque deux individus au moins étant en présence, leurs conduites successives sont interdépendantes. Ainsi, soient deux individus A et B; A présente les conduites a_1, $a_2...a_n$; B présente les conduites b_1, $b_2...b_n$. A et B sont dits en interaction si et seulement si la séquence minimale $a_1+b_1+a_2$ est réalisée, où les conduites successives de A et B découlent les unes des autres. Une forme particulière d'interaction est l'interaction verbale.

Une interaction entre deux sujets A et B est adaptée, si l'analyse de a_1, b_1, a_2 permet d'affirmer que b_1 témoigne de l'identification et de la prise en considération de a_1, et a_2 de celle de b_1.

L'adaptation aux interactions nécessite une appréhension mutuelle suffisante des différents partenaires en présence pour permettre la lecture et l'interprétation pertinentes des occurrences de conduites. Celle-ci, elle-même condition de la compréhension d'autrui, s'effectue grâce à la mise en action de processus divers : lecture directe, inférence, empathie, prise de rôle, projection, imitation. Des obscurités fort considérables demeurent quant à leur implication respective réelle dans l'acquisition des savoirs et savoir-faire psychologiques. Néanmoins, tenter une description des processus possiblement impliqués peut contribuer à clarifier la question. Chacun d'entre eux peut être activé seul ou en conjonction avec d'autres, selon la nature du problème à résoudre, les capacités personnelles (le niveau de développement et la personnalité étant des aspects de ces capacités), la motivation. La liste présentée ne prétend pas à l'exhaustivité. Elle correspond au tableau qui se dégage actuellement des principales recherches pertinentes. Ces processus constituent des facteurs dans le fonctionnement de la relation interindividuelle. Ils ne sont pas spécifiques à l'enfant et il s'agit, après en avoir établi un inventaire sommaire, de savoir lequel l'enfant est capable de mettre en œuvre dans les interactions qu'il tente d'établir avec autrui. Ils ne sont évidemment pas non plus spécifiques à l'adaptation, aux interactions, aussi les rencontre-t-on ailleurs dans cet ouvrage, développés sous d'autres angles.

L'interaction sociale s'établit entre deux individus au moins que nous désignerons respectivement par économie, comme « sujet » et « cible », le premier étant celui qui tente une action sociale et le second celui sur lequel s'exerce cette action.

B. Les processus en jeu

1. La *lecture* (déchiffrement) directe de certaines séquences comportementales présentées par la cible, immédiatement signifiantes telles quelles sans avoir besoin d'aucune élaboration *(gestalten)* (Lindzey et Aronson, 1954).

2. L'*inférence* par laquelle nous tirons des informations sur l'état ou les caractéristiques d'autrui parce que les circonstances, le comportement ou la séquence d'événements présentés ont des points communs avec ceux que nous avons rencontrés antérieurement et dont nous avons fait personnellement l'expérience. Dans les recherches réalisées dans cette voie, le processus d'inférence est un acte cognitif (bien que souvent inconscient) qui s'applique, dans ce cas, à une cible humaine; toutefois sa nature et son mode de fonctionnement ne sont pas conçus comme étant différents de l'application à une réalité du monde physique. Mais la part d'incertitude du résultat de l'inférence y est plus grande, car la lecture et la prédiction des réactions de la cible se font sur une base probabiliste (Oléron, 1975), même en clinique.

3. *L'empathie* est décrite sous deux formes très différentes (Sarbin, Taft et Bailey, 1960) : l'une a sa source dans l'imitation (involontaire le plus souvent) de la mimique ou de la posture de la cible; cette imitation produit des indices proprioceptifs et des réactions physiologiques chez le sujet, de même nature que celles ressenties par la cible, ce qui permet d'éprouver partiellement ce qu'éprouve la cible, une part minimale d'inférence étant néanmoins requise pour effectuer ce passage. Par exemple, des sujets voyant ou croyant voir des individus recevant des chocs électriques, présentent des réponses électrodermales caractéristiques de la réaction au choc électrique (Lindzey et Aronson, 1954).

Ces descriptions permettent de constater que l'empathie est, dans ce cas, conçue comme une *participation* à l'état émotionnel de la cible avec une élaboration intellectuelle minimale. Cette participation peut être, au contraire, atteinte au terme d'une *connaissance*, soigneusement élaborée, des caractéristiques psychologiques et de la situation particulière de la cible (Rogers, 1954).

Dans la plupart des travaux expérimentaux consacrés à l'enfant, l'empathie est conçue dans un sens encore différent : il s'agit du processus permettant d'identifier les sentiments, intentions, mobiles d'autrui, mais la part de participation n'est point susceptible d'être élevée puisque la cible est le plus souvent campée à travers un récit appuyé ou non d'un support visuel (photos, dispositives, films). On demande au sujet ainsi confronté à un état émotionnel d'identifier ce que ressent la cible : joie, colère, tristesse, peur, par exemple (Borke, 1971, 1973; Fesbach et Roe, 1968; Marcus, Telleen et Roke, 1979).

Ce qui est étudié en fait sous le terme «empathie» par ces techniques, est ce que connaît le sujet des situations qui provoquent l'état psychologique à l'étude et cette connaissance s'acquiert, non pas par la mise en œuvre d'empathie mais par d'autres processus : inférence ou prise de rôle.

L'empathie a également été considérée en tant que processus en jeu dans la réalisation de jugements interpersonnels exacts. Elle a été généralement étudiée selon le paradigme expérimental suivant : on demande au sujet de porter des jugements relatifs à lui-même, sur certains traits de caractère ou certaines attitudes; on demande parallèlement à la cible de porter des jugements sur soi-même et sur le sujet. On compare les différentes séries de jugements grâce à une notation qui rend compte des distances entre jugements. Ce modèle ne présente que deux individus mutuellement cible et sujet l'un pour l'autre, mais il a été également appliqué à davantage d'individus. Il constitue le principe des tests d'empathie (Dymond, 1949). L'empathie n'a pas été envisagée sous cet angle chez l'enfant mais, dans la vie courante, il porte ce genre de jugement lorsqu'il affirme par exemple que X est le favori («chouchou») de la maîtresse, mais qu'il n'est aimé ni de Y ni de Z. Les inférences faites à partir de conduites observées, fondées sur les savoirs psychologiques déjà constitués occupent évidemment une large part auprès des éléments affectifs dans ce type de jugement. La prise de rôle est également souvent invoquée dans la compréhension d'autrui, dans l'adaptation aux interactions. La prise de rôle se définit comme le processus qui conduit à identifier le point de vue d'autrui en abandonnant provisoirement le sien et en faisant donc (faire signifie ici éprouver, voir, savoir...) comme si l'on était l'autre; la distance entre le sujet et la cible étant momentanément abolie sur le point de vue à comprendre, les deux perspectives sont censées se superposer, sans fusionner toutefois, car le sujet garde sa propre perspective en mémoire, tout en l'inhibant. C'est cette superposition de la perspective propre et de celle de la cible qui justifie la référence au rôle que joue l'acteur au théâtre, entrant dans la «peau du personnage» pour lui donner vie; c'est-à-dire éprouver, parler, comme il le ferait, mais néanmoins conscient de sa propre identité au-delà du spectacle. Si un processus de même ordre se rencontre chez l'enfant dans le jeu du «faire semblant», c'est en une acception très édulcorée qu'est entendue la prise de rôle dans les recherches où elle est assimilée à la décentration cognitive. Il s'agit seulement là pour le sujet de raconter un récit en adoptant le point de vue de plusieurs des personnages présents dans le récit, d'adapter une série d'informations aux connaissances d'un interlocuteur, etc... (Selman, 1971; Selman et Byrne, 1975; Flavell, 1968, cf. la revue de Schantz 1981). La mise en jeu de la prise de rôle constitue évidemment un moyen d'adaptation à autrui et de réalisation d'interactions.

4. La *projection* est l'attribution à la cible de caractéristiques qui sont propres au sujet. Celui-ci croit que la cible voit, éprouve... la même chose que lui-même, les points de vue du sujet et de la cible étant confondus par un processus inverse à celui de la prise de rôle. La projection est considérée par les psychologues comme une conduite immature (cf. la polémique entre Borke, 1971; 1972; Chandler et Greenspan, 1972) liée à l'égocentrisme avec lequel elle ne se confond cependant pas. Mais si elle peut provoquer de fausses interprétations des états d'autrui, elle peut aussi être efficace dans la mesure où, effectivement, une similitude entre le sujet et la cible existe. Une large gamme de faits entraîne chez la plupart des individus des réactions semblables. De ce fait, attribuer de la joie, de la douleur, à quelqu'un placé dans une situation qui nous rend nous-même joyeux ou douloureux, peut être un moyen d'adaptation opérant.

5. *L'imitation* est considérée ici en tant que conduite active, sélective à la fois quant au choix du modèle, à celui des conduites qui seront imitées, et du moment où elles le seront. Elle constitue un des moyens de l'adaptation aux situations sociales. Elle permet à l'enfant d'acquérir des savoir-faire à l'égard de ces situations, en même temps que de manifester son intérêt pour l'établissement et le maintien d'interactions avec autrui.

L'importance de la relation au modèle ne saurait être sous-estimée. Dans les situations naturelles cette relation prend pour le jeune enfant la forme de liens affectifs réciproques, qui font de l'imitation un moyen en même temps qu'un produit de l'identification.

Facteurs internes et externes agissent conjointement pour le choix des conduites à imiter, et la constitution de la capacité à utiliser l'imitation pour effectuer ces conduites avec compétence. Même lorsque l'accent est mis principalement sur le rôle des facteurs externes dans l'imitation (voir par exemple Bandura, 1980), on ne les dissocie pas de l'action des facteurs internes motivationnels. L'effet de la valeur affective attachée aux actes du modèle, et plus généralement du modèle lui-même, est ainsi largement souligné. Actuellement, pourtant, ce sont les facteurs internes de l'imitation qui sont considérés comme primordiaux, en particulier sous forme de motivation à la compétence (voir notamment les positions de Bruner, 1972; Kohlberg, 1969; Yando, 1972; Yando, Seitz et Ziegler, 1978). D'un premier point de vue, la motivation à la compétence peut induire le sujet à se conformer, pour apprendre, à un modèle compétent (Bruner, 1972, par exemple). D'un second point de vue, le sujet n'imite pas pour apprendre; il apprend d'abord puis se réfère à un modèle compétent pour contrôler sa propre efficacité, avoir un feed-back sur la valeur de ses conduites (Kohlberg, 1969). Pour une troisième position, plurifactorielle, la capacité à imiter, et l'usage de cette capacité, sont fonction à la fois du niveau de développement, de la nature de la relation établie entre le sujet et le modèle, du jeu des motivations, et de la nature de la tâche.

Il convient en effet de mettre l'accent sur la complexité des phénomènes en cause dès qu'il s'agit de conduites sélectives d'imitation. En particulier, il ne nous semble pas y avoir de contradiction, mais au contraire un système de relations dialectiques, entre motivations intrinsèques (par exemple, d'effectance) et extrinsèques. Du reste, l'effectance est elle-même sensible aux résultats obtenus.

Quant au niveau de développement, il semble bien qu'il détermine ce qui sera ou non imité, et, tout à la fois, qu'il puisse être influencé par ces imitations. Il s'agit, bien sûr, de la capacité à imiter, mais aussi du choix, parmi toutes les conduites « imitables », de celles qui seront effectivement imitées, puisque le jeu des motivations est lui-même lié au développement. Seront imités les stimuli intéressants pour le sujet. Les dimensions de cet intérêt, de l'attention prêtée aux stimuli (complexité, nouveauté, etc. sur le plan cognitif, et, sur le plan affectif, évocation de situations et de sentiments agréables, par exemple) ne sont pas inhérentes aux stimuli, mais à la façon dont ils rencontrent le niveau de développement du sujet à un moment donné, et du reste influent sur ce niveau.

La nature des relations établies entre le sujet et le modèle nous conduit directement à poser le problème de leurs interactions. Entendu classiquement, aussi bien dans les premiers travaux sur l'imitation (Guillaume, 1925; Piaget, 1935-1962; Valentine, 1930) à l'exception de Wallon (1941), que dans les actuelles recherches et analyses concernant l'apprentissage social (Aronfreed, 1969; Bandura, 1980), l'élément de relation étudié est unidirectionnel : le modèle agit, le sujet l'imite. Que le modèle agisse indépendamment du sujet, ou au contraire compte tenu de sa présence, ou même directement à son intention, le phénomène observé est la modification de la conduite du sujet suite à l'observation de celle du modèle. Il se trouve qu'une analyse plus fine du phénomène mène à s'interroger sur les modifications réciproques des conduites (Thelen et al., 1978), sur l'effet de l'interaction entre le sujet et le modèle (Mugny et al., 1978, 1979). Ainsi, sous différents angles d'approche théorique, et dans différents domaines des conduites étudiées, on trouve trace d'un courant naissant : la dynamique de l'interaction entre le sujet et le modèle est prise en compte, et c'est désormais le couple sujet-modèle qui est à étudier, non plus le seul effet sur le sujet de l'observation du modèle.

Mettre l'accent sur l'importance des interactions sujet-modèle mène aussi à considérer l'imitation comme un phénomène bi-polaire : l'interaction sujet-modèle peut conduire à des conduites nuancées, qualitativement et quantitativement, depuis l'adoption quasi parfaite des conduites du modèle, jusqu'à leur rejet absolu, avec naturellement tous les intermédiaires. Nous entendons par rejet des conduites du modèle une forme de choix négatif de la part du sujet, une attitude de «contre-imitation» qui n'est pas à confondre avec ce que serait une absence d'influence.

Qu'en est-il du rôle de la nature de la tâche? Dans le domaine des situations et des interactions sociales, l'importance de l'imitation entendue dans la relation sujet-modèle est notable. En premier lieu, pour apprendre un certain nombre de conduites socialement codifiées bien que rarement précisément explicitées, qui ont cours dans la vie relationnelle. Un enfant placé dans une situation sociale ambiguë cherchera à déterminer le comportement approprié. «Pourquoi une bonne façon de le faire ne serait-elle pas de voir ce que les autres font? Se fier à la règle bien connue : A Rome, fais comme les Romains, peut mener à augmenter le niveau des imitations dans les situations sociales» dit plaisamment Kohlberg (1969, p. 437). Au-delà de ce niveau de tâches du domaine social, somme toute élémentaire, on peut en trouver deux autres : établir et maintenir une relation sociale, d'une part; apprendre à se comporter de façon compatible avec les activités, les caractéristiques, les intentions des autres dans les groupes, apprendre à assumer ses rôles, complémentaires de ceux d'autrui. La fonction de l'imitation pour l'établissement et le maintien des contacts sociaux, et donc l'évolution des formes de socialisation, a été soulignée déjà par Wallon. Elle fait l'objet de travaux récents sur les jeunes enfants (Nadel et Beaudonnière, 1980; Winnykamen et Corroyer, 1980), et, sous un aspect différent, sur des enfants d'âge pré-scolaire (voir par exemple, Abramovitch et Grusec, 1978). Quant à la place de l'imitation dans l'acquisition des rôles sociaux, elle nous paraît fort importante (voir par exemple, Winnykamen, 1980).

2. Adaptation aux interactions et échanges verbaux adaptés au cours de la communication

Après avoir délimité le champ d'étude recouvert par l'adaptation aux interactions et échanges verbaux et signalé les problèmes particuliers qu'y soulève l'investigation contrôlée, nous tenterons de répondre aux questions suivantes : lorsqu'ils cherchent à communiquer, que savent faire les enfants? Que savent-ils de ce qu'il faut faire pour y parvenir? Comment apprennent-ils ce qu'ils savent?

A. Le champ d'étude

La communication peut avoir deux objectifs : 1. connaître ou faire connaître un objet, un fait, une notion, une idée, un sentiment, une opinion... c'est-à-dire informer et/ou s'informer; 2. exercer une influence sur autrui soit pour obtenir qu'une action soit réalisée par personne interposée (faire faire), soit pour exercer une pression sur une cible pour la convaincre d'agir en un sens souhaité par le sujet mais non par la cible... c'est-à-dire, modifier la conduite ou l'opinion d'autrui. Elle se réalise à la condition que le sujet cherche effectivement une relation avec autrui. Aussi le but recherché par lui est-il d'importance déterminante dans ce type de recherche. Or, l'une des difficultés est de susciter l'émergence d'un but suffisamment attractif dans des conditions contrôlées. Une autre difficulté est de ne pas mutiler par l'intervention d'observateurs, instruments de mesure, etc. les interactions qu'il s'agit d'étudier tout en les recueillant avec le maximun de fiabilité.

L'étude des conduites sociales enfantines se heurte avec une particulière acuité à ces problèmes et certaines des conclusions qui ont été tirées à leur égard sont largement invalidées pour n'avoir pu les résoudre.

B. Les savoir-faire de l'enfant à l'égard de la communication

Des savoir-faire nombreux et précoces ont été mis en évidence surtout dans les recherches récentes. Ils se situent aux plans des échanges de communications non verbales, des aspects non linguistiques de communications verbales, des communications verbales.

1. Les communications non verbales adaptées

De longue date on sait que l'enfant est capable d'établir des interactions non verbales avec l'adulte ou des pairs d'âge : par exemple il jette à terre un jouet que l'adulte ramasse et rend à l'enfant qui, aussitôt, le jette à terre de nouveau, ceci dans l'attente manifeste de voir se renouveler la séquence jeter-ramasser (puisque l'enfant jubile si l'on poursuit et proteste si l'on arrête). Cette interaction peut se réaliser au plan strictement non verbal, mais le plus souvent, elle est accompagnée par des vocalisations chez l'enfant et par des paroles ou des activités vocales chez l'adulte, ce qui préfigure et prépare les dialogues ultérieurs. Dans l'exemple cité, c'est l'adulte qui s'adapte au désir de l'enfant, mais on peut voir aussi advenir l'inverse, l'enfant s'adaptant à l'adulte, par une offrande de l'objet récupéré pour que se poursuive l'interaction sur la base d'une séquence différente : tendre-prendre, prendre-cacher, etc. Greenfield (1980) cite des exemples de telles interactions adulte-enfant. Siguan-Soler (1977) signale des initiatives d'interaction non verbale chez l'enfant dès 7-9 mois pour faire venir l'adulte, inviter à l'action, s'opposer.

Josse, Léonard, Lézine et coll. (1973) ont observé que lorsque l'enfant de 4 à 9 mois a été privé d'un contact visuel de façon relativement prolongée (4 mn) avec un adulte qui le regardait auparavant, il présente à la reprise du contact visuel, des séquences de comportements que les auteurs qualifient de « patterns de communication » nombreuses qui traduisent sa jubilation. Ces séquences comportent des caractères stables (regards, mouvements de sourcils, du menton, sourires, vocalises, extension des bras dirigés vers l'adulte) mais s'enrichissant progressivement avec l'âge avant de commencer à se modifier vers 8 mois. Ces séquences sont des réponses et appellent d'autres comportements chez l'adulte (prendre dans les bras, etc.); à ce titre, on peut les considérer comme des constituants des interactions adaptées.

Du point de vue, cette fois, des interactions entre enfants, Montagner (1980) rapporte des régularités dans les interactions non verbales ayant pour objet la communication chez de jeunes enfants. Des séquences de comportements spécifiés qui se présentent de façon similaire dans des situations variées à l'égard de partenaires sociaux différents, sont décrites comme des communications non verbales ayant pour but l'établissement d'un lien interpersonnel, l'apaisement, la sollicitation, l'agression. Ces séquences qui se présentent chez des enfants de 18 mois à 2 ans assurent effectivement de telles fonctions puisque leur effet sur le récepteur et la réponse qui les suit sont cohérents par rapport à la signification du message. Elles constituent des interactions non verbales adaptées auxquelles s'ajoutent avec l'âge croissant des verbalisations.

Galejs (1974) ayant étudié les interactions non verbales entre enfants appartenant à plusieurs niveaux d'âges préscolaires a constaté également une précocité notable des échanges et une évolution génétique faiblement marquée hormis sur quelques points (7 sur les 44 pris en considération).

2. *Les interactions non verbales associées au dialogue*

Les échanges verbaux dialogués sont immédiatement précédés et accompagnés d'interactions non verbales ou paralinguistiques souvent subtiles. Elles préparent et soutiennent l'interaction verbale. Schegloff (1968) a montré que le dialogue débute par des séquences caractéristiques de prise de contact grâce auxquelles les interlocuteurs potentiels font savoir qu'ils ont quelque chose à dire ou sont disposés à écouter. Ces séquences sont composées de mouvements locomoteurs ou posturaux visant à réduire la distance entre individus, d'échanges de regards, de bruits de gorge, d'émission d'onomatopées (hum!, euh!, etc.). Après avoir assuré le contact par de tels échanges les sujets s'adressent la parole. Garvey et Hogan (1973) ont constaté l'existence de semblables procédures d'entrée en relation chez des enfants dès 3 ans et demi.

La densité du flux verbal, la hauteur tonale de la voix, le mode d'accentuation, le rythme constituent des caractéristiques personnelles qui contribuent à identifier le locuteur. Des pauses rythment les énoncés; plus ou moins longues, elles prennent place soit entre deux énoncés successifs d'un même sujet, soit entre deux énoncés produits par deux sujets différents lors du changement de locuteur.

On connaît fort mal actuellement ces composantes des conduites langagières. Toutefois quelques indications permettent de penser qu'elles sont sensibles à l'interaction interindividuelle car elles paraissent se modifier dans le sens d'une adaptation réciproque des interlocuteurs en présence. En effet, si la fréquence, la durée des pauses paraissent propres à chaque individu, des variations apparaissent néanmoins à ce niveau au cours d'échanges verbaux prolongés. Ainsi, un sujet qui ménage habituellement des pauses longues dans son discours, raccourcit celles-ci lorsqu'il dialogue avec un interlocuteur qui ne marque que de courtes pauses. Mais, dans le même temps, ce dernier allonge la durée de ses propres pauses. Il s'ensuit une longueur des pauses tendant vers la moyenne des longueurs présentées par les sujets en présence. Ce processus dénommé « congruence » par Feldstein (1972), est vraisemblablement inconscient dans une large mesure. On pourrait s'attendre à ce que cette possibilité d'interaction dénotant une subtile sensibilité aux indices comportementaux d'autrui se développe lentement chez l'enfant. Des données obtenues par Welkowitz, Cariffe et Feldstein (1976) conduisent à nuancer cette attente, en mettant en évidence des adaptations mutuelles précoces des caractéristiques rythmiques et temporelles de l'énonciation verbale. Ces auteurs ont examiné deux populations d'enfants respectivement âgés de 5;4 à 6 ans et de 6;4 à 7;2 ans. Les sujets examinés par couples se rencontraient pour la première fois et ont eu la possibilité de converser pendant 20 minutes, à deux occasions, à une semaine d'intervalle. Ils ont constaté des faits de même nature à savoir qu'à partir d'une base caractérisant l'individu, une adaptation mutuelle s'effectue lors du dialogue. Cette adaptation, mesurée d'après les corrélations entre les durées des deux types de pauses des deux interlocuteurs en présence est très significative dès la première rencontre chez les enfants les plus âgés, mais elle l'est déjà à 5 ans pour les pauses intervenant au moment du changement de locuteur, ce qui témoigne d'interactions interpersonnelles effectives sur des indices pourtant peu manifestes.

3. L'adaptation des communications verbales

On a soutenu, avec de nombreuses données d'expérience à l'appui (Piaget, 1923; Krauss et Glucksberg, 1969, 1970; Alvy, 1968, 1973; Flavell, 1968) que l'enfant est, longtemps au cours de l'ontogénèse, incapable de réaliser des communications verbales adaptées à l'interlocuteur. Piaget a élaboré à partir de quelques observations ingénieuses mais incapables de couvrir — du fait des limitations techniques de l'époque — l'ensemble des conduites présentées par les sujets, une théorie devenue célèbre qui repose sur la notion d'égocentrisme.

L'égocentrisme se définit comme l'indifférenciation et, conséquemment, la confusion de la perspective propre et de celle d'autrui. Sur le plan de la communication, l'enfant égocentrique parle sans chercher à atteindre un auditeur, ou bien lorsqu'il veut réellement communiquer, il le fait en des termes peu propices à la réalisation d'un échange réel. Le récepteur, quant à lui, n'écoute pas ce qui lui est dit, persuadé de comprendre d'emblée, et ne comprend en fait que médiocrement le message transmis. Entre 7 et 8 ans, des progrès nets sont réalisés, attribués au déclin de l'égocentrisme qui permet progressivement la décentration par rapport à la perspective propre. Les travaux récents, pour certains très larges, mentionnés ci-dessus, ont abouti à des données où se retrouvent ces caractéristiques, ce qui a permis à leurs auteurs d'étayer, de développer les conclusions de l'étude opératoire de Piaget. Beaudichon (1977) dans une revue critique de ces travaux, a montré que l'incapacité ainsi démontrée des enfants, qui s'étend, dans certaines expériences, bien au-delà de la période critique de 7-8 ans tient pour la plus large part aux conditions inhabituelles d'expérimentation et surtout à la difficulté des référents imposés aux enfants.

Actuellement nous disposons de nombreuses données convergentes qui contredisent la théorie de Piaget et démontrent l'existence de savoir-faire nombreux et précoces à l'égard de la communication verbale. Il faut distinguer les communications de l'enfant avec des adultes de celles qui interviennent avec d'autres enfants de même âge. Il est plus aisé pour l'enfant de réussir un échange avec un interlocuteur maîtrisant les procédures et les outils de la communication, de surcroît attentif par affection ou intérêt professionnel à ce qu'il dit, que de le faire avec un interlocuteur de même niveau que lui-même. Slama-Cazacu (1977) a fait une revue des caractéristiques des échanges adulte-enfant qui conclut aussi à la précocité des capacités communicatives de l'enfant. Il paraît plus éclairant, ici, de considérer le cas le plus difficile de communication, en gardant seulement en mémoire que les savoir-faire de l'enfant sont d'autant plus étendus qu'il communique avec un interlocuteur plus compétent et plus enclin à lui faire crédit.

Les savoir-faire de l'enfant à l'égard de la communication verbale avec des pairs d'âge peuvent être synthétisés comme suit. Presque toutes les données sont issues de recherches portant sur des couples d'enfants.

Dès trois ans, — Mueller (1972), Garvey et Hogan (1973),— l'enfant établit effectivement des interactions verbales avec l'interlocuteur. Celles-ci sont majoritaires et représentent environ les deux tiers des productions verbales. Une partie du reste correspond à des énoncés verbaux qui atteignent, d'après des indices objectifs, l'interlocuteur, mais ne conduisent ni à une réponse ni à une interaction. Peu de propos échappent à la réception. Ces résultats sont issus d'observations portant sur des conduites produites en situation de jeu libre sans aucune contrainte. Ces interactions sont réalisées pour une part grâce à l'intrication d'éléments verbaux et d'éléments non verbaux (réponse motrice à une injonction verbale, regard dirigé vers le lieu désigné verbalement, etc.). Ces conclusions s'appuient sur une technique de recueil des données très précise (enregistrement simultané de l'image et du son); elles rejoignent celles de recherches anciennes évidemment moins sophistiquées à cet égard (Janus, 1943; Slama-Cazacu, 1966).

Mueller (1972), Mueller et coll. (1977) ont montré que c'est entre 2 et 3 ans que les interactions verbales prennent forme pour ne plus se modifier ensuite jusqu'à 5 ans. Il ont montré aussi que leur réalisation dépend de plusieurs facteurs dont la mise en jeu les favorise. Ces facteurs dont le poids s'accroît entre 2 et 3 ans, concernent, ou bien le message lui-même, ou bien le cadre dans lequel il est émis; la clarté de la diction, la correction syntaxique, la centration du message sur l'activité en cours du récepteur, l'émission de préliminaires visant à attirer l'attention (apostrophes par exemple), d'une part, le contact visuel, la proximité physique des interlocuteurs, d'autre part, sont les facteurs en co-présence avec des interactions verbales adaptées. Ayant examiné des enfants de deux ans, Wellman et Lempers (1977) concluent pareillement et ajoutent aux données que l'enfant, dès cet âge répond de façon pertinente aux réactions de l'interlocuteur (feed-back). Toutes ces recherches portent sur des conduites spontanées des enfants dans des situations de jeu libre. Beaudichon (1977) trouve des résultats analogues chez des enfants de 5;6 - 6 ans, en communication téléphonique, à propos de la résolution d'un problème, c'est-à-dire dans des conditions d'expérimentation où les possibilités d'échange sont limitées et le référent — imposé — est difficile à maîtriser.

L'adaptation à l'interlocuteur a été étudiée de divers points de vue; là encore, les résultats montrent la précocité des conduites sociales.

Shatz et Gelman (1974) ont trouvé que l'enfant dès 4 ans, pourtant « normalement » égocentrique d'après des épreuves ad hoc, ne parle pas à un interlocuteur plus jeune que lui-même (2 ans) comme il le fait à un pair d'âge ou à un adulte. Dans le premier cas il simplifie son langage. Des différences nettes au point de vue de la structure des phrases, du vocabulaire employé, du contenu du message apparaissent lorsque sont comparées ses productions à l'égard de ces trois interlocuteurs. On constate également la présence de procédures visant à retenir l'attention du jeune récepteur. Ces différences sont manifestes tant dans le discours spontané que dans les messages centrés sur un référent désigné par l'expérimentateur, mais simple. Elles ne sont pas réductibles à l'imitation de modèles parentaux puisque le sujet s'adresse ainsi aussi bien à son jeune frère ou sœur qu'à un jeune inconnu, qu'il le fait aussi bien quand il n'a pas de cadet dans sa fratrie que dans le cas contraire.

D'autre part, Menig-Peterson (1975) a constaté qu'à 4 ans, l'enfant ne transmet pas les mêmes informations à un récepteur adulte selon que celui-ci a ou non assisté à l'événement qu'il s'agit pour lui de raconter; il s'adapte donc au niveau des connaissances antérieures de l'interlocuteur. Une telle capacité n'est pas encore présente à 3 ans, c'est donc entre 3 et 4 ans qu'elle s'installe chez l'enfant, d'après cette étude. D'un autre point de vue, Maratsos (1973), Meissner et Apthorp (1976) ont montré que dès 3-4 ans, l'enfant s'adapte aux possibilités de décodage du récepteur, ne donnant pas les mêmes informations, selon que celui-ci peut voir ou non le référent désigné. Pratt, Scribner et coll. (1977) parviennent à la même conclusion avec une tâche plus complexe d'explication de règle de jeu chez des enfants de 5;6 ans.

Beaudichon, Sigurdsson et Trelles (1978) ont trouvé des résultats de même ordre chez des enfants de 8 ans, avec une tâche plus complexe encore de transmission d'un récit à un interlocuteur, ou bien nettement plus jeune qu'eux-mêmes (4 ans) ou bien maîtrisant manifestement mal la langue française. Ces enfants opèrent des simplifications par la voie d'additions, de substitutions, d'omissions, ils condensent le récit et en modifient l'ordre de présentation des informations. Ces simplifications se manifestent même si le jeune récepteur demeure passif, à la seule vue de son air embarrassé. D'autres données montrent que l'enfant est capable de répondre à des sollicitations verbales assez subtiles. Bacharach et Luszcz (1979) ont constaté que des remarques indirectes de l'expérimentateur visant à attirer l'attention du sujet ayant à communiquer à propos d'un référent désigné, sur un aspect de ce référent, sont prises en compte à 5 ans et ont pour effet de faire produire le type de message visé par la remarque en question; par contre, à 3 ans, cette possibilité n'apparaît que faiblement. L'enfant de 5 ans s'adapte donc à la demande de l'interlocuteur et cette capacité s'installe entre 3 et 5 ans.

Spilton et Lee (1977) ont considéré finement la question de l'adaptation à l'interlocuteur, chez des enfants de 4 ans, d'un point de vue différent et leurs conclusions convergent encore avec les précédentes. Ils ont examiné sur des couples d'enfants en situation de jeu, la suite que donne le récepteur à un message ambigu, et celle que donne l'émetteur à une manifestation d'incompréhension provenant du récepteur. Les résultats montrent qu'en position de récepteur, l'enfant manifeste de l'incompréhension confronté à des messages ambigus, notamment en posant des questions, et que l'auteur d'un tel message modifie sa production verbale en fonction de la demande manifestée par l'interlocuteur.

Toutes ces données, maintenant nombreuses, indiquent clairement que, précocement, les enfants présentent des savoir-faire étendus, couvrant des situations variées, des référents déjà complexes, ce qui rejoint, d'ailleurs, les observations que peuvent faire quotidiennement les personnes, parents, enseignants, au contact des enfants. Les études qui parviennent à cette conclusion ont pour caractéristique commune d'avoir examiné des conduites soit tout à fait spontanées, soit suffisamment proches de conditions habituelles d'exercice pour que les possibilités potentielles de relation sociale et, donc, d'interaction ne soient pas inhibées par la procédure d'examen. Ces conduites verbales adaptées sont présentées en situation sociale effective, sous l'effet des stimulations et informations que recueille le locuteur, auprès du récepteur. Ou bien celles-ci sont suffisantes en soi pour déclencher immédiatement l'adaptation (mise en présence avec un interlocuteur manifestement handicapé, par exemple), ou bien elles ne le sont pas. Dans ce cas, l'adaptation se fait progressivement; elle s'appuie sur les informations obtenues par rétroaction (ou feed-back) immédiate, sur la qualité du message, de la réception; l'adaptation s'obtient ainsi au coup par coup, en des retouches successives apportées à une conduite initiale qui était peut être fort mal adaptée, au départ, à la perspective de l'interlocuteur. Les conduites rapportées ne sont pas compatibles avec la description piagétienne d'un enfant prisonnier de sa perspective propre.

Comment se fait l'adaptation constatée, quels en sont les déterminants ? Aucune des études ne permet de répondre directement à cette question. Néanmoins, l'analyse des conduites définies comme adaptées dans les recherches présentées indique que l'inférence et la prise de rôle, déterminants les plus élaborés au plan cognitif, n'y ont vraisemblablement pas une implication majeure. L'enfant réussit à réaliser des interactions et échanges adaptés, pour une part, grâce à la lecture des indices provenant de l'interlocuteur et de la situation, suivie d'une régulation de sa conduite verbale grâce au produit de cette lecture. S'y ajoutent à des degrés divers, l'empathie et la projection. Il n'est évidemment pas exclu que des processus supérieurs interviennent mais il semble qu'à ce niveau des savoir-faire ils ne soient pas indispensables puisque les interlocuteurs sont bien présents l'un à l'autre, et réagissent mutuellement. De même, beaucoup des adaptations décrites n'appellent pas forcément la référence à un savoir antérieurement constitué. Au contraire, ce sont à partir d'elles que se forgent les savoirs. La distinction entre savoirs et savoir-faire est délicate à manier, mais elle est susceptible d'informer sur le degré de compétence atteint par les sujets dont on observe les conduites. Dans les recherches citées, les observables sont des performances et témoignent des savoir-faire. Le problème est de déterminer ce qui peut en être déduit au plan des savoirs, et quelle valeur heuristique ont à cet égard d'autres sources d'information.

C. *Les savoirs de l'enfant à l'égard de la communication*

Les savoirs de l'enfant vis-à-vis des processus en jeu lors de la communication et des exigences de la réalisation d'échanges efficaces sont mal connus jusqu'ici. C'est seulement depuis cinq ans que quelques recherches sont spécifiquement centrées sur leur étude. Actuellement ce courant de recherches s'amplifie considérablement sous l'impulsion des réflexions relatives à la métacognition et à l'intelligence sociale.

Leur étude se fait par des moyens indirects : inférences effectuées par le chercheur à partir des conduites observées; déclarations ou jugements explicites formulés par le sujet. En effet, les deux approches nécessitent une étape d'élaboration supplémentaire, au moins, par rapport à l'analyse des indices comportementaux permettant d'approcher les savoirs-faire : étape de construction d'une interprétation des indices sur une base logique (chez le chercheur), pour l'une, étape de mise en mots de processus ayant atteint un niveau de conscience suffisant (chez le sujet), doublée d'une interprétation des verbalisations (à faire par le chercheur), pour l'autre. Ceci accroît le caractère probabiliste des conclusions avancées et des constructions théoriques élaborées sur leur base.

1. Le passage des savoir-faire aux savoirs

Il paraît vraisemblable d'avancer que les savoirs à l'égard de la communication se constituent à partir des *représentations* qu'élabore le sujet vis-à-vis des expériences qu'il accumule en ce domaine d'activité ou dans des domaines connexes, social par exemple. Ces représentations, à un premier niveau participent à la constitution des savoir-faire; à mesure que ceux-ci deviennent conscients, répétables dans des cadres variés, donc mobiles, le sujet développe à partir d'eux de nouvelles représentations qui se constituent en réseau de plus en plus complet dont l'ensemble constitue les savoirs.

L'élaboration des savoirs est forcément disharmonique, celle des savoirs sociaux l'est plus encore; elle s'effectue au hasard d'expériences dont le sujet n'a, bien souvent, ni l'initiative, ni le contrôle et qui accroissent brusquement, quelquefois de manière considérable, les connaissances dans une classe de situations particulière. Ce n'est que peu à peu que l'ensemble s'homogénéise grâce à des mises en relation ou transferts d'une classe à l'autre. C'est à cet ensemble conscient relativement coordonné qu'il semble raisonnable de réserver l'appellation de savoirs.

2. L'apport de l'observation des conduites de communication

Des savoirs précoces sont attestés par les usages que fait l'enfant des structures linguistiques réduites dont il dispose. Il sait transposer celles-ci pour exprimer des significations très diverses, souvent à bon escient : il construit ainsi les règles d'usage de la langue et de la communication en s'informant de l'adéquation des formes langagières, de ce qu'il est possible de dire à tel ou tel interlocuteur, dans tel cadre; il constitue de proche en proche, le champ sémantique des mots qu'il emploie. Son activité sur des productions, certes simples, comprend les composantes décrites en tant que caractéristiques des savoirs. Il réalise cette construction en tant qu'*agent* grâce à des essais, des vérifications qui se conçoivent mal sans référence à un savoir déjà existant, que cette démarche enrichit en retour. Il est d'ailleurs à remarquer que ce processus de construction active apparaît plus nettement à l'examen des « ratés » qu'à celui des réussites.

Halliday (1975) qui défend ce point de vue en donne de beaux exemples relevés chez des enfants de 19-21 mois.

L'observation des communications portant sur la transmission de connaissance complexe entre enfants apporte également des informations sur les savoirs des interlocuteurs (Beaudichon, 1977, 1981). En effet, une telle transmission, inhabituelle, ne va pas de soi, dès lors que la connaissance en question atteint un niveau de difficulté élevé compte tenu de l'âge des locuteurs : il faut la comprendre puis l'organiser de façon à la faire comprendre à autrui; la transmission est un remarquable révélateur des insuffisances de la compréhension du référent et de la tâche de communication. Le choix des informations transmises, l'insistance et persistance avec laquelle certaines d'entre elles sont expliquées, les procédures mises en œuvre régulièrement pour assurer la compréhension de l'interlocuteur constituent des indices à partir desquels il est relativement aisé d'inférer des savoirs. De même, les conduites présentées par le récepteur, questions, relances, etc... montrent qu'une connaissance comportant un certain niveau d'exigence existe chez leur auteur, à l'égard de ce que doit être un bon message; elles montrent aussi que le récepteur applique à l'information transmise des procédures de traitement de l'information. Ces savoirs peuvent être synthétisés comme suit : expliquer est difficile; ce n'est pas une tâche habituelle; pour essayer d'y parvenir, il ne faut dire que ce qui est le plus important, s'assurer que le récepteur entend, écoute et comprend bien, ce qui s'obtient en observant ses réactions mimiques ou verbales, en lui posant des questions, en répétant. Comprendre n'est pas facile, surtout quand c'est un camarade qui explique; il faut bien l'écouter et l'aider par des hypothèses, des questions et des encouragements tels que des approbations. De tels savoirs sont déjà présents chez l'enfant de 5;6-6 ans, car les conduites correspondantes s'y manifestent même si elles s'amplifient ensuite

3. L'apport de l'analyse des contradictions entre séries de données d'expériences

Une autre source d'information concernant les savoirs — et en particulier susceptible d'éclairer la distinction entre savoir-faire et savoirs — réside dans l'analyse des discordances entre conclusions issues de couples d'expériences où l'une diffère de l'autre sur une variable, dont l'influence s'avère nette quant aux conduites présentées par les sujets. De telles expériences sont peu nombreuses dans le domaine de la communication enfantine. Nous en retiendrons trois qui toutes impliquent des expériences montées à l'origine par Flavell (1968).

Pratt et Scribner (1977) ont repris une situation envisagée par Flavell. La tâche à réaliser est l'explication de la règle d'un jeu de société. Flavell avait conclu à un handicap certain des enfants à réussir l'explication. Pratt et Scribner trouvent l'inverse chez des enfants pourtant plus jeunes. Flavell avait examiné la communication entre un enfant et l'expérimentateur jouant un rôle déterminé, passif, alors que Pratt et Scribner ont examiné des couples d'enfants interagissant librement.

Flavell avait conclu que les enfants sont longtemps peu experts dans l'adaptation d'un récit à un interlocuteur plus jeune qu'eux-mêmes. Beaudichon, Sigurdsson et Trelles (1978) concluent l'inverse; mais, dans le premier cas, l'«interlocuteur» était une photographie, dans le second, un véritable enfant.

Flavell avait observé que l'enfant réussit longtemps fort mal dans une tâche où il s'agit d'adapter précisément des informations à des interlocuteurs multiples, en ne donnant à chacun que juste l'information nécessaire et suffisante pour réussir une tâche déterminée. Beaudichon (1981), avec un référent inspiré du précédent retrouve bien certains résultats relatifs à la difficulté de produire l'information juste nécessaire. Toutefois, compte tenu des conduites tout à fait différentes de celles décrites par Flavell, sa conclusion d'ensemble, intégrant l'explication de cette difficulté à communiquer économiquement dans la dynamique relationnelle, est beaucoup plus optimiste à l'égard des capacités des sujets observés à communiquer. Mais, dans l'expérience de Flavell, les locuteurs devaient faire «comme si» ils parlaient à des interlocuteurs — en fait, inexistants — alors que Beaudichon a examiné des groupes réels d'enfants.

Ces contradictions peuvent être interprétées comme suit : dans tous les cas, la réussite s'avère précoce dès que les conditions pour qu'une interaction sociale puisse s'établir sont réalisées. C'est face à un interlocuteur nanti de caractéristiques particulières que le locuteur adapte sa communication, c'est à la demande du récepteur que certaines des adaptations ont lieu. Dans ce cas, l'enfant fonctionne sur la base de ces représentations de premier niveau (cf. supra, point 1) d'après les indices actuels qui remplacent, en partie, le défaut d'un savoir constitué. Lorsque l'interaction n'est pas possible, c'est seulement sur la base des représentations organisées en réseau cohérent que le locuteur a développées antérieurement à l'égard des nécessités de la communication, et sans rétroaction aucune, que la communication doit être conduite. Il semble que ces représentations ne soient pas suffisamment développées, organisées entre elles pour constituer un savoir abstrait, général alors même que déjà, des savoir-faire importants sont manifestes.

4. Les raisonnements et jugements de l'enfant relatifs à la communication

Ce que déclare savoir l'enfant à propos des exigences de la communication constitue une voie d'analyse des savoirs dans ce domaine.

Des recherches ont été réalisées sur les deux aspects de la communication sociale : persuasive et référentielle. L'approche des capacités de l'enfant à persuader s'est faite jusqu'ici par des procédures *indirectes* (1): on demande au sujet de produire la conduite verbale qu'il estime la plus propre à entraîner l'acceptation d'une cible, sur un point que lui-même (le sujet) où quelqu'un d'autre désire voir se réaliser. Ce point fait évidemment partie de ce qu'un enfant peut être appelé à désirer, mais le sujet n'investit pas une attente personnelle à cet égard au moment où il est interrogé. Cette technique revient, avec des variantes, à mettre le sujet en situation de « faire comme si » il avait un interlocuteur et un motif vrai de demande, ou de « faire comme si » il était quelqu'un d'autre placé dans une telle situation, c'est-à-dire à examiner le résultat d'une prise de rôle (2). On demande au sujet de juger parmi plusieurs énoncés verbaux proposés celui qu'il estime le plus efficace pour emporter l'adhésion de la cible.

Les réponses ainsi obtenues mettent à jour la capacité à raisonner sur des situations conflictuelles. Flavell a employé cette technique et nous avons interprété (cf. 3.) ses résultats comme rendant davantage compte des savoirs que des savoir-faire. La même remarque s'impose présentement.

Les recherches réalisées jusqu'ici portent sur des enfants d'au moins 6 ans, elles considèrent divers niveaux d'âge jusqu'aux jeunes adultes (Clark et Delia, 1976; Howie Day, 1977; Piché, Rubin et coll., 1978; Beaudichon, Ducroux et coll., 1978). Elles montrent une évolution génétique, nette avec la procédure de production, beaucoup moins nette avec celle de jugement. Les progrès se situent sur différents plans : nombre et diversité des arguments proposés; capacité à prendre en considération le point de vue de la cible et coexistence des points de vue contradictoires de la cible et du sujet (le sujet lui-même ou celui dont il est censé jouer le rôle). Que de 6 ans à l'âge adulte les savoirs à l'égard de la communication persuasive se développent n'a pas de quoi surprendre; ce qui paraît plus éclairant est qu'une modification notable se réalise entre 6 et 9 ans et que les réponses des enfants de 6 ans sont déjà argumentées en large majorité; que s'y trouvent — en quantité moindre seulement — les classes de conduites jugées les plus socialement adaptées : raisonnement logique, décentration de l'argumentation par rapport au sujet.

La mise en mots de la conduite persuasive constitue vraisemblablement l'une des causes de l'évolution puisque les jugements présentent une avance sur la production. Ceci s'explique par le fait que, dans la vie réelle l'enfant persuade par toute une gamme de techniques où le raisonnement et même le langage ne jouent pas un rôle majeur tout en présentant une grande efficacité : prières, harcèlements, pleurs, etc. Très jeune, les savoir-faire et pour une part aussi les savoirs, sont développés sur ce plan. Quant à l'argumentation logique, tout observateur peut relever aussi que les capacités de l'enfant sont développées plus tôt que ne le constatent les recherches expérimentales, lorsque l'enfant se trouve dans les conditions vraies d'exercice conjuguant une motivation effective et un cadre social où une interaction est possible.

Des savoirs existent donc, dès 6 ans, plus étendus que les données d'expérimentation ne le laissent apparaître, mais ils se développent et se diversifient avec l'évolution.

L'approche des jugements portés par l'enfant sur la communication se fait à travers des questionnements systématiques faisant suite à des constats de réussite ou d'échec d'échanges verbaux, dans lesquels ou bien le sujet est lui-même impliqué ou bien dont il est témoin. Les données d'expérience sont peu nombreuses actuellement : Robinson (1981) a réalisé un vaste ensemble de recherches où est étudiée, selon diverses prodédures, la prise de conscience par l'enfant du fait que la communication peut échouer à cause de la mauvaise qualité du message. Le paradigme expérimental de base est le suivant : les sujets sont examinés à l'occasion de jeux de communication adulte-enfant où les rôles d'émetteur et de récepteur sont permutés. La tâche est pour l'émetteur de produire un message apte à permettre l'identification d'un stimulus-référent parmi un ensemble de stimuli non référents ; pour le récepteur elle est d'identifier ce stimulus. Les échecs correspondent à la désignation d'un non référent. La qualité des messages est manipulée par l'expérimentateur. Lorsqu'il est récepteur, il effectue son choix en fonction de l'interprétation minimale du message, pour accroître les occurrences d'échecs. L'âge des sujets se situe entre 3 et 8 ans. Les résultats montrent, qu'encore à 5 et 6 ans, les enfants ne savent pas qu'un message doit concerner uniquement ce à quoi pense l'émetteur. Ils attribuent l'échec de la communication le plus fréquemment au récepteur, sans considération pour la pertinence du message. Par contre, si le message est rendu très incomplet, donc très peu discriminant, celui-ci est alors invoqué en tant que cause d'échec. Ce n'est que progressivement que l'enfant fixe sa réponse sur la qualité du message, même si celui-ci n'est incomplet que sur l'un des traits des stimuli en présence. Robinson conclut que l'enfant ignore que ses messages peuvent n'être pas compris — ce qu'elle distingue de l'égocentrisme — et que des progrès très nets sont accomplis à cet égard entre 6 et 8 ans.

Les jugements portés sur la pertinence des messages ont été également envisagés du point de vue du contrôle qu'est susceptible d'exercer le sujet sur l'information qu'il reçoit. Markman (1981) a réalisé des recherches chez l'enfant de 9 ans au moins, consacrées aux capacités d'analyse à l'égard de messages incomplets présentés par lecture, le sujet étant ou non prévenu que le message pose problème. Les données montrent qu'à 9 ans, une partie notable de l'échantillon n'est pas capable de trouver le défaut qui rend le message non discriminant. L'information composant ce message n'est pas analysée point par point mais jugée globalement, ce qui empêche le sujet de prévoir la suite logique du message et par conséquent d'être sensible aux insuffisances et contradictions internes d'une suite d'énoncés. Cette incapacité est imputée à une méconnaissance du jeune sujet à l'égard de ses propres capacités de décodage, à l'ignorance, tant des nécessités de clarté et de complétude des communications que des stratégies possibles pour améliorer la compréhension.

Les résultats moins négatifs des capacités de l'enfant à juger les communications proviennent d'une recherche de Beaudichon, Ducroux et coll. (1981). Les jugements et raisonnements d'enfants de 5;6 à 8 ans, portant aussi bien sur l'émission que la réception, sont examinés dans deux situations plus concrètes que celles envisagées par Markman. Le sujet assiste à des communications présentées au moyen d'un circuit T.V. Il est, ou bien le *témoin* de communications intervenant entre deux enfants filmés, ou bien il est lui-même le *ré-*

cepteur d'un message transmis par un émetteur filmé. Les référents sont des séries de photographies impliquant, comme chez Robinson, des tâches d'identification d'un stimulus référent parmi un ensemble de stimuli non référents (apparentées à ce titre à celles de Robinson). Les messages produits sont pour moitié discriminants et pour moitié incomplets, par contre, le récepteur filmé échoue systématiquement dans l'identification du référent. Des questions sont posées après chaque séquence filmée relatives à la cause de l'échec ou du succès (éventuel lorsque le sujet est lui-même récepteur d'un message discriminant), aux amendements que préconise le sujet pour améliorer la performance, à l'agent de ces amendements. L'analyse des données montre que la pertinence des jugements, reposant sur l'analyse de la situation effectivement présentée, croît significativement entre 6-7 ans et 7;6-8 ans. Les enfants, en deçà de cet âge invoquent fréquemment la difficulté de la tâche (presque similitude des référents) pour expliquer l'échec, ce qui ne paraît pas en soi une réponse absurde. Par contre, ceux qui attribuent la responsabilité de l'échec à l'un des interlocuteurs invoquent avec une égale fréquence l'émetteur et le récepteur, avec une nette mise en relation de l'activité conjointe des deux interlocuteurs de type : il faut que le récepteur demande de nouvelles explications (questions, compléments) pour que l'émetteur lui en donne. C'est nettement au produit de l'interaction qu'est attribué le succès de la communication. On constate, en outre, que les jugements sont plus fréquemment exacts lorsque le sujet est en position de témoin et que la qualité de jugements corrèle négativement avec la performance réalisée en situation d'émetteur. Ces résultats sont interprétés comme reflétant une prise de conscience des nécessités de la communication plus aisée lorsqu'un recul par rapport aux conduites en jeu est possible, facilitée encore par le fait de s'être heurté soi-même précédemment, et en position d'émetteur, à la difficulté de la mise en mots de référents de même type. La différence entre ces résultats qui mettent à jour des savoirs et représentations relativement élaborés et les deux séries de résultats précédents est imputée au caractère plus actuel et plus réaliste des situations de communication présentées.

5. *Les voies d'acquisition des savoir-faire et savoirs*

Peu d'informations sont actuellement utilisables pour répondre à la question : comment les enfants apprennent-ils ce qu'ils savent ? Ils s'agit pourtant là d'un domaine de réflexion très important pour l'éducation. Les quelques indications suivantes peuvent être retenues.

Beaudichon (1977) a constaté que, mis en situation de transmettre des connaissances complexes relativement à des référents variés, les sujets présentent des conduites manifestement calquées sur celles de l'enseignant dans sa classe; questionnements, contrôles divers par demande de répétition, ton autoritaire, remarques désobligeantes ou encouragements. Cette imitation est particulièrement nette à 6 ans et s'effectue sur les indices comportementaux les plus extérieurs à la transmission même de l'information. Il semble donc que l'enfant placé dans une situation assez inhabituelle pour lui, fasse appel aux modèles qu'il a l'habitude de voir fonctionner avec efficacité pour régler ses propres communications.

Robinson (1980) a montré que des sujets qui, au cours de conversations spontanées avec leur mère, se sont vus reprocher l'inintelligibilité d'au moins un de leurs messages, produisent subséquemment des jugements centrant plus fréquemment la responsabilité de l'échec de communication sur la mauvaise qualité du message.

On peut penser que l'efficacité de ces informations, fournies en rétroaction à l'enfant sur la qualité de ses communications, est d'autant plus grande que la demande de l'adulte est plus précisément centrée sur la lacune particulière que comporte l'énoncé. Par exemple, s'il est clairement indiqué que le message qui vient d'être produit s'applique aussi bien à plusieurs des stimuli en présence, l'information qu'en peut tirer l'enfant pour l'amélioration de ses codages verbaux ultérieurs, est plus grande que si le message est critique sur une base plus globale de type: «je ne comprends pas, que veux-tu dire?».

L'amélioration des savoir-faire et savoirs passe, semble-t-il, par la confrontation à des communications réussies ou ratées, lors desquelles les qualités et les défauts sont indiqués avec suffisamment de clarté pour que l'enfant puisse prendre conscience des nécessités de la communication. C'est souvent ce que ne font pas les adultes se contentant d'approximations et surinterprétant considérablement les messages enfantins. Elle passe aussi par la présentation de modèles pertinents de communication par l'entourage puisque l'enfant observe ces modèles.

3. Savoirs et savoir-faire à l'égard des rôles sociaux

Beaucoup de nos attitudes, de nos conduites, de nos attentes à l'égard d'autrui, et du reste des conduites et des attentes d'autrui à notre égard, sont au moins partiellement déterminées par des usages, des règles, qui ont cours dans les groupes humains où nous vivons. Dans la plupart des circonstances de la vie quotidienne nous entrons en interaction avec d'autres, nous nous appliquons à des tâches qui nous sont assignées soit dans le cadre de notre profession, soit dans celui de notre vie familiale, par exemple. Notre manière d'être et d'agir est ainsi codifiée dans une certaine mesure. Nous tenons des rôles, socialement déterminés, et qui permettent une certaine simplification des rapports humains. Connaître ses différents rôles, et les rôles complémentaires tenus par les autres, nous permet de savoir à quoi nous pouvons nous attendre et ce qui est attendu de nous, dans telle ou telle circonstance. La participation à différents groupes humains, avec leurs traits communs et leurs spécificités, est liée au moins partiellement à la connaissance de rôles auxquels l'enfant accède progressivement. Pour éclairer cette forme de socialisation, nous tenterons, après avoir décrit ce que l'on entend par rôles sociaux, de répondre à trois types de questions :

Quels sont les savoirs et savoir-faire des enfants à propos de ces rôles ? Comment ces savoirs et savoir-faire sont-ils acquis ? et enfin, quels jugements les enfants portent-ils sur les rôles sociaux ?

A. *La notion de rôle*

1. Le rôle social

Un rôle est la manifestation d'un ensemble de conduites qui découlent d'une position particulière, occupée par un individu dans un groupe social déterminé. Cette position est reconnue comme telle par les membres du groupe. Elle suppose un certain nombre de conduites organisées, compte tenu des caractéristiques des rôles réciproques. Le rôle de l'écolier, par exemple, aujourd'hui et dans nos grandes villes, suppose un certain nombre de conduites, mais aussi, dans une mesure plus ou moins grande, d'attitudes d'adhésion à un système de valeurs, d'acceptation d'obligations liées à une institution. L'écolier est écolier en fonction de l'existence du maître et, plus généralement, des représentants de l'institution scolaire. Ceux-ci remplissent des rôles complémentaires à celui de l'élève. Le jeu complexe des rôles complémentaires constitue un système de rôles. A chaque rôle, dans un groupe social donné, correspond un *statut*, plus ou moins clairement explicité. Ce statut peut différer largement d'un groupe social à un autre, ou d'une époque à une autre.

Bien entendu, l'individu ne tient son rôle que dans les circonstances particulières où ce rôle est identifié. Sorti de l'école, l'enfant porteur du rôle est peut être encore un écolier lorsqu'il rencontre un maître ou le directeur; chez lui, il remplit les rôles de fils, de frère, de voisin, etc... Chacun d'eux présente, tout comme le rôle occupationnel précédemment évoqué, un certain nombre de caractéristiques, qui ne se définissent que dans le jeu des interactions avec les rôles complémentaires.

Nous aurons à préciser les attributs caractérisant les rôles, et les limites de leur influence sur nos manières d'être et d'agir, en nous interrogeant sur les rôles tenus par les enfants eux-mêmes, et en tout premier lieu sur le rôle d'enfant.

2. *Le rôle d'enfant*

On est enfant, en effet, par rapport aux adultes. Le rôle d'enfant, dans une société donnée confère un certain statut, qui peut différer fortement de ce qu'il serait dans une autre. On trouverait aisément des différences historiques entre les rôles et statuts d'enfants en France (voir par exemple Léon et al., 1977-1981; Aries, 1981), des différences actuelles entre la France et d'autres Etats participant d'autres cultures (voir par exemple Werner, 1979; Dasen et al., 1978; etc...), entre sub-cultures en France même. On n'est pas enfant de la même manière lorsqu'on vit une enfance campagnarde dans une famille au sens large, ou lorsqu'on est l'enfant unique d'un couple de citadins constituant une famille nucléaire.

L'enfant actuel, dans nos cultures, relève d'un statut qui lui confère des droits (celui de jouer, de bénéficier des soins des adultes, etc... Du reste l'Unesco a tenté de codifier ces droits dans la Charte des droits de l'enfant). Son statut confère aussi des devoirs à l'enfant: respecter certaines règles de la vie familiale, se soumettre aux décisions des adultes responsables de lui, obéir à certains usages de politesse, aller à l'école, etc... Le statut met en jeu les relations de l'enfant à autrui. Tenir le rôle d'enfant, à un âge donné, c'est agir de telle manière à l'égard des autres (parents, autres adultes, autres enfants) mais aussi, en dehors des conduites elles-mêmes, participer à un ensemble d'attitudes, à un système de valeurs, qui caractérisent le rôle d'enfant dans les groupes sociaux pris en référence. On peut pousser l'exemple plus loin : le rôle d'enfant est à certains égards le même pour les filles et pour les garçons; à d'autres points de vue, il est différent. Un garçon par exemple, peut bien tenir son rôle d'enfant et mal tenir son rôle de garçon, s'il manifeste des goûts dans ses activités quotidiennes qui sont, dans son groupe culturel, attendus des filles.

3. Les rôles tenus par les enfants

Outre le rôle d'enfants, de nombreux autres rôles, plus spécifiques, sont assumés par l'enfant. Dans la constellation familiale, il est le fils ou la fille, le frère ou la sœur, éventuellement le petit-fils. Dans le monde de l'école, il est écolier par rapport au maître, il est camarade dans le groupe des pairs, avec des relations d'amitiés ou d'inimitiés plus particulières dans certains sous-groupes. On pourrait mentionner aussi certains rôles souvent temporaires (membre d'une colonie de vacances, pensionnaire, etc...) ou très spécifiques d'une situation particulière, transitoire mais répétitive (gardienne des plus petits en l'absence de la mère, par exemple).

Un certain nombre d'attributs caractérisent les rôles tenus par les enfants. On a vu déjà qu'ils étaient nécessairement *interactionnels*, puisqu'ils existent en fonction des rôles complémentaires. A chaque rôle correspondent des attentes. Ce sont les caractéristiques des conduites, et dans une certaine mesure, des sentiments, traits de caractères, etc... qui sont attendus de celui qui remplit le rôle, en fonction des circonstances particulières. Les attentes portent à la fois sur le rôle et son (ou ses) complémentaires, c'est-à-dire qu'elles fixent ce qui est attendu de l'enfant, et ce qu'en retour il peut attendre des autres. Par exemple, on s'attend à ce qu'une petite fille puisse pleurer quand elle s'est fait mal (et elle s'attend, en retour, à être consolée), mais on s'attend à ce qu'un petit garçon se montre plus brave dans les mêmes circonstances, et il peut s'attendre à encourir quelques moqueries si, contrairement aux attentes, il se comporte « en fille ».

Les attributs des rôles peuvent être plus ou moins clairs : Dans un milieu familial donné, le rôle de petite fille bien élevée est assez clairement défini par les règles de politesse (qu'il soit bien ou mal rempli, ce qui dépend de plus de choses que de la seule clarté des attentes), mais les attentes concernant le rôle de « grande sœur » peuvent être moins claires, et parfois contradictoires. Du reste, aux attentes attachées à un rôle bien précisé, peuvent s'ajouter des attentes informelles liées davantage à la personnalité de celui qui tient le rôle qu'au rôle lui-même : un élève se comporte autrement à l'égard du maître (rôle formel) selon qu'il sait, en plus, que ce maître est sévère ou indulgent (caractéristique de rôle informel qui module le précédent). La notion d'implication ou d'engagement dans le rôle se réfère moins au rôle lui-même qu'au sujet qui le remplit. La réponse active de l'enfant devant les attentes liées au rôle peut en effet varier en quantité et en intensité en fonction de différents facteurs : attitude positive ou négative de l'enfant à l'égard de l'autre (se comporter de telle manière « pour faire plaisir »); accord ou désaccord des différents partenaires de l'enfant quant aux attentes (par exemple, si le père attend de sa fille qu'elle se montre docile et appliquée, tandis que la mère attend d'elle qu'elle soit autonome et dynamique... ou l'inverse); plus ou moins grande explicitation des objectifs assignés à la tenue du rôle (dans quel but attend-on d'un enfant qu'il soit un « bon élève », pourquoi est-ce nécessaire?); et, plus simplement, accord plus ou moins grand entre les caractéristiques personnelles du sujet, et les caractéristiques du rôle qu'il est amené à tenir (un enfant peut être contraint de remplir, sans plaisir, le rôle de « bricoleur » qui lui est assigné à un moment donné, si par goût il préfère la lecture au travail manuel).

4. Rôles sociaux et sociétés

Les rôles sont caractéristiques d'une société, ceci ne signifie pas qu'ils soient entièrement arbitrairement déterminés. Si une société donnée (ou même les différentes sub-cultures qui la composent) donne sa propre définition de certains rôles, toutes les sociétés ont leurs rôles, et en codifient les règles du jeu. Selon le rôle auquel on se réfère, la part liée à la culture est plus ou moins importante. Elle peut être quasi totale, ou au contraire limitée par des données biologiques. Un exemple du premier cas nous est fourni par l'attitude des adolescents qui participent à un spectacle : Bien remplir son rôle de spectateur peut se traduire par le fait d'applaudir plus ou moins fort à la fin d'une représentation théâtrale. Siffler dans un concert de musique classique signifie tout autre chose que siffler dans un concert pop. A l'autre extrémité, le rôle peut être l'expression socialement déterminée d'une réalité partiellement biologique, même si les influences sociales accentuent, parfois jusqu'à l'exagération, les différences naturelles. Nous aurons à revenir sur ce point à propos des processus d'acquisition des rôles.

B. Les savoirs et savoir-faire relatifs aux rôles sociaux manifestés par les enfants

Les savoirs concernant les rôles sociaux font partie des savoirs psychologiques; en effet, c'est d'eux que dépendent, au moins partiellement, les moyens d'agir sur autrui, par exemple. Les rôles, pour être assumés, doivent être connus, perçus comme tels. C'est en général le cas des rôles adultes, encore que pour une part ils puissent relever des automatismes plus que de la connaissance. Les enfants tiennent nécessairement leurs premiers rôles sans les connaître. Il convient de s'interroger sur les connaissances qu'ils en ont, avant de s'interroger sur la manière dont ils les acquièrent.

1. Savoirs et savoir-faire

Les savoir-faire de l'enfant constituent une mise en pratique qui peut s'envisager sur deux plans. D'une part, l'enfant agit, dans la réalité, les rôles qui sont les siens; d'autre part, les savoir-faire concernent aussi la manière de se comporter à l'égard des personnes, c'est-à-dire de mettre en œuvre ses interactions avec les rôles complémentaires.

Dans une certaine mesure, les savoirs peuvent s'inférer à partir des savoir-faire, mais ils peuvent aussi s'atteindre à travers des échanges verbaux, ou se manifester dans des conduites symboliques. Lorsque l'enfant joue à la maman, ou à la maîtresse, par exemple, il manifeste par là une partie des savoirs qu'il détient sur ces rôles, différents du sien dans la réalité.

La question posée porte sur les savoirs de l'enfant concernant les rôles qu'il assume, elle porte aussi sur sa connaissance des rôles tenus par ses partenaires sociaux, les règles de conduites liées à ces rôles (par exemple, la politesse à manifester à l'égard des autres, selon les circonstances et les personnes; les attributs du rôle de père ou de mère...), les sentiments et attitudes qui caractérisent ces rôles etc...

Les rôles et leurs attributs sont multiples, on ne saurait les envisager chacun pour faire l'inventaire des savoirs les concernant. Nous en présenterons quelques-uns : rôles professionnels, parentaux, familiaux au sens large, de camarade, etc... Il se trouve cependant que les études les plus nombreuses concernent les rôles liés à l'appartenance à un sexe. On désigne par cette expression l'ensemble des conduites, comportements, attitudes, etc... définis comme appropriés à son sexe dans une culture donnée. On peut trouver au moins deux raisons au constat d'intérêt des chercheurs pour ce type de rôles. D'une part ces rôles sont plus saillants, plus précocement acquis, que d'autres, l'étude en est donc plus aisée; d'autre part, quel que soit le type de rôle étudié, il est bien rare que les conduites liées au sexe n'en soient pas une composante. C'est le cas en particulier des rôles parentaux, comme du reste de tous les rôles familiaux, et d'un bon nombre de rôles professionnels. Aussi ne s'étonnera-t-on pas de voir les rôles liés au sexe plus souvent présentés que d'autres à titre d'exemple, dans ce qui suit. Il conviendra de se souvenir qu'il s'agit là d'un cas particulier, généralisable, sous certaines conditions, à l'ensemble de la notion. Chaque fois que cela s'avèrera possible, nous nous réfererons à d'autres rôles connus des enfants.

2. *Les méthodes d'approche*

Plusieurs modes d'étude des savoirs et savoir-faire de l'enfant concernant les rôles sociaux ont été employés. Dans certains domaines, le jeu par exemple, l'observation pouvait seule l'être valablement. Dans d'autres cas, des techniques plus standardisées ont pu être mises en œuvre.

L'observation directe permet d'atteindre les savoir-faire que les enfants manifestent pratiquement dans la vie quotidienne : ils agissent effectivement en fonction de leurs rôles dans la famille, avec leurs camarades, à l'école, etc... L'observation permet aussi d'atteindre les savoirs manifestés par les joueurs concernant les rôles mis en œuvre dans leurs jeux. Aussi présenterons-nous ci-après les résultats obtenus à partir de l'observation des jeux d'une part, des conduites de vie quotidienne autres que les jeux de l'autre. Dans le second cas au moins, il faudra nous en tenir aux données du «bon sens», les études systématiques étant beaucoup plus rares qu'en ce qui concerne les jeux.

Les savoirs concernant les rôles sociaux, lorsqu'il s'agit d'enfants ayant atteint l'âge scolaire et d'adolescents, ont fait l'objet d'études expérimentales, dont certaines seront exposées, ainsi que d'enquêtes et d'interviews.

Chemin faisant, nous aurons lieu de souligner les points sur lesquels les informations font défaut, ou sont peu abondantes et qu'il conviendrait de préciser.

3. Les études empiriques

• Les observations

L'observation directe des jeux a été suffisamment systématique pour qu'on puisse en tirer quelques conclusions. Garvey (1977) en donne une analyse utile : A partir de 3 ans 1/2, les jeux de «faire comme si» mettent en œuvre des situations sociales aux rôles bien précisés. Les joueurs manifestent une connaissance croissante des classes d'individus, de leurs relations, leurs objectifs, les séquences d'action qu'ils utilisent dans le but de réaliser ces objectifs, ainsi que sur les émotions et attitudes qu'on peut s'attendre à rencontrer chez ces individus, placés dans ces situations. A partir de 4 ans surtout, les enfants démontrent, par l'utilisation qu'ils en font, des connaissances portant sur : 1) les rôles et identités attribués à des personnes présentes ou absentes; 2) le scénario de l'action; 3) les référents contextuels (objets, situations, lieux) de l'action. Le rôle joué porte sur les caractéristiques physiques du personnage (par exemple : prendre une petite voix pour faire le bébé, puis une grosse voix grave pour faire le grand-père). Le rôle se réfère soit à une situation réaliste, soit à la mise en scène d'une situation jamais observée en fait, mais qui concrétise un schème général de situation de rôle. Par exemple, un garçon de 4 ans entre et dit à sa partenaire : «fini le boulot, tiens voilà un million» en lui tendant des «billets». Il n'a sans doute jamais observé cette scène, mais elle représente dans le jeu le rôle masculin : travailler au-dehors et ramener le salaire à la maison. Ce n'est pas sans un peu de malice que nous empruntons cet exemple à Garvey. Il remonte à quelques années. Dans quelques années, qu'observera-t-on des rôles de conjoints ou de parents joués dans les cours de récréation des écoles maternelles? Une modification, si elle se produit, serait sans doute le reflet à la fois de la modification des mœurs et des connaissances qu'en ont les enfants (mais souligner ce point, c'est faire incursion déjà, au delà du champ du «ce qu'ils savent», dans celui du «comment ils l'apprennent»?). Le domaine des connaissances des enfants peut s'éclairer aussi par les types de rôles joués. Ceux-ci peuvent être fonctionnels, très spécifiques (par exemple, la scène décrite ci-dessus, ou bien encore une scène de nourrissage d'un bébé); ils peuvent être plus généraux, par exemple familiaux : jouer à la mère et à l'enfant, ce qui englobe de nombreux rôles spécifiques; ils peuvent porter sur des personnages soit stéréotypés (pompier, cow-boy, maîtresse), soit fictifs (Goldorak ou Maïa), ce qui pose le problème de l'influence des modèles réels ou symboliques (cf. infra).

Les connaissances manifestées par les enfants dans leurs jeux évoluent en fonction principalement de l'âge, mais aussi du sexe. Cette évolution s'observe :

a) Dans le choix des rôles assumés spontanément. Les plus jeunes adoptent le rôle qui coincide avec leur expérience réelle (faire le bébé); ou la situation de rôle réciproque (père ou mère). Les filles jouent le rôle de bébé ou de maman avec beaucoup de détails réalistes. Les garçons sont plus vagues dans le rôle de père. Une interprétation de ce fait se réfère à ce qui leur est donné d'observer à la maison du rôle de père, en effet plus vague. Les enfants plus âgés choisissent de jouer des rôles où ils n'ont jamais tenu de part dans la réalité, par exemple, le couple mari et femme ou des couples complémentaires professionnels.

b) La modification des connaissances avec l'âge se manifeste aussi par le choix des scénarios, leur complexité, l'intégration de données plus générales. Les jeux de rôle sont très directement liés à la culture. C'est là un constat d'évidence; ni les héros ni le déroulement de leurs actions ne sont les mêmes à travers les différentes cultures, même si les rôles représentés sont universels. Il y a des mères dans toutes les cultures, et c'est courir un risque minime que d'affirmer que les enfants représentent le rôle de la mère dans leurs jeux. Dans une mesure importante ce qu'ils font est identique : s'occuper des petits, veiller aux soins nécessaires à la famille est un rôle féminin et maternel, largement répandu (universel? peut-être est-ce moins sûr). Mais la façon de le faire est différente; on ouvre le congélateur ici, on pile le mil ailleurs, pour s'en tenir au seul domaine de l'alimentation. L'ampleur, l'étendue du rôle maternel varie probablement aussi largement. L'âge des enfants influe directement sur la complexité de ce qui est représenté du rôle dans le jeu. Quant aux techniques, et aux idées que le jeu incorpore, elles sont des produits de l'apprentissage social. L'entraînement systématique à ces jeux augmente les conduites de coopération, et contribue à de meilleures performances dans les activités de groupe, et la capacité à la prise de rôle (nous aurons du reste à revenir sur cet aspect). La nature du scénario évolue avec l'âge. Par exemple à 3 ans les rôles de sexe représentent 5 % des jeux spontanés, et 22 % à 5 ans (Greif,

1976). Filles et garçons y adoptent des personnages différents, recherchent les interactions, la complémentarité des rôles, et manifestent ainsi une certaine plasticité à « se mettre à la place » de l'autre dans des contextes de situations sociales évoquées. Plus généralement, le déroulement des scénario de jeux permet de constater que ce que fait un enfant est au moins partiellement fonction de ce que fait son partenaire, et ainsi de suite; il y a donc non seulement complémentarité, mais bien interaction dans les rôles.

L'observation des conduites enfantines au cours de la vie quotidienne n'a pas fait l'objet d'études systématiques. Barker et Wright (1955), sur l'observation de la journée d'un enfant, ont donné quelques indications quant à la multiplicité des rôles successifs ou simultanés qu'il était amené à tenir. Il existe peu de données, dans la littérature, qui puissent éclairer notre propos : quels savoirs et savoir-faire, concernant ses rôles et ceux d'autrui, l'enfant manifeste-t-il dans le décours de la vie quotidienne ? Quelques constats de bon sens peuvent guider la réflexion. L'aîné d'une fratrie est amené parfois à remplacer les parents auprès des petits. La façon de prendre en charge le rôle parental n'est sans doute pas la même s'il s'agit d'une fille ou d'un garçon, si l'enfant remplace le père, la mère, ou les deux parents, selon les circonstances qui ont dicté cette suppléance, et enfin selon les traits de personnalité de l'enfant. Les conduites des enfants et l'expression de leurs sentiments peuvent révéler ce qu'ils savent du rôle parental. Dans les familles traditionnelles, par exemple, ce rôle comporte une part de responsabilité à l'égard de la sécurité des petits, responsabilité qui peut s'accompagner d'autorité. Remplacer la mère, c'est davantage veiller aux soins matériels, rassurer, consoler si nécessaire; remplacer le père semble être davantage veiller à la discipline, être arbitre dans les petits conflits. Dans une certaine limite, l'aîné manifeste ses savoir-faire concernant le rôle parental; il manifeste que son savoir dépasse son savoir-faire justement par les limites de ce qu'il assume. Devant un manquement aux conséquences graves, par exemple, l'aîné n'intervient pas lui-même, mais diffère toute mesure au retour des parents. Dans les cas plus difficiles, où la suppléance des parents n'est pas momentanée, mais rendue permanente par les aléas de la vie familiale, on peut voir des ainés de 10 ou 12 ans assumer une très large part du rôle parental, y compris ses caractéristiques affectives. A l'école se révèlent d'autres rôles généraux ou spécifiques. Etre un écolier dans la classe, à l'égard du maître, un camarade dans le groupe des pairs, suppose un certain nombre de savoirs et savoir-faire relatifs à l'attitude devant le travail, mais aussi dans les relations interpersonnelles. L'écolier « bien adapté » n'est-il pas, plutôt que le « bon élève », celui qui sait comment tenir ses rôles, et qui connaît suffisamment les rôles complémentaires pour pouvoir, sans investissements trop coûteux, pratiquer les transactions nécessaires ? On pourrait multiplier les exemples. Obtenir quelque chose d'un interlocuteur suppose la connaissance à la fois des attributs de l'autre et de la situation ; le rôle du « demandeur », de celui qui refuse, ou qui accède au désir de l'autre mettent en œuvre des compétences et des savoirs de nature moins formalisée que les rôles professionnels, par exemple, mais tout aussi codifiés, bien que plus subtilement.

● Les épreuves par interviews

Les épreuves par interviews, questionnaires, etc... apportent des informations fort utiles, mais qui ne sont pas sans poser quelque problème. Ce qu'elles permettent d'atteindre, c'est l'expression verbale des savoirs de l'enfant. Sans doute dans une bonne mesure peut-on considérer que l'expression du savoir est une approche suffisante du savoir lui-même. Il serait hasardeux pourtant de n'y voir aucune nuance. De telles épreuves s'adressent le plus souvent à des enfants d'âge scolaire.

Les rôles familiaux ont été parmi les premiers étudiés. Emmerich (1959-61) présente à des enfants de 4 ans 1/2 à 6 ans pour la première expérience, de 6 à 10 ans pour la seconde, des couples père-fils, mère-fille, père-mère, garçon-fille. Le sujet doit attribuer à l'un ou l'autre élément d'un couple des phrases permettant d'estimer deux dimensions caractéristiques des rôles familiaux : le pouvoir relatif, et la tendance positive ou négative à l'égard de l'autre. Dans le couple, le pouvoir caractérise celui des deux qui contrôle l'issue de l'interaction supposée, l'orientation positive ou négative se réfère au degré d'accord d'un des membres avec les buts de l'interaction. Un des membres du couple peut manifester son accord avec les objectifs de l'interaction supposée par une expression du type « tu t'y prends très bien ». On dit alors qu'il manifeste à l'égard du partenaire une orientation positive ; s'il manifeste son désaccord, « ce n'est pas ainsi qu'il faut faire », l'orientation est dite négative. Dès 4 ans 1/2, les enfants savent discriminer les rôles d'adultes par le pouvoir : c'est toujours l'adulte qui détient celui-ci. L'attitude positive ou négative par contre est attribuée aussi bien aux parents qu'aux enfants. Dans le couple parental, le pouvoir différencie les rôles de sexe : à tous les âges, avec un maximun à 8 ans, le pouvoir est attribué au père. Pris dans leur ensemble, les sujets ne différencient pas l'attitude positive ou négative du père par rapport à la mère. Mais les filles considèrent la mère plus positive que le père, alors que les garçons font le choix inverse. En ce qui concerne le couple des enfants, l'attitude de la fille est jugée plus positive que celle du garçon par les sujets féminins ; les garçons ne font pas de différences entre les deux éléments du couple à cet égard.

Quel que soit l'intérêt de tels résultat, ils ne permettent pas de faire la part des savoirs concernant les conduites réelles, et de ceux concernant les stéréotypes. Il pourrait être intéressant de reprendre ces données (une génération s'est écoulée depuis), mais aussi, avec d'autres procédures, de tester ce qui relève de l'un ou de l'autre de ces points de vue.

La référence aux rôles occupationnels, tels que celui d'écolier, ou de visiteur, par exemple, parmi les éléments de description d'autrui a été mise en évidence par Brierey (1966). Une technique de complètement de phrases et l'usage du RCRT[1] lui permet l'analyse des réponses de 270 garçons et filles de 7, 10 et 13 ans, en cinq catégories principales : la gentillesse, la référence au rôle social, l'apparence physique, le comportement, les traits de personnalité[2]. Dans les groupes de 7 et 10 ans, la référence au rôle est utilisée en second rang de fréquence, après l'apparence physique à 7 ans, après le comportement à 10. A 13 ans, la fréquence de l'usage du rôle pour décrire la personne diminue, en même temps que la variété des catégories utilisées augmente. Ces résultats sont partiellement confirmés par Little (1968). Celui-ci demande à 86 préadolescents, adolescents, post-adolescents (de 10 à 18 ans) de décrire des personnages qui correspondent à des rôles (« l'instituteur de l'an dernier », par exemple). Les réponses sont classées en 3 catégories : traits psychologiques, rôles sociaux, traits physiques. Alors que la référence aux traits physiques décroît après l'adolescence, les références aux traits psychologiques et aux rôles croissent avec l'âge. Les garçons utilisent davantage les rôles, les filles davantage les traits psychologiques.

• Quelques études expérimentales

Les rôles professionnels courant sont bien connus, en particulier dans leur composante de sexe, à partir de 8 ans, et dès 5 ans pour quelques rôles stéréotypés tels que pompier, docteur ou infirmière. La connaissance des hiérarchies établies socialement entre les pro-

---

[1] Role Constructs Repertory Test de Kelly (1955).
[2] Une sixième catégorie, dite « littérale », semble se référer à la désignation directe de la personne.

fessions féminines et masculines se constate expérimentalement. Cordua et al. (1979) projettent des films qui mettent en scène des couples docteur-infirmière ou doctoresse-infirmier. Des enfants de 5 ans rétablissent dans leurs récits la hiérarchie professionnelle qui correspond au couple docteur-infirmière, se conformant ainsi aux stéréotypes. Le phénomène est moins massif cependant chez ceux des sujets qui ont eu à faire à des infirmiers, ou dont les mères travaillent. C'est en fonction aussi des hiérarchies sociales établies entre représentation des carrières féminines et masculines que se font les attributions de succès ou d'échec (Dreux et Einswiller, 1978).

Les connaissances concernant les conduites, attitudes, caractéristiques, appropriées à un sexe, et valorisées négativement si elles sont le fait de l'autre sexe, sont également précoces. Ces stéréotypes ont fait l'objet d'un très grand nombre de travaux : Williams, Bennet et al. (1975), Williams et al. (1977) ont étudié récemment, avec une technique de récit à partir de dessins, 284 enfants américains et européens, d'école maternelle, de second et quatrième niveaux élémentaires. L'expression de la connaissance des rôles liés au sexe, sous forme de stéréotypes, est déjà très sensible à 5 ans, elle se développe jusqu'à 8 ans, et continue à progresser, plus lentement, jusqu'à 11 ans, en fonction de la complexité des caractéristiques considérées. A tous les âges on constate une meilleure connaissance de ce qui est attribué au sexe masculin, des réponses sont parfois influencées par le sexe de l'examinateur.

Si l'expression des connaissances de ce qui est approprié à un sexe est sensible dès 5 ans, la manifestation de ces connaissances dans les conduites est plus précoce, comme l'attestent par exemple les études sur les choix et préférences. Garçons et filles choisissent des jouets appropriés à leur sexe en fonction de leur capacité à les conceptualiser comme tels. L'augmentation des choix dits appropriés est plus sensible chez les filles car les garçons manifestent des préférences nettes dès 2 ans (Maccoby et Jaklin, 1978). A 3 ans les filles ne manifestent une préférence pour les jouets « de fille » que si on leur a fait d'abord identifier ces jouets comme tels (Blakmore, 1979). Il convient de noter que les jouets typiques du rôle maternel n'étaient pas inclus dans le matériel proposé.

Des jouets neutres, c'est-à-dire considérés à l'issue d'une enquête comme appropriés aussi bien à un sexe qu'à l'autre, sont préférés par les uns ou les autres après avoir été désignés « de filles » ou « de garçons » par un modèle enfant, un peu plus âgé que les sujets. La préférence ainsi manifestée ne va pas toujours dans le sens de la conformité à l'opinion du modèle : le modèle féminin provoque massivement des rejets (ou contre-imitations) chez les garçons dès 5 ans (Winny Kamen & Saint Marc, 1979).

La préférence pour le modèle paternel chez le garçon s'avère précoce. D'après Lynn (1972) les garçons, dans leur troisième année, préfèrent le contact avec le père lorsque le choix de jouer avec l'un ou l'autre parent leur est laissé; il s'agissait alors du choix entre les propres pères et mères, présents à l'observation. Ces résultats (et d'autres) vont dans le sens de l'acceptation des conduites attribuées à l'un ou l'autre sexe, conduites qui peuvent se manifester très précocement (par exemple, dans l'identification à des modèles, dans les choix de jouets et d'activités, dans la conformité aux caractéristiques de conduites généralement attendues, etc...). L'acceptation est toujours plus complète chez les garçons que chez les filles; en effet on trouve chez les filles de tous les âges un pourcentage relativement important de sujets dont les préférences et attitudes sont au moins partiellement les mêmes que pour les garçons, alors que le phénomène inverse est rarement observé.

La progression avec l'âge de la capacité à mettre en œuvre des éléments de rôles de plus en plus complexes a été mise récemment en évidence de façon expérimentale par Watson et Fisher (1980) : si les enfants peuvent, dès 2 ans, faire « agir » une poupée (par exemple, la faire marcher, etc...) on ne peut parler encore de rôle social à ce propos. Mais, dès 3 ans, les sujets s'avèrent capables de lui faire faire le docteur. A 4 ans, la plupart des sujets peuvent faire jouer à 2 poupées des rôles réellement sociaux, puisque interactionnels : le docteur et la malade. A 6 ans, ils se montrent capables d'intégrer 2 rôles sociaux dans le même personnage : une poupée (représentant un homme) jouant à la fois les rôles de docteur et de père de la malade; dans le cours de la 7e année, les capacités de mise en œuvre de systèmes de rôles complexes s'améliorent : le même personnage interagit alors de façon adéquate en tant que docteur, père de la patiente et époux à l'égard de la mère de cette dernière. Une telle complexité dans les systèmes de rôles n'apparaît que rarement dans les jeux spontanés des enfants.

Sans doute pourrait-on se référer à de nombreuses autres recherches empiriques. Quelques réflexions s'imposent : la plupart des recherches ont des visées relativement parcellaires : telle caractéristique de tel ou tel rôle. Pour certains, qu'en est-il des conduites réelles, des références aux stéréotypes, des références à ce que le sujet croit savoir des stéréotypes ? Des pans entiers de savoir et savoir-faire sont peu ou pas explorés : le domaine des conduites relationnelles valorisées (protection aux plus faibles, relation d'aide, acceptation des particularités d'autrui, etc...). Les conduites pro-sociales font actuellement l'objet d'un fort courant d'études sous l'aspect principalement de l'analyse de l'acquisition des conduites morales, de l'empathie, ou d'études empiriques des conduites pro-sociales. Sous ce terme sont habituellement regroupés deux types de recherches. D'une part, les travaux portant sur l'aide à autrui : les critères en sont alors le fait d'une privation personnelle pour l'autre, qu'il s'agisse d'un effort consenti, ou du don de biens, et l'absence d'attente de profit personnel découlant de cette privation. D'autre part, les conduites de coopération, où un but ne peut être atteint qu'au prix de la mise en commun d'un effort; l'attente d'une récompense collective n'en est pas exclue. Cependant une étude de ces conduites en fonction des systèmes d'attitudes liées aux rôles nous paraît encore à faire. A quels rôles les enfants attribuent-ils de préférence les conduites pro-sociales les plus courantes ? Comment résolvent-ils les contradictions qui peuvent être liées à la complexité du jeu des rôles (un rôle professionnel peut exiger le profit, celui qui en est porteur peut occuper en même temps un rôle d'ami, qui exige le désintéressement, par exemple). Il est probable que les enfants considèrent les femmes plus que les hommes porteuses d'attitudes pro-sociales, manifestant des conduites altruistes. Quelles sont les professions qui symbolisent le mieux l'altruisme à leurs yeux ? Y a-t-il cohérence entre la réponse à ces questions ?

Quels rôles sont créés par les technologies modernes ? (comment est-on spectateur chez soi, à la TV, par rapport aux phénomènes collectifs des spectacles ?) Comment change-t-on de rôles, en changeant d'insertion culturelle ? Les flux de migration du monde moderne remettent en cause les savoirs acquis. Il est clair qu'on approche ici des problèmes d'identité (voir par exemple Tajfel, 1972). Il semble bien qu'une étude comparative des rôles tels qu'ils sont agits, perçus, attribués, entre sub-cultures en cours d'interpénétration, aurait son utilité.

Quelques conclusions peuvent cependant être dégagées :

D'une façon générale, les *savoir-faire* concernant les rôles les plus prégnants sont très précoces, puisqu'à 4 ans déjà les observateurs s'accordent à les relever. Les *savoirs* sont précoces aussi, lorsqu'ils sont attestés par des épreuves où les enfants les mettent en œuvre.

La *capacité d'expression* de ces savoirs et savoir-faire est plus tardive, généralement au-delà de 6 ans. *L'acceptation, l'adhésion* à l'ensemble des attributs liés aux rôles peut être plus ou moins précoce, en fonction de la nature du rôle social, de sa clarté, de la précocité des connaissances le concernant, du poids qu'elle impose aux tenants du rôle.

C. Les modalités d'acquisition des savoirs et savoir-faire relatifs aux rôles

L'acquisition de savoirs et savoir-faire tels qu'ils se manifestent dans les conduites spontanées ou expérimentalement provoquées est progressive. Comme nous l'avons rappelé, les enfants savent dès 3 ans «faire comme si» sans aller au-delà des attributs les plus simples de rôles qui le sont aussi. A 4 ou 5 ans, c'est bien un rôle social, en interaction, qui est mis en œuvre. Il faudrait attendre 6 ou 7 ans pour que rôles, personnages et scénario présentent une certaine complexité. Les traits de personnalité ou de caractère, les attitudes attribuées à un rôle peuvent être connus plus tardivement.

Une remarque s'impose : A chaque niveau d'analyse, qu'il s'agisse des comportements, des traits physiques ou des traits de personnalité caractéristiques du rôle, la *complexité* de ces caractéristiques a un effet qu'on peut considérer comme tout à fait important sur l'âge auquel les sujets manifestent leurs savoirs ou savoir-faire. On a vu (cf. ci-dessus) que les attitudes ou traits de personnalité étaient d'apparition relativement tardive, comme descripteurs du rôle, par rapport aux traits physiques. Pourtant, selon la complexité, on peut s'attendre à une grande variabilité dans les âges d'acquisition, et de manifestation de ces acquisitions. Certaines nuances des attitudes éducatives, telles que le libéralisme, selon que l'éducateur est un parent ou un professeur, ou selon le mode de relation pédagogique pratiqué par le professeur ou l'institution, par exemple, peuvent n'être connues que plus tard, dans la grande enfance. D'autres traits psychologiques peuvent au contraire être connus précocement. Tel est le cas par exemple des éléments de personnalité attribués aux filles et aux garçons. L'agressivité, particulièrement en réponse à l'attaque, l'indépendance, sont associées aux rôles masculins; la passivité, l'émotivité, la compassion, aux rôles féminins (Kagan, 1964). Les enfants d'âge pré-scolaire savent déjà que les garçons «aiment se battre», «sont brutaux», que les filles «sont plus gentilles, écoutent mieux la maîtresse».

Les conduites qui manifestent de tels savoirs peuvent s'observer par la comparaison de dyades de même âge, de sexe opposé ou identique. A 33 mois le comportement des petites filles est différent selon que l'autre membre du couple est un garçonnet ou une fillette. Dans le premier cas, on constate un retrait devant les initiatives de l'autre, et la recherche de la proximité de la mère; tout se passe comme si, à 33 mois, les enfants s'attendaient déjà à l'agressivité de la part du camarade garçon, alors qu'en fait, celui-ci n'en manifeste pas plus que la fille, au cours des observations (Jacklin et Maccoby, 1978). Certains savoirs psychologiques sont donc beaucoup plus précocement établis que d'autres.

1. Les acquisitions sociales

Ainsi les savoirs et savoir-faire concernant les rôles sociaux pourraient être considérés comme des acquisitions, fonctions d'un apprentissage de données sociales. Ce que nous désignons sous ce terme se réfère à un apprentissage lié à des exercices, relations, interactions avec des personnes, par opposition à des exercices portant sur des objets, ou des problèmes à partir des objets ou des entités logiques. La diversité des données sur quoi portent les compétences justifie qu'on puisse supposer une différenciation des prodédures d'acquisition. On ne peut affirmer en effet que la relation du sujet au monde soit nécessairement de même nature, qu'il s'agisse du monde des objets ou du monde social, comme le souligne Oléron (1979a).

Les acquisitions de type social supposent un apprentissage où interviennent différentes composantes, différents processus, non concurrentiels. Ces processus concourent, chacun à des degrés divers, selon les situations et les âges des sujets, aux acquisitions des capacités nécessaires à la résolution des problèmes relationnels liés aux rôles sociaux dans leurs diverses composantes.

2. Les données biologiques et leurs limites

Les processus d'acquisition sont nécessairement limités dans leurs effets par des données biologiques, dont on ne peut négliger les contraintes, même s'il convient de ne pas les exagérer. La référence aux rôles liés aux sexes peut, ici encore, servir d'illustration. Dans ce domaine, la part de différence liée aux potentiels biologiques est évidente. Le niveau d'activité est, par exemple, plus élevé chez le nourrisson masculin de quelque jours que chez la fille du même âge. Les attentes de plus grande activité chez les garçons, de plus grande passivité chez les filles pourraient trouver là, au moins partiellement, leur origine. Mais on sait aussi que les mères se comportent différemment en fonction du sexe de leur bébé; elles entretiennent, valorisent, et donc accentuent les différences comportementales, puis de caractère. L'agressivité est mieux tolérée chez le garçon. Les qualités de tendresse, de chaleur dans les relations avec autrui, d'intérêt pour les autres, sont davantage attendues des filles. Ceci correspond sans doute plus encore à ce qui est prôné aux filles, récompensé chez elles, et, finalement, modelé par la mère, porteuse du rôle féminin et éducatrice de sa fille (chez qui elle favorise l'identification) et de son fils (à qui elle suggère l'exemple masculin en le valorisant). Les influences socialisantes sont si fortes qu'on a pu constater l'échec à l'acquisition d'un rôle trop tardivement déterminé. Mischel (1970) signale la relative intégration sociale des enfants de sexe indéterminé pour lesquels une décision d'affectation à un sexe est prise précocement, et maintenue. Au contraire, lorsque l'indécision dure plusieurs années, ou lorsqu'une modification est apportée, après 3 ans, à la décision initiale (il arrive qu'une intervention médicale fasse alors classer dans un sexe un jeune enfant qu'on avait considéré d'abord comme appartenant à l'autre) des répercussions graves quant à la personnalité et à l'intégration sociale sont en général constatées. On voit que les potentiels biologiques qui différencient garçons et filles interagissent avec les facteurs liés à l'influence de la famille et de la société pour la détermination et le développement des caractéristiques liées au sexe.

Selon Russel (1978) un trait plus caractéristique d'un sexe que de l'autre a des composantes biologiques, si les conditions suivantes sont remplies :

- Il peut se constater lorsque l'enfant est très jeune, car le poids des expériences est encore faible;

- Il est considéré comme caractéristique du même sexe de façon largement interculturelle;

- Il est en accord avec les connaissances les plus récentes sur les effets des hormones;

- Il est caractéristique de ce sexe chez d'autres primates.

Ainsi certains traits liés au sexe masculin, tels que l'agressivité, par exemple, pourraient avoir des bases biologiques, parce qu'ils satisfont aux 4 critères. A partir des premières manifestations des conduites agressives, l'attitude différente à l'égard de l'enfant selon son sexe conforte ou inhibe l'expression de l'agressivité.

3. Le niveau de développement

Le niveau de développement de l'enfant est évidemment à prendre en compte. Certaines capacités de discrimination, de catégorisation, d'inférences, sont nécessaires pour identifier des attributs, et en inférer la conduite du partenaire dans les interactions sociales. De telles opérations intellectuelles, telles que les décrit Oléron (1972), dépendent du développement. Ces opérations sont impliquées dans les acquisitions des savoirs et savoir-faire concernant les rôles sociaux, et elles sont inégalement mobilisables aux différents âges de l'enfance.

4. La pression sociale

La pression sociale, sous forme principalement d'approbation ou de désapprobation de tel ou tel type de conduite joue à tous les âges de l'enfance, de façon différenciée selon l'âge de l'enfant, et la nature de la personne ou du groupe d'où émane cette pression. La cellule familiale joue un rôle prépondérant à cet égard. La mère manifeste des attentes différentes à l'égard de son fils ou de sa fille. Cette dernière est supposée manifester des sentiments positifs à l'égard d'autrui, être sensible, rechercher le réconfort. De son fils la mère attend davantage d'autonomie, d'agressivité. Ces attentes se manifestent explicitement, dans le langage, et les conduites d'incitation ou d'inhibition, ou implicitement, par les attitudes. Le père n'attend pas de sa fille ou de son garçon les mêmes conduites ou caractéristiques de personnalité. Le père peut engager avec sa fille un type d'interaction tel que cette dernière soit incitée à se montrer docile, gentille et coquette, alors que ses relations avec son fils peuvent être de nature à favoriser l'expression de l'agressivité, le goût pour les jeux de bricolage, etc... Aussi, pour recevoir les approbations du père, comme pour recevoir celles de la mère, les enfants tendent à aller dans le sens d'attentes différenciées à leur égard. La société, entendue plus largement que la seule cellule familiale, prescrit des rôles également différenciés. Ecole, groupe de camarades, parenté, par leurs encouragements et leurs interdits vont dans le sens d'une différenciation progressive.

Dans la petite enfance, l'identification repose sur l'attachement réciproque de l'enfant et de la mère. La mère prodigue ses soins aux bébés des deux sexes; les gratifications qui en résultent devraient favoriser l'identification de l'enfant, quel que soit son sexe, à sa mère, si ce facteur jouait seul. Mais les influences parentales interagissent avec ces premiers éléments : dès les premières semaines, et plus encore par la suite, l'attitude de la mère puis celle du père sont différentes selon le sexe de l'enfant.

5. Les processus de modélisation

L'apprentissage par observation constitue un facteur important de l'acquisition des savoirs et savoir-faire concernant les rôles. L'attention sélective prêtée au modèle, la mémorisation de ce qui caractérise les rôles tenus par les modèles, l'observation des conséquences favorables ou défavorables obtenues par le modèle pour tel type de comportement; l'autosatisfaction liée au sentiment de bien saisir les composantes du rôle du modèle, et de pouvoir tenir ce rôle sont sans doute des processus plus efficaces pour les acquisitions de type social, relationnel, qu'elles ne le sont pour la résolution de problèmes avec les objets.

6. La relation du sujet aux sources d'informations et les interactions

La nature de la relation établie entre le sujet et la source d'informations est tout à fait importante. Les sources d'information sont inégalement influentes : les choix des enfants sont influencés par des pairs d'âge, du même sexe (White, 1978; Serbin et al., 1979) plus que par un modèle adulte non familier. Les filles choisissent moins les activités dites féminines si elles ont été présentées par un homme (White, 1978).

Les rôles sociaux s'apprennent aussi dans les situations sociales, *au cours* des interactions. Ce que les enfants savent des rôles sociaux est lié à ce qui leur en est manifesté, dans les conduites, et dans les paroles; mais aussi à ce qu'ils extraient, en fonction de leur niveau de développement et de leurs motivations, de ce à quoi ils sont exposés, et où ils participent.

On a vu que l'entraînement aux interactions sociales que constituent les jeux de «faire comme si», aide, facilite, l'acquisition des capacités nécessaires aux véritables interactions sociales (Garvey, 1976).

Interactions sociales et acquisition par observation, ne sont pas de notre point de vue exclusives l'une de l'autre mais au contraire complémentaires. L'observation de modèles privilégiés (le père, les frères, certains camarades, etc...) peut permettre l'acquisition. Cette dernière est grandement facilitée par l'interaction avec le modèle.

7. *Le rôle des media*

Les media, et principalement la télévision, constituent un type particulier de modèle symbolique d'interaction entre sujet et modèle. L'influence des media sur les caractéristiques de personnalité ou de conduites des spectateurs fait l'objet de nombreux travaux. C'est précisément dans ce domaine que l'on pourrait différencier l'acquisition des savoirs et le passage aux savoir-faire concernant les rôles sociaux. Les media sont-ils à eux seuls suffisants à modifier les conduites ? Ils véhiculent une quantité massive d'informations, le plus souvent dirigées dans le sens de l'accentuation des caractéristiques stéréotypées des rôles sociaux. Par exemple, les héroïnes sont moins nombreuses que les héros. Elles sont orientées vers les activités et préoccupations à dominante ménagère ou sociale, affective, esthétique. Les héros sont fréquemment agressifs de façon anti-sociale (le hors-la-loi) ou au contraire au service de la justice et de la morale (le justicier). La violence, l'agressivité sont des caractéristiques de rôle fortement associées à la masculinité. Il serait important de répondre à une double interrogation : les media augmentent-ils les savoirs des enfants, par exemple dans ce domaine ? Augmentent-ils les conduites, les savoir-faire passés à exécution, concernant la violence ?

Il est vrai que la télévision est une source féconde de modèles de violence. Augmente-t-elle ou non les conduites de violence chez les enfants spectateurs ? Après 20 années d'enquêtes diverses, on ne peut conclure qu'à une bien faible corrélation entre la violence à la télévision et les comportements de violence des spectateurs. De telles études sont insatisfaisantes, en ce qu'elles ne dissocient pas les sources d'information selon leur niveau de crédibilité. Les modèles de violence «réaliste» (il n'en manque pas dans le journal télévisé), les modèles représentés par des personnages de scénario romancé (films, feuilletons, etc...), les modèles irréalistes et connus comme tels par les enfants (les dessins animés fantastiques) n'ont probablement pas la même valeur informative, et peut être pas non plus la même incidence sur les conduites, ludiques ou réalistes. L'observation quotidienne permet à chacun de constater l'énorme popularité des modèles fantastiques auprès des enfants. On joue à Goldorak ou à Spiderman. La mise en œuvre du rôle dans le jeu suppose la violence; elle ne suppose pas le passage à la violence dans les comportements sociaux quotidiens. (Pour une analyse de quelques études portant sur la violence dans les dessins animés, on peut consulter Hapkiewicz, 1979). Les modèles « réalistes » augmentent-ils le niveau des réalisations violentes? Rien ne permet de l'affirmer. Il semblerait pourtant qu'ils aient un effet, en quelque sorte secondaire, sur les conduites en augmentant le seuil de tolérance aux spectacles de violence dans la vie réelle (Thomas et Drabman, 1975; Thomas, 1977). Des enfants exposés massivement à des scènes de violence réalistes prédisent une conduite agressive chez un « enfant moyen » qui serait placé en situation conflictuelle, et pourtant ne modifient pas le jugement négatif qu'ils portent sur ces conduites. Du reste, il en va de même pour les adultes. Les passages à des actes violents ne paraissent pas plus nombreux chez les sujets qui passent le plus de temps devant la télévision. Mais ils manifestent un sens plus grand des dangers encourus, déclarent s'attendre à rencontrer des scènes de violence plus souvent que les autres (Gerbner et Gross, 1976). Ainsi, le modèle symbolique crédible augmente les savoirs, sans doute aussi les savoir-faire, à tout le moins dans les jeux, mais n'augmente pas (ou fort peu) la participation, le passage à la conduite effective. Il augmente le seuil de tolérance à l'égard des scènes de violence médiatisées par la TV, mais il élève aussi le seuil de tolérance à l'égard de la brutalité réelle.

On sait que le monde vivant, parent, pair d'âge, maître, etc... interagit dans la vie de chaque jour, avec l'enfant. Sans doute est-ce là une des raisons de son efficacité; une raison largement aussi importante est constituée par les relations affectives établies.

D. *Les jugements portés par les enfants sur des rôles sociaux*

Ce que les enfants pensent des rôles sociaux est peu et mal connu, et il serait important d'avancer les connaissances dans ce domaine. Il est vrai que considérer l'acquisition des rôles et leur mise en œuvre, comme le produit des connaissances apportées par les modèles sociaux en interaction avec le sujet, dans la mise en œuvre de ces rôles, suppose que le sujet y adhère, au moins dans l'enfance. Il peut aussi les rejeter, son niveau de compétence cognitive augmentant.

Très peu de travaux illustrent actuellement cette question, pourtant capitale. On trouve quelques indications dans le domaine des rôles féminins et masculins. Amenés à juger les comportements agressifs, adaptés, ou passifs, d'un personnage féminin ou masculin placé en situation conflictuelle, les enfants s'expriment différemment en fonction de leur âge et de leur sexe. L'approbation de la passivité chez la femme, sa désapprobation chez l'homme, augmentent avec l'âge entre 9 et 14 ans. Le comportement « moyen » est apprécié dans tous les cas, plus valorisé chez l'homme (peut-être est-il moins attendu?). Les filles s'attendent à être désapprouvées pour leurs comportements agressifs éventuels, mais les garçons attendent une désapprobation plus grande encore pour leurs comportements passifs.

Lorsque les modèles sont télévisuels, les réponses d'enfants de 9 ans à 11 ans concernant la prédiction des comportements d'enfants placés en semblables circonstances, sont influencés par la nature du spectacle présenté, mais les jugements qu'ils portent sur la pertinence de telles conduites ne le sont pas.

Comment les enfants et les adolescents de 1981 vivent-ils la modification des rôles, dont les sociétés occidentales (au moins) sont témoins? Très peu de choses semblent exister dans ce domaine. Quelques recherches exploratoires tentent d'approcher ce problème (voir par exemple Beaudichon et al., 1980). Si les rôles s'apprennent au contact du monde social, les modifications de ce dernier devraient être perceptibles dans les rôles mis en œuvre, et dans les jugements portés sur eux. L'adolescence est le temps des remises en cause; ce qui paraît aux adultes un comportement « marginal » ou « révolté » est peut-être construction positive d'interactions sociales modifiant les rapports humains.

*
* *

La conclusion d'ensemble qui se dégage de cet examen des capacités d'adaptation de l'enfant aux interactions et aux situations sociales est qu'une large gamme de savoir-faire existe et fonctionne avec efficacité précocement. Ceci est réalisé grâce à l'activité délibérée de l'enfant pour rechercher des modèles applicables, pour en vérifier le bon fonctionnement dans des cas spécifiques ou des classes de situations de plus en plus larges; grâce aussi aux interventions des adultes, des pairs qui permettent de percevoir les obstacles aux interactions et fournissent les moyens de les surmonter, aidant en cela la recherche spontanément tâtonnante de l'enfant; grâce enfin aux médias qui présentent de multiples modèles sous des formes susceptibles quelquefois de fixer l'intérêt des enfants et de leur fournir des informations.

Les savoirs sont plus difficilement accessibles à l'approche expérimentale classique; il semble que les chercheurs ne se soient pas mis jusqu'ici, à quelques exceptions près, dans les meilleures conditions pour les étudier. Ceci explique que les capacités des enfants ne soient qu'entrevues et vraisemblablement sous-estimées. Le bilan semble malgré tout loin d'être négatif quant à leur présence chez l'enfant d'environ 7 ans. De toute façon, il semble que c'est seulement dans des situations aussi proches que possible des situations sociales réelles que des savoirs relatifs aux situations sociales pourront être mis en évidence; l'un des problèmes majeur est alors de reconstituer ces situations dans des conditions contrôlées.

Chapitre IV
Le développement de la connaissance de soi chez l'enfant et l'adolescent

1. Caractéristiques des travaux ayant pour objet le développement de la connaissance de soi

Les recherches qui s'intéressent au développement de la connaissance de soi chez l'enfant sont rares. La diversité des perspectives qui les ont inspirées et les limites des méthodes d'investigation utilisées rendent difficile la tâche de celui qui veut établir un tableau des étapes du développement de ce type de connaissance et en analyser les modes de fonctionnement et les processus.

A. *Diversité des perspectives d'étude*

Au cours de ce chapitre seront évoquées les préoccupations théoriques essentielles qui ont conduit à mener des recherches concernant le développement de la connaissance de soi. D'emblée et pour clarifier l'analyse, on peut signaler les trois grands axes de réflexion qui les ont inspirés, tout en soulignant que la pluralité et l'hétérogénéité des préoccupations des chercheurs ne rendent pas toujours aisée la comparaison et la synthèse des résultats obtenus.

a) Les théories de la personnalité défendent l'idée que l'on ne peut comprendre le comportement d'un individu sans savoir comment il perçoit de façon consciente son environnement et comment il se représente sa mise en relation avec cet environnement : l'idée que l'individu a de lui-même infléchit et détermine ses actions (Rogers, 1942; Allport, 1943, 1961, 1966; Lecky, 1945; Combs et Smygg, 1949; Cattell, 1950; Perron, 1959).

b) Les travaux prolongeant les théories qui mettent l'accent sur le rôle des interactions sociales sur le développement de la prise de conscience de soi cherchent à préciser quel est le rôle de l'«autre» dans l'accès aux caractéristiques de sa personne par l'enfant, que ce soit par le biais de la comparaison moi-autrui ou de l'intériorisation par le sujet des attitudes d'autrui à son égard (Mead, 1934; Wallon, 1946; Cottrell, 1969; Rodriguez-Tomé, 1972).

c) Les théories cognitivistes représentées par les analyses d'Heider (1958) et de Werner (1957) conduisent à donner à l'homme, objet de la psychologie, un statut comparable à celui du psychologue qui l'étudie et invitent donc à analyser le développement des processus d'attribution que le sujet est capable d'effectuer pour lui-même et autrui. Les travaux inspirés de ces théories sont ceux que l'on retrouve sous la rubrique «intelligence sociale» ou «cognition sociale» (Shantz, 1975; Chandler, 1977; Flavell, 1977).

B. *Connaissance de soi et connaissance d'autrui*

Il certain que l'étude de la connaissance de soi souffre de l'assimilation faite dans certains cas entre ce domaine d'étude et celui des processus qui permettent à l'enfant d'accéder à la connaissance d'autrui. Il est à cet égard symptomatique de noter que si Flavell (1977) dans son ouvrage *Cognitive development*, au chapitre consacré à la cognition sociale peut décrire les stades par lesquels l'enfant passe dans son accès à la connaissance d'autrui (en particulier, aux sentiments, pensées, attitudes et intentions de l'autre), il ne consacre qu'une page et demie à la rubrique *«self»*. L'auteur justifie la brièveté de cette analyse en soulignant que dans ce domaine manquent des investigations concrètes malgré la prolifération des spéculations théoriques.

Flavell fait essentiellement référence aux travaux de Livesley et Bromley (1973) qui considèrent que la connaissance de soi s'exprime chez des sujets de 7 à 14 ans en fonction des mêmes catégories descriptives que celles utilisées pour exprimer la connaissance d'autrui :

avec l'âge, les attributs du moi sont plus différenciés et moins globaux et les indices situationnels, comportementaux et les caractéristiques physiques sont utilisés avec une fréquence moindre au profit de caractéristiques psychologiques. Si connaissance de soi et connaissance d'autrui ne sont pas dissociées par ces auteurs, c'est parce qu'ils estiment que « la compréhension de soi-mêmeme et celle des autres sont des processus réciproques dans le développement; elles se facilitent l'une l'autre » (Livesley et Bromley, p. 235). Une telle perspective conduit le chercheur dans un certain nombre de cas à analyser la connaissance d'autrui et à estimer atteindre en même temps les processus sous-jacents à la connaissance de soi : mais n'est-ce pas là négliger a priori ce que les deux modes de connaissance peuvent avoir de spécifique et de différent ? Livesley et Bromley ne relèvent qu'une variante entre connaissance de soi et connaissance d'autrui : dans l'autoportrait apparaît un plus grand nombre de références aux goûts et besoins du sujet. Cependant, Flavell dans la même publication laisse entendre que la connaissance de soi ne se limite pas aux seuls aspects qu'il évoque si brièvement puisqu'il renvoie son lecteur à d'autres passages de l'ouvrage comme ceux qui concernent la prise de conscience de soi et de rôles liés au sexe, à l'émergence des sentiments d'individualité et à la compréhension que l'enfant a de son propre fonctionnement psychologique.

C. *Désintérêt de la psychologie à l'égard des processus conscients*

Pour expliquer la rareté de recherches s'intéressant au développement de la connaissance de soi, il ne faut pas évoquer seulement la non-dissociation entre ce domaine d'étude et celui de la connaissance d'autrui. Il faut aussi rappeler que le désintérêt de la psychologie envers l'étude du soi dépasse dépasse le cadre de la psychologie de l'enfant : le courant behavioriste a rendu suspect tout ce qui pouvait toucher à l'expérience subjective que chacun a de lui-même et a donc fait rejeter du champ des investigations l'étude des faits de conscience au profit des comportements. De plus, la popularité des thèses psychanalytiques à propos des déterminants inconscients de conduites a détourné l'attention de l'étude théorique du moi, comme le souligne A. Freud (1946) dans son ouvrage : *Le Moi et les mécanismes de défense*. On considère habituellement que c'est Allport (1943) qui le premier a contribué à réhabiliter l'étude du moi dans la psychologie contemporaine, dénonçant l'impasse dans laquelle se trouvaient les psychologues en se désintéressant d'une entité dont tout non-psychologue pouvait affirmer sans aucun embarras l'existence et en renonçant ainsi à étudier l'ensemble des connaissances que le sujet élabore à propos de lui-même.

D. L'attrait des spéculations théoriques à propos de la nature du « soi »

A la suite des incitations d'Allport, les travaux qui se sont intéressés aux propriétés et fonctions du savoir sur soi ont avant tout été préoccupés de réflexions théoriques, s'attachant à analyser le deuxième terme de l'expression « connaissance de soi » et à différencier le « soi » (« self »), objet de connaissance du « moi » (« ego »), sujet connaissant. A ce propos, un article de Symonds (1959) justement intitulé *The ego and the self* présente une synthèse de ces réflexions [1] qui témoignent d'intérêts proches de ceux déjà manifestés par James (1890), avec la distinction effectuée par cet auteur entre le « je », qui connaît ce qui est conscient, du « moi » qui est connu, le « je » et le « moi » étant deux aspects distincts mais non séparables du « soi ».

Cette tentative de limiter l'étude de la connaissance de soi au problème de savoir ce qu'est le « soi » reste contemporaine malgré le développement de plus en plus grand de travaux empiriques. Un exemple peut être donné : le symposium de l'A.P.S.L.F. (1973) qui avait pour thème « la connaissance de soi » s'est contenté, comme l'a remarqué Oléron dans la discussion générale, de centrer ses travaux sur le soi, négligeant d'analyser « ce qu'est la connaissance de soi, ses niveaux, en quoi elle consiste, comment elle se constitue, comment par exemple interviennent les mécanismes et processus psychologiques... » (1975, p. 349).

E. Difficultés méthodologiques

Production écrite ou orale de l'autoportrait

Les techniques d'obtention de l'autoportrait sont peu nombreuses et ne sont pas sans poser de nombreux problèmes d'application ou d'analyse des résultats.

---

[1] Sur la nature du « soi » on peut consulter aussi Chein (1944), Bertocci (1945), Sarbin (1952), Combs et Snygg (1959), Diggory (1966).

En effet, un premier type de méthode consiste à demander au sujet de produire un autoportrait exprimé le plus librement possible, soit au cours d'un entretien (par exemple, L'Ecuyer, 1975), soit par la production d'une description écrite (par exemple, Jersild, 1952; Burstin, 1959; Livesley et Bromley, 1973). Dans les deux cas se pose le problème des limitations inspirées par des capacités d'expressions verbales ou rédactionnelles[2] du sujet. Il est certain cependant que la méthode orale est à préférer, bien que plus coûteuse, car au cours de l'entretien le psychologue peut aider le sujet à développer ses affirmations en demandant des explicitations et des justifications, ce qui limite les expressions trop succinctes. Si le chercheur peut résoudre facilement ce type de problèmes, il reste alors confronté à ceux de l'analyse de contenu.

En tout cas, cette méthode d'interview ne peut être rejetée en raison des variations interindividuelles d'expression verbale, car étudier le développement de la connaissance de soi, c'est chercher à savoir comment l'enfant réalise une abstraction progressive des attributions de sa personne et en fonction de quels cadres de référence il les exprime. Comme l'ont souligné Huteau et Lautrey (1978), les représentations ayant trait à la connaissance de soi et à l'insertion sociale du sujet sont schématiques en raison de leur mode de construction qui permet à l'enfant et à l'adolescent de répondre aux exigences de la vie sociale : elles sont en effet le résultat d'un ensemble de processus qui ont conduit le sujet à résoudre les conflits auxquels il s'est trouvé confronté tout au long de son histoire, entre affirmation de ses besoins et désirs et contraintes et expériences sociales[3]. Dans cette mesure, l'objet de la connaissance sociale n'est pas comparable aux objets du monde physique : c'est essentiellement un objet de valeur, dont le sujet exprime le degré de désirabilité, comme le note Perron : « Un attribut de la personne ne peut être cognitivement construit, s'il n'est d'emblée et tout au long de cette construction investi de valeur » (1972, p. 20).

Autoportrait obtenu à partir de questionnaires, échelles d'attitudes et listes d'adjectifs

Un deuxième type de méthode utilisées dans le domaine de la connaissance de soi manipule des questionnaires, échelles d'attitudes

---

[2] On peut consulter Shantz (1975) pour une analyse plus détaillée de la méthode écrite.
[3] Une telle idée est aussi développée par Tap (1971, 1977) à propos de la représentation des rôles paternels et maternels, autre catégorie de représentations sociales.

ou listes d'adjectifs, dont les items permettent au sujet de déclarer s'il manifeste tel ou tel comportement, attitude, sentiment, motivation, trait de personnalité, qualité, etc... et de préciser avec quelle intensité ou fréquence.

Ces techniques permettent donc d'obtenir l'évaluation du « moi réel » du sujet, c'est-à-dire ce qu'il estime être actuellement, dans le présent. Très souvent, ce même instrument d'auto-évaluation est utilisé pour faire décrire au sujet son « moi idéal », c'est-à-dire ses souhaits et désirs de changement : seule la consigne donnée change. On calcule alors un indice d'« acceptation de soi » à partir de la différence existant entre les évaluations du « moi réel » et du « moi idéal ». A la suite des analyses de Rogers (1942, 1948), l'existence d'un décalage moyen entre les deux évaluations est considérée comme normale, en raison de l'attitude qui consiste à souhaiter ce dont on se voit ou se croit dépourvu. Un décalage important témoigne de l'insatisfaction du sujet vis-à-vis de lui-même, qui lui fait exprimer des désirs très éloignés de la réalité, alors qu'un accord trop étroit entre le réel et le souhaité peut être considéré comme un signe de camouflage défensif. Pour des cognitivistes comme Katz et Zigler (1967), une telle attitude résulte d'une absence de différenciation entre le niveau perçu et l'idéal.

Ces méthodes permettent aussi, à partir de l'expression du moi réel, d'obtenir un indice de conception de soi témoignant de la vue plus ou moins positive que le sujet a de lui-même, suivant qu'il déclare posséder des attributs socialement valorisés ou dévalorisés. Elles ont l'avantage de permettre la manipulation d'indices numériques facilement manipulables et comparables, mais pour inconvénient de placer le sujet dans un cadre déterminé par le chercheur qui ne propose pas toujours des items d'auto-évaluation adaptés au niveau de développement de l'enfant[4].

F. *Expression de la connaissance de soi et survalorisation*

A l'égard de ces méthodes utilisées pour obtenir un autoportrait, une critique est souvent formulée : elles contribueraient à provoquer des attitudes de survalorisation qui feraient que le sujet exprimerait une image de lui-même très différente de celle qu'il a en son for inté-

---

[4] On peut consulter Wylie (1961), Crowne et Stephens (1961), Perron (1959) pour une critique détaillée de ces méthodes.

rieur. Mais le besoin de se valoriser aux yeux d'un tiers n'est sans doute que la manifestation d'un processus plus général concernant la valorisation de soi. Le sujet a besoin de se donner à lui-même aussi une image positive et, comme le remarque Gilly, toute expression de la connaissance de soi est une constitution d'images qui «ne sont rien d'autre que des présentations de soi, qu'il s'agisse de présentation à soi-même ou de présentation à autrui» (1973, p. 793).

Il est certain que l'évaluation à partir d'items dont la connotation positive ou négative n'échappe pas au sujet, peut induire, dans certains cas, l'exacerbation d'attitudes de valorisation ou de dévalorisations excessives, mais ces attitudes se sont sans doute structurées tout au long du développement de l'enfant et ne sont pas dues aux seules circonstances de la passation d'un questionnaire. De toute façon, on peut préférer pour ces raisons la méthodes d'entretien qui laisse le sujet libre d'exprimer ou non des jugements de valeur.

Méthodes utilisées, données descriptives et explicatives

Ainsi, la présentation des méthodes utilisées pour étudier la connaissance de soi permet de préjuger de la nature des résultats obtenus. La connaissance de soi est analysée à travers les descriptions que le sujet fait de lui-même et les jugements de valeur qu'il porte sur les attributs de sa personne. Cependant, les descriptions que l'enfant fait de lui-même renvoient à l'utilisation de systèmes de référence qu'on ne demande que très rarement à l'enfant d'expliciter: par exemple, les jugements d'autrui, le degré d'accord entre ses attentes et ses conduites, adaptations ou inadaptations sociales, son propre fonctionnement psychologique, etc... Le sujet, même jeune, peut expliciter certaines des relations existant entre les caractéristiques qu'il s'attribue et les processus selon lesquels il a été amené à en prendre conscience. Au cours de ce chapitre une place non négligeable sera faite à quelques recherches qui permettent de penser que l'enfant et l'adolescent ont la capacité de décrire ce qu'ils sont mais aussi de donner une explication à ce qu'ils affirment à propos d'eux-mêmes.

2. La connaissance de soi chez l'enfant d'âge préscolaire

A. Connaissance de soi et connaissance du corps propre

Jusqu'à la publication de travaux récents, connaissance de soi de l'enfant d'âge préscolaire et représentation de l'image du corps étaient très souvent confondues : ce que l'enfant saurait de lui-même s'exprimerait essentiellement par l'énumération des différentes parties du corps, des traits physiques et des attributs vestimentaires (c'est-à-dire par un ensemble de caractéristiques extérieures). Une telle perspective (Stagner, 1961) tend à focaliser l'attention sur l'étude des différentes étapes de la constitution de l'image du corps et la description de ses caractéristiques essentielles par l'enfant. A ce propos, les travaux de Symonds (1951) ont souvent fourni un cadre de référence selon lequel le corps constitue le noyau primitif de la conscience de soi de l'enfant qui construit l'image qu'il a de lui-même, en identifiant les différentes parties du corps et en différenciant sensations somatiques et psychiques. Cette affirmation est parfaitement recevable mais non l'utilisation qui en a été faite, conduisant à considérer que la connaissance de soi du jeune enfant se limiterait à la connaissance du corps propre (Gellert, 1975). En effet, la condition de l'accès à la connaissance de soi est bien l'objectivation de soi résultant de la différenciation moi-autrui, moi-monde extérieur, ce qui permet à l'enfant de s'approprier son être corporel et son être psychologique, par la reconnaissance de son individualité : il s'agit là de l'ensemble des processus qui conduisent à la prise de conscience de soi. La connaissance de soi commence à s'élaborer à partir du moment où l'enfant développe sa capacité d'exprimer verbalement[5] certains des éléments de son identité, certaines de ses caractéristiques propres tant corporelles que psychiques.

---

[5] Se trouve posé là le problème de savoir quel est le rôle de l'acquisition de moyens d'expression verbale dans le développement de la connaissance de soi. Une telle question pourrait donner lieu à des prises de position théoriques importantes, exprimées dans des termes comparables à ceux utilisés par Oléron (1972) étudiant le rôle du langage dans le développement mental. Au point de vue de la constitution de la représentation que le sujet a de lui-même ou d'autrui et de leurs interrelations, le langage peut être considéré aussi comme l'instrument symbolique le plus adéquat dont dispose le sujet pour effectuer le passage entre réalités vécues et réalités connues et explicites. De toutes les façons, en dehors de toutes considérations théoriques, le psychologue peut difficilement faire l'inventaire des connaissances que le sujet a de lui-même, par la seule observation de ses comportements : le témoignage verbal du sujet à propos de lui-même est nécessaire...

Par exemple, les travaux de Keller (1978) et L'Ecuyer (1975) ont montré que l'enfant d'âge préscolaire de 3 à 5 ans, ne restreint pas la connaissance qu'il a de lui-même à la description de caractéristiques corporelles. Le « moi somatique » comprend aussi de nombreuses références aux aptitudes physiques (force physique, adresse, habiletés spécifiques), à l'état d'intégrité du corps (présence ou absence de maladies, blessures, états de fatigue) et surtout la connaissance de soi est exprimée de façon privilégiée en référence à des possessions d'objets ou de personnes [6].

B. Connaissance de soi, imitations, identifications et rôles sociaux

Les possessions d'objets sont chez l'enfant de 3 à 6 ans le moyen dont il dispose pour rendre compte de la connaissance qu'il a de lui-même en décrivant certains aspects de ses imitations (avec tel ou tel objet je fais comme papa ou maman) et en évoquant certaines des caractéristiques des personnes auxquelles il s'identifie (j'ai telle ou telle qualité qui est celle de papa ou maman) [7] : en effet, très fréquemment dans son autoportrait, l'enfant exprime s'il possède ou non les accessoires matériels qui accompagnent un rôle social donné : celui de la mère, du père, de la fille, du garçon, de l'écolier, de l'enfant plus âgé ou plus jeune. Les possessions d'objets permettent à l'enfant d'évoquer les jeux de rôle, la réalisation d'activités concrètes ou d'aspirations précises.

Keller (1978) estime que la connaissance qu'ont d'eux-mêmes les enfants de 3, 4 et 5 ans se manifeste par la description d'actions qui permettent au sujet de faire référence à ses compétences, c'est-à-dire à la valorisation ou à la dévalorisation des aspects de la personne qui correspondent à des comportements comparables ou non avec les caractéristiques de celui ou celle que l'enfant imite, ou auquel il s'identifie, conformes ou non aux attentes de rôles liées à l'âge et au sexe [8].

---

[6] Les études dont nous présentons ici les principaux résultats s'appuient sur les réponses d'enfants à des entretiens semi-directifs.
[7] Il n'y a pas lieu ci-après de discuter des rôles respectifs de l'identification ou de l'imitation dans les mécanismes d'apprentissage des rôles sociaux (ceci sera fait au chapitre III), mais seulement de souligner que l'enfant fait référence aux figures d'identification et aux personnes qu'il prend comme modèle pour exprimer ce qu'il sait de lui-même sous la forme de ressemblances ou différences.
[8] Le problème de la constitution de l'horizon temporel dépasse de beaucoup le cadre strict de la représentation des attentes de conduites spécifiques propres à un âge

En ce qui concerne les rôles liés à l'âge (B. Zazzo, 1969), la référence est celle de l'enfant plus jeune : le «bébé» dont l'absence d'autonomie est soulignée par l'enfant, ce qui lui permet d'affirmer ses propres progrès réalisés depuis peu. La comparaison avec l'enfant plus âgé est peu faite car la projection dans un futur lointain n'existe pas : il s'agit toujours d'un futur proche peu différencié du présent.

Pour ce qui est des rôles liés au sexe, la connaissance de soi ne s'exprime pas spontanément comme chez l'enfant plus âgé par un jeu de comparaisons. L'enfant se contente d'affirmer : «je suis un garçon», «je suis une fille» et cite quelques possessions matérielles (en particulier des jouets), caractéristiques du sexe auquel il appartient. C'est de cette manière qu'il exprime la connaissance de son identité sexuelle, et cela sans chercher à se différencier de l'autre sexe, tant il semblerait qu'il aille de soi de son point de vue, que ses comportements soient en accord avec ceux propres à son sexe.

Ainsi, la référence aux rôles liés à l'âge donnerait lieu à des différenciations, ce qui n'est pas le cas pour les rôles liés au sexe : ceci est compréhensible dans la mesure où l'enfant très tôt[9] sait que le sexe est un attribut invariable de sa personne alors qu'il ne découvre que plus progressivement que son destin est de se modifier avec l'âge par la prise de conscience et la différenciation des principaux aspects de cette transformation.

C. *Connaissance de soi et relations interpersonnelles*

L'Ecuyer (1975) dans son approche multidimensionnelle de la connaissance de soi d'enfants de 3, 5 et 8 ans montre qu'à l'âge de 3 ans les possessions de personne se limitent à des énumérations qui vont ensuite conduire l'enfant de 5 ans à décrire la nature des liens affectifs qui existent entre les autres personnes et lui-même.

---

donné : c'est l'enfant d'âge préscolaire qui limite la perception de son insertion dans la temporalité à ce point de vue. Chez l'enfant plus âgé, comme on le verra pp. 186 et sq, les représentations sont beaucoup plus diversifiées.
[9] C'est vers l'âge de 3 ans que l'enfant sait avec certitude quelle est son identité sexuelle : l'ensemble des travaux sur ce problème a été analysé par Kohlberg (1966) et Maccoby et Jacklin (1974). Les travaux plus récents sur ce sujet sont présentés dans le chapitre III de cet ouvrage.

Ce que fait essentiellement l'enfant d'âge préscolaire au cours de l'évocation de ses relations interpersonnelles, c'est représenter dans quelles circonstances il est amené à manifester des attitudes et sentiments positifs ou négatifs à l'égard des personnes de son entourage.

Ainsi, comme l'ont montré Cartron-Guérin et Reveillaut (1980) lorsque des enfants de 4 et 6 ans sont appelés à décrire les états émotifs (joie, colère, tristesse et peur) qu'ils ont pu observer sur autrui et sur eux-mêmes, ils définissent toujours l'émotion en fonction de sa cause déclenchante et non des désordres psychiques ou organiques qu'elle provoque. C'est l'adulte qui est avant tout considéré comme la personne responsable du déclenchement d'un état émotionnel agréable ou désagréable. L'enfant fait beaucoup moins référence à ses pairs et uniquement pour décrire les joies provoquées par les jeux entre camarades ou décrire les états de colère ou tristesse déclenchés par l'agression de ses camarades. Lorsque l'enfant évoque sa relation avec l'adulte, il exprime à la fois le besoin qu'il a de l'adulte (joie de recevoir quelque chose d'autrui, tristesse de la séparation d'avec l'adulte ou devant le manque d'attention) et son état de dépendance vis-à-vis de l'adulte quant à la satisfaction de ses propres désirs et l'obligation de se soumettre à l'autorité de la « grande personne ».

On peut donc considérer que la connaissance que l'enfant a de lui-même, exprimée à travers certains des aspects de sa relation à autrui privilégie des indices « externes » : les comportements d'autrui et les actions de l'enfant et non des indices « internes » qui correspondraient à la description des états psychologiques des partenaires sociaux. Cela semble confirmer certaines observations de Wolman (1971) selon lesquelles les jeunes enfants de 5 ans privilégient le contexte situationnel pour expliquer les causes d'apparition d'états émotifs ou physiologiques (la faim, la soif, le sommeil), alors que les sujets entre 7 et 13 ans font de plus en plus référence à des états internes, à la description de ce que le sujet ressent, à l'expression de ses désirs et motivations.

3. La connaissance de soi chez l'enfant d'âge scolaire et son évolution au cours de l'adolescence

A. *L'accès à la connaissance de sa personnalité*

Les conclusions auxquelles parvient l'ensemble des études sur le développement de la connaissance de soi à partir de 8 ans sont très comparables quelles que soient les perspectives théoriques des auteurs et les méthodes utilisées pour obtenir de l'enfant qu'il produise un autoportrait : l'âge de 8 à 12 ans est celui où se met en place la connaissance de sa personnalité par l'enfant. Pendant cette période, le sujet ne fait plus uniquement référence à des situations concrètes et spécifiques qui font apparaître l'autoportrait du sujet d'âge préscolaire comme une mosaïque d'anecdotes mais il peut évoquer ce qui est commun à plusieurs situations concrètes : certaines des caractéristiques de sa personne.

Caractéristiques de la personnalité privilégiées en fonction de l'âge

Guardo et Bohan (1971) analysant le développement du sentiment d'identité personnelle d'enfants de 8 à 10 ans ont montré qu'il est différent de ceux de 6 ans dans la mesure où les sujets acquièrent la capacité d'affirmer qu'ils conservent certains des caractères qui leur sont propres indépendamment des circonstances diverses où ils sont amenés à les manifester. C'est ce que soulignent aussi les analyses de Burstin (1956) qui comme celles des auteurs qui viennent d'être cités, sont d'inspiration piagétienne, en précisant de plus comment entre 10 et 13 ans, il y a passage d'une vue syncrétique de soi-même à la différenciation de certains aspects de sa personne : les jugements globaux font place à des remarques sur ce qui revient au caractère, aux aptitudes, aux habitudes morales, aux motivations, aux sentiments.

Déjà, Jersild (1952) analysant les productions écrites de 2.893 enfants, adolescents et jeunes adultes de 9 à 20 ans sur le thème : *« ce que j'aime en moi, ce que je n'aime pas »*, avait remarqué qu'un certain contenu psychologique apparaissait à tous les âges considérés. En effet, tous les sujets font référence à leurs sentiments vis-à-vis de telle personne, à leurs attitudes en face de telle situation, décrivent leurs traits de caractère ou de personnalité, précisent quelles sont leurs tendances émotionnelles et les capacités de contrôle dont ils disposent, etc. Il est regrettable que l'auteur n'ait pas cherché à analyser ce «langage psychologique» en fonction du niveau de développement des sujets, car on peut supposer que les notions auxquelles les plus jeunes enfants font référence ne sont pas les mêmes que celles de l'adolescent et qu'elles s'enrichissent et se différencient avec l'âge.

Ling (1962) par exemple, en procédant à une analyse factorielle des différents aspects de la représentation de soi, a pu montrer que les facteurs «capacités intellectuelles» et «acceptation par autrui» sont de plus en plus utilisés avec l'âge. De plus, les contenus psychologiques ne sont pas les mêmes pour les plus jeunes sujets et les plus âgés en ce qui concerne le facteur «stabilité émotionnelle» : les premiers font référence à leurs peurs et frayeurs et les seconds aux sentiments de peine, chagrin et bonheur. Piers et Harris (1964) par contre ont signalé les deux facteurs les plus pertinents de l'expression de la connaissance de soi, indépendamment de l'âge des sujets, entre 8 et 15 ans : «être soi-même» et «personnalité caractère et tendances émotionnelles».

Diversification et différenciation des éléments de connaissance de soi : caractéristiques externes et internes

D'autres travaux étudient la connaissance de soi en référence aux vues théoriques de Werner[10] (1957) selon lesquelles le développement cognitif procède d'une diversification et différenciation des éléments de connaissance et de leur intégration dans une structure hiérarchique d'interrelations de plus en plus complexes. Dans une telle perspective, il s'agit de déterminer comment l'enfant enrichit avec l'âge la connaissance qu'il a de lui-même et en différencie les principaux éléments; en particulier, comment il utilise les indices situationnels et ceux qui relèvent de son propre fonctionnement psychologique; et quelles sont les inférences qu'il est capable d'effectuer à partir de ces éléments. Les études de Katz et Zigler (1967) et de Mullener et Laird (1971) mettent en évidence quels sont les aspects du soi, de plus en plus nombreux avec l'âge, perçus par le préadolescent. En dehors de ce critère quantitatif, leurs analyses n'apportent

---

[10] Il faut relever que les développements théoriques de Werner ont inspiré un plus grand nombre de travaux ayant trait à la connaissance d'autrui qu'à la connaissance de soi. Par exemple, ceux de Crockett (1965), Scarlett (1971), Rosenback (1973). On peut consulter Livesley et Bromley (1973) pour avoir un aperçu de ce type de travaux et se rapporter au chapitre de cet ouvrage consacré à la connaissance d'autrui.

pas d'informations différentes de celles présentées à propos de l'accès à la connaissance de la personnalité.

Par contre, il est intéressant de signaler que ces études trouvent un prolongement dans d'autres plus récentes qui analysent la différenciation des éléments de la connaissance de soi en distinguant les cadres de référence « externes » au sujet : nom, possessions, références comportementales et les références « internes » qui permettent à l'enfant de considérer son propre fonctionnement psychologique. Selon Mohr (1978), entre 6 et 12 ans, les enfants utilisent de plus en plus de références « internes » telles que la description de leurs sentiments, pensées, et de leurs capacités à acquérir de nouvelles connaissances.

Ainsi, comme le remarquent Montemayor et Eisen (1977), de 8 à 12-13 ans, l'enfant dépasse le particulier et le concret pour accéder à la connaissance des caractéristiques de sa personnalité qu'il perçoit de plus en plus multiforme. Mais le développement de la connaissance de soi à la fin de la préadolescence n'est plus un processus additif : l'enfant possède l'ensemble des éléments de connaissance de lui-même et ce qui changera au cours de l'adolescence, c'est la manière dont il organisera ces connaissances et les inférences qu'elles permettront d'effectuer.

A la lecture de la plupart des travaux qui concernent ce problème, on pourrait conclure que l'enfant d'âge scolaire s'intéresse surtout aux caractéristiques les plus directement observables de sa personnalité et que ce serait au cours de l'adolescence qu'il manipulerait un certain nombre d'hypothèses à propos des processus propres au fonctionnement de sa personnalité. En quelque sorte, l'enfant d'âge scolaire serait un behavioriste capable de faire l'inventaire et de décrire les différents aspects de ses comportements et leurs principales causes déclenchantes, sans s'intéresser aux processus qui leur sont sous-jacents.

Trois directions de recherche sont susceptibles de nuancer une telle affirmation, même si l'adolescence, comme le pense Montemayor et Eisen (1977), reste l'âge privilégié des théories psychologiques à propos de soi. Ces recherches s'intéressent : 1) aux savoirs psychologiques de l'enfant à propos de lui-même et d'autrui; 2) au *locus of control* ; 3) aux théories du développement selon l'enfant et aux problèmes de la constitution du sentiment d'identité.

L'aperçu qui va être donné ci-dessous montrera que malheureusement les données dont on dispose sont trop peu nombreuses et

B. Les savoirs psychologiques de l'enfant à propos de lui-même

Les quelques recherches que l'on peut relever dans la littérature s'intéressant aux conceptions que l'enfant a de la causalité psychologique ne déterminent pas si les explications données par l'enfant procèdent de la connaissance qu'il a de lui-même, d'autrui, ou des deux. En l'état actuel des connaissances, les interactions existant entre connaissance de soi et d'autrui ne sont pas clairement déterminées et on ne peut répondre à la question de savoir laquelle de la connaissance de soi ou de la connaissance d'autrui est antérieure à l'autre. Des auteurs comme Chandler et Greenspan (1972), Chandler (1977) avancent cependant l'hypothèse selon laquelle chez le jeune enfant la connaissance de soi précéderait la connaissance d'autrui dans la mesure où le jeune sujet ne serait capable d'attribuer à autrui que ce qu'il s'est déjà attribué à lui-même. De toute façon, il est certain que les situations prétextes à partir desquelles les capacités explicicatives de l'enfant sont étudiées mettent en jeu un petit garçon ou une petite fille dont on peut penser qu'ils représentent aux yeux de l'enfant son « alter ego ». Ceci est flagrant dans les études portant sur la connaissance que l'enfant a des états émotifs d'autrui [par exemple, celles de Borke (1971) et Green (1977)].

Les déterminants des conduites selon l'enfant

Un premier courant de recherche s'est intéressé à l'étude des déterminants inconscients des conduites et a pu montrer que c'est vers 8-9 ans que l'enfant accède à la compréhension de certains mécanismes inconscients tels que le transfert, le rêve, la projection, la régression, le refoulement, la rationalisation et la négation. Whiteman (1967) a trouvé que les enfants de 5-6 ans restent très dépendants du déroulement des événements pour expliquer les comportements régis par de tels mécanismes auxquels ils ne font pas directement référence. A 8-9 ans, ces mécanismes dans leur ensemble sont beaucoup plus souvent évoqués (mais seulement par 5 à 38 % des sujets selon le mécanisme considéré) et ce sont le refoulement et le transfert qui sont les mieux compris alors que la rationalisation et la régression sont très difficilement expliquées par les enfants. King (1971) a pu montrer de la même façon que les mécanismes de régression et de transfert sont d'autant mieux compris entre 4 et 9 ans que le sujet est plus âgé. De telles études demanderaient à être poursuivies, d'autant plus que l'on ne sait pas grand-chose des connaissances que l'adolescent et l'adulte qui n'ont pas été confrontés antérieurement à une explication de type psychologique, ont des déterminants inconscients de leurs conduites.

En ce qui concerne les déterminants conscients, King (1971) a étudié la capacité de l'enfant à différencier l'accidentel de l'intentionnel. Les enfants d'âge préscolaire ne sont pas capables d'une telle distinction dans la mesure où toutes les causes d'états psychologiques sont décrites en fonction de circonstances extérieures au sujet et non d'intentions qui lui seraient propres. C'est entre 8 et 9 ans qu'apparaîtrait une telle différenciation, l'enfant tenant alors compte des intentions et les considérant comme cause directe de certaines des situations où il est impliqué.

Le « locus of control »

Sous la rubrique *« locus of control »* (cf. aussi Chapitre I, p. 43), on peut placer les travaux qui interrogent l'enfant pour savoir s'il affirme l'efficacité de ses décisions personnelles (qui sont fonction de ses motivations, désirs, besoins, etc.) ou s'il conçoit sa relation avec son environnement social comme dépendante d'événements qui lui sont extérieures et dont il ne peut infléchir le cours. De telles recherches posent donc le problème de savoir à partir de quel âge les enfants sont capables de se percevoir et de se juger comme responsables de ce qui leur arrive (ce sentiment de responsabilité serait un des éléments de la conscience de soi), ou de considérer autrui comme directement responsable de ses actes.

Il apparaît que l'enfant jeune considère les déterminants de ses conduites comme extérieurs à lui-même et qu'avec l'âge est évoquée de plus en plus fréquemment la possibilité d'un autocontrôle en relation avec les intentions personnelles du sujet et les possibilités offertes par son propre fonctionnement psychologique (Shaw et Uhl, 1971; Solomon, Houlihan et Perelius, 1969; Stephens, Delys, 1973; Gruen, Korte, Baum, 1974). Il faut souligner qu'une telle attitude est sans doute susceptible de se manifester selon d'importantes différences interindividuelles, car on sait que certaines personnalités ont tendance à fonctionner en rendant responsable autrui et la société du déroulement de leur vie et que d'autres au contraire développent des sentiments de responsabilité personnelle qui peuvent aller jusqu'à la culpabilisation. Rotter (1966) a pu établir par exemple une typologie distinguant les personnes s'attribuant volontiers la responsabilité de leurs actes, et celles qui invoquent des causes externes. De plus, le milieu socioculturel auquel appartient l'enfant ne lui fournit sans doute pas le même type d'explication quant à la causalité des événements (Battle et Rotter, 1963).

Le développement de l'identité du moi à travers la prise de conscience de sa propre évolution

L'étude de l'enfant face à la théorie de son propre développement pourrait être l'un des secteurs privilégié de l'investigation des savoirs de l'enfant quant à son propre fonctionnement psychologique, comme le souligne Brim (1977). Il a été montré que l'enfant peut constater les modifications survenues au cours de son développement et anticiper les transformations futures. Pour se situer sur l'échelle des âges, l'enfant dans un premier temps constate les progrès accomplis depuis peu et ne se représente l'acquisition de possibilités nouvelles que dans un avenir très proche. Ce n'est qu'à partir de 11-12 ans que les préadolescents deviennent attentifs à ce qu'il leur faut devenir à plus long terme et commencent à s'identifier à l'adulte (Lévine, 1958) tout en continuant à valoriser leur âge propre, car ils sont de plus en plus conscients des responsabilités liées au statut de l'adulte (B. Zazzo, 1969).

Il pourrait être pertinent de demander à l'enfant pourquoi il a changé ainsi et en quoi il continuera à évoluer : on pourrait de cette façon analyser son savoir sur les mécanismes sous-jacents aux transformations dues à l'âge : L'enfant est-il susceptible de fournir certaines explications quant à son développement et à partir de quel âge souscrit-il à l'idée, familière pour l'adulte, selon laquelle il devient différent tout en étant cependant le même ? On peut penser que l'enfant accède au sentiment de l'identité de son moi, c'est-à-dire accède à la prise de conscience des caractéristiques invariantes de sa personne par deux processus.

1. D'une part en identifiant les traits permanents de sa personnalité, malgré les contacts différents où il est amené à les manifester; (p. 186) on a vu que c'est vers 8-9 ans que l'enfant acquiert une telle capacité.

2. D'autre part par la prise de conscience que le sujet réalise de la possibilité qu'il a d'agir d'une certaine façon dans telle situation et

d'être tout à fait différent dans un autre contexte (par exemple, face à une figure d'autorité dans sa famille, à l'école).

Il s'agit donc pour l'enfant d'exprimer la connaissance qu'il a de lui-même à la fois du point de vue du semblable et du différent. On ne sait rien de la manière dont l'enfant réalise et explique de telles différences dans ses comportements et fort peu de choses à propos de la constitution d'un noyau stable de représentations que l'enfant construirait et enrichirait malgré la prise de conscience des changements dus à l'âge. En effet de tels problèmes sont formulés sur le plan théorique [11], mais bien peu d'éléments de réponse y sont apportés. La plupart du temps, les chercheurs se sont contentés d'analyser le degré de ressemblance entre deux autoportraits d'un sujet, à deux moments de son développement.

Par exemple, Engel (1959) a comparé l'opinion positive ou négative que le sujet a de lui-même à 13-14 ans puis à 15-16 ans : ce sont les sujets dont l'indice de conception de soi est le plus positif qui ont les auto-évaluations les plus stables sur cet intervalle de temps. Carlson (1965) a recueilli les premières évaluations au cours de la préadolescence (sujets de 11 à 12 ans) et a revu les mêmes sujets cinq ans plus tard. L'auteur constate que le degré d'acceptation de soi est resté constant mais que cependant, les sujets n'utilisent pas les mêmes critères d'auto-évaluation selon leur âge. En particulier, les représentations liées au rôle du sexe prennent de plus en plus d'importance avec l'âge.

De tels résultats permettent de penser que la valorisation de l'image de soi est antérieure à l'adolescence et qu'il n'y a plus de changement important au niveau de ce processus par la suite. L'étude de Carlson invite aussi à conduire une investigation plus systématique de la constitution des cadres de références sociaux de la connaissance de soi. Ce point de vue sera pris en considération ci-dessous, mais il ne sera cependant pas possible en l'état actuel de recherche de conclure quant à ce problème de la genèse et de la structuration d'un ensemble de représentations restant identique ou non au cours du développement du sujet.

---

[11] Par exemple Lecky (1945 et 1964) avec l'exposé de la théorie de la *« self consistency »* conduit à s'interroger sur l'élaboration que le sujet a de représentations compatibles les unes avec les autres : la manière dont chaque individu conçoit sa propre personne serait une organisation d'idées cohérentes entre elles qui permettraient de faire concorder conduites et idées que l'on a de soi. Pour Cattell (1950), la connaissance de soi contribue à organiser le comportement de l'individu qui recherche la cohérence entre ses conduites présentes et celles qu'il a réalisées dans le passé et la projection qu'il effectue de lui-même dans le futur.

Il faut de plus signaler qu'à notre avis les recherches qui s'intéressent aux relations existant entre la représentation que l'enfant a de lui-même dans le présent et la projection qu'il réalise dans le futur sont un biais possible pour l'étude de l'insertion du sujet dans la temporalité. En particulier, l'étude des attentes scolaires et professionnelles du sujet d'âge scolaire (et non plus seulement de l'adolescent en raison des problèmes d'orientation qui sont les siens) sont un champ d'investigation pour étudier les mises en relation que les sujets font entre leur image actuelle et future.

Par exemple, Cartron-Guérin et Lévy (1980) ont montré que si le degré d'optimisme vis-à-vis de l'avenir est le même dans une population de préadolescents réussissant bien et mal à l'école, les bons élèves ont une représentation du futur à plus long terme que celle de mauvais élèves et ils privilégient davantage le devenir de leur personne, alors que les projets d'avenir des mauvais élèves concernent davantage leur vie familiale. De même, dès l'âge de la fin de scolarité élémentaire, l'enfant pourrait tenir compte de son niveau de réussite scolaire et être influencé par des facteurs socioculturels pour prévoir son avenir scolaire et professionnel (Cartron-Guérin et David, travaux en cours).

C. *Connaissance de soi et cadres de références sociaux*

Connaissance de soi et moi idéal

Le moi idéal peut être considéré comme l'organisation de l'ensemble des aspirations d'un sujet concernant sa propre personne : ses désirs de changement exprimés dans le présent (ce qu'il souhaiterait être) et ceux se rapportant au futur à plus ou moins long terme (ce qu'il souhaiterait devenir, ce en quoi il souhaiterait changer). La différence entre le « moi réel » du sujet et son moi idéal est considérée comme le signe d'un fonctionnement normal de la personnalité, si elle se situe dans des valeurs moyennes. Le plus souvent le moi idéal est défini en fonction de conceptions inspirées de Mead (1934) et d'auteurs s'intéressant aux processus de prise de rôle (Sarbin, 1950; Kohlberg, 1963) : c'est la résultante des aspirations d'un sujet telles qu'elles lui ont été suggérées par les personnes de son entourage au cours des interactions sociales et telles qu'il les a reprises à son propre compte, témoignant ainsi de l'intériorisation des normes sociales et des attentes d'autrui liées aux rôles sociaux. Leahy et Huard

(1976) ont pu montrer par exemple que ce sont les mêmes enfants qui manifestent leur capacité à prendre le rôle d'autrui dans une tâche de communication et qui différencient aussi le mieux le niveau du réel et du souhaité. Ce sont des sujets dont l'indice d'acceptation de soi est le plus élevé.

Cependant, les processus de la connaissance de soi en relation avec la formation du « moi idéal » ne doivent pas être considérés dans le strict cadre de l'apprentissage des rôles sociaux : certes, l'enfant intègre des règles structurées qu'il a inférées de l'observation des conduites d'autrui ou de ce qu'on lui en a dit de façon plus ou moins explicite. Certes le système de valeurs auquel le sujet se réfère pour exprimer ce qu'il est, pour dire ce qu'il perçoit et sait de lui-même dépend du système de valeurs des groupes sociaux auxquels il participe; mais la référence qu'il peut faire aux rôles, normes, systèmes de valeurs pour exprimer la connaissance qu'il a de lui dépend aussi de la manière dont il a résolu les conflits dans lesquels il s'est trouvé placé au cours de son histoire, pris entre l'affirmation de ses besoins et désirs et l'ensemble des exigences sociales auxquelles il s'est conformé ou qu'il a rejetées au nom de ses aspirations propres.

L'enfant et l'adolescent passent au cours de leur développement par des phases de conformisme et d'adhésion aux valeurs des groupes sociaux d'appartenance ou au contraire d'opposition et de contestation. Ce qui définit entre autres l'adolescence, c'est qu'elle correspond à une période où des conflits et des divergences se manifestent vis-à-vis des modèles et normes intériorisées au cours de l'enfance dans le cadre familial et scolaire : l'adolescent adhère alors à un nouveau système de valeurs, celui du groupe des pairs.

On peut constater à partir d'un ensemble de recherches, dont celles d'Archenbach et Zigler (1963), Katz et Zigler (1967), Katz, Ziegler et Zaik (1975) peuvent être considérées comme des exemples représentatifs, que, vers l'âge de 8 ans, la différence moi réel-moi idéal est faible et qu'elle est de plus en plus importante jusqu'aux environs de 14-15 ans. Il y a ensuite stabilisation de cet écart. Cette différenciation progressive du niveau du réel et du souhaité va de pair avec un indice de conception de soi qui, lui, est de plus en plus négatif jusqu'à 12 ans et qui exprime ensuite une image de soi de plus en plus valorisée chez l'adolescent (Piers et Harris, 1964). Et enfin, il faut savoir que si les enfants font de plus en plus référence à des jugements négatifs dans l'autoportrait entre 8 et 14 ans, c'est au cours de l'adolescence que les évaluations positives redeviennent les plus fréquentes (Kokenes, 1974; Cartron-Guérin et Viaux, 1975).

L'ensemble de ces données semble devoir être mis en relation avec la manière dont l'enfant perçoit, de mieux en mieux avec l'âge, quelles sont les attentes et les exigences du milieu social. Si l'enfant désire de plus en plus changer, si la connaissance qu'il a de lui-même se fait en référence à des évaluations assez dévalorisantes et à des jugements plus souvents négatifs que positifs, c'est sans doute parce qu'il a pris plus clairement conscience de son inadéquation par rapport aux attentes d'autrui et tout particulièrement de l'adulte.

Il est probable que les débuts de l'adolescence correspondent au moment où le sujet est le plus sensible aux déviations qu'il actualise dans ses comportements par rapport aux exigences sociales. On peut faire l'hypothèse que deux processus contribuent, par leur intervention, à redonner au sujet une vue plus positive de lui-même : la relativisation des modèles sociaux et l'adaptation aux exigences des normes sociales, en particulier à celles en vigueur dans le groupe des pairs. En effet, au cours de l'adolescence, il y a, en raison de la remise en cause du système de valeurs du sujet, acquisition de l'idée qu'il existe, dans la plupart des cas, un décalage important entre intentions et réalisations et que le niveau de l'idéal n'est qu'un objectif partiellement réalisable; en même temps, l'adolescent découvre que les systèmes de valeurs peuvent être multiples et dépendre des groupes d'appartenance, et qu'à l'intérieur du même groupe, suivant les circonstances, la même valeur peut avoir un degré de prégnance très différent. Enfin, il est probable que les adolescents qui adoptent des comportements conformes à ceux proposés par le groupe des pairs restaurent de cette façon la conception qu'ils ont d'eux-mêmes.

Rodriguez Tomé (1972) a bien montré dans quelle situation se trouvait l'adolescent vis-à-vis de sa famille et du groupe des pairs : l'image sociale[12] des pairs est perçue comme étant plus favorable à son égard que celle des parents et l'adolescent se déclare d'autant plus intégré au groupe des pairs qu'il est mal à l'aise dans sa famille et anticipe chez ses parents une image sociale négative.

Rodriguez Tomé a utilisé une voie d'investigation pertinente des relations existant entre auto-évaluations et cadres de référence sociaux, en interrogeant directement les adolescents. Selon cette méthode beaucoup pourrait être fait encore. Pour les adolescents eux-mêmes, dans quelle mesure les attentes du milieu servent-elles

---

[12] Selon Rodriguez Tomé, l'image sociale est la conscience de soi pour autrui et correspond donc à la représentation de lui-même que le sujet attribue à ses différents partenaires sociaux : sa mère, son père, ses camarades filles et garçons.

de cadre de référence pour accéder à la connaissance qu'ils ont d'eux-mêmes ? Quelle est l'interprétation donnée par eux des conflits dans lesquels ils se trouvent pris, entre le désir de se conformer aux normes de tel groupe au détriment de tel autre ? Quelle prise de conscience ont-ils du décalage existant entre leurs intentions et leurs attitudes et comportements ? Quelles relations y a-t-il, de leur point de vue, entre le système de valeurs acquis pendant leur enfance et celui qui est adopté au cours de l'adolescence ? Recueillir ainsi les opinions des adolescents sur les cadres de références sociaux de la connaissance de soi et les rapports entre réel et idéal serait là encore chercher à analyser selon quels mécanismes les sujets réalisent un autocontrôle des influences sociales auxquelles ils sont exposés. D'un point de vue méthodologique, cela voudrait dire que le chercheur ne se contenterait plus de faire exprimer au sujet des opinions, attitudes, auto-évaluations à partir de techniques qui se limitent à l'obtention d'un autoportrait mais qui feraient exprimer aussi aux sujets des justifications, explications et rationalisations.

Connaissance de soi et connaissance d'autrui

Etudier la connaissance de soi en fonction des systèmes de valeurs, normes, rôles sociaux, c'est considérer le sujet dans sa relation avec les différents groupes sociaux d'appartenance. Mais on peut aussi examiner le même sujet dans sa relation à des autruis spécifiques et étudier alors les processus d'individuation qui se manifestent par la capacité que l'enfant acquiert au cours de son développement à se différencier d'autrui : différenciations entre les jugements que le sujet porte sur lui-même et ceux qu'autrui porte sur lui ou qu'il attribue à autrui d'une part et différenciation entre caractéristiques propres et caractéristiques d'autrui, d'autre part. La connaissance que le sujet a de lui-même dépend à la fois de la comparaison faite entre ce qu'il estime être selon lui et estime être pour autrui (différenciation de l'image propre et des images sociales pour reprendre la terminologie utilisée par Rodriguez-Tomé, 1972) et de la comparaison moi-autrui : ce que je suis - ce qu'est autrui - ce par quoi nous nous ressemblons - ce par quoi nous nous distinguons.

Connaissance de soi et jugements attribués à autrui

Les travaux qui comparent les auto-évaluations de l'enfant et les jugements d'autrui tendent à confirmer l'idée développée par Mead

(1934) selon laquelle le « soi » ne peut pas être appréhendé directement par l'individu et c'est seulement lorsque le sujet prend les points de vue des autres membres du groupe et qu'il adopte les attitudes d'autrui qu'il peut exister en tant que soi. Les recherches en relation avec une telle perspective se sont le plus souvent limitées, chez l'enfant, à l'étude des corrélations existant entre la conception que l'enfant a de lui-même et celle qu'autrui en a. Autrui pouvant être les parents (Helper, 1955; Carlson, 1965), les enseignants (Chickchering, 1952; Fink, 1962; Gilly, 1968), et les autres enfants (Perkins, 1958).

Bien sûr, les résultats font toujours apparaître des corrélations positives plus ou moins élevées suivant la technique de questionnement, suivant aussi le fait qu'autrui a ou non une image positive de l'enfant, car les jugements d'autrui sont toujours mieux adoptés s'ils sont positifs. Par exemple, les bons élèves ont une représentation d'eux-mêmes qui est beaucoup plus concordante avec celle de l'enseignant que les mauvais élèves (Gilly, 1971).

De toute façon, les recherches auxquelles il est fait référence ici ne se placent pas dans une réelle perspective génétique : elles n'étudient que les enfants d'une ou deux classes d'âge sans que les résultats obtenus permettent de préciser à partir de quand l'enfant est capable d'attribuer à autrui des opinions qu'il déclare semblables ou différentes des siennes et si l'enfant dans son autoportrait, de façon explicite, fait référence aux jugements d'autrui. Ces études de corrélations laisseraient en quelque sorte supposer que l'enfant adopterait les jugements d'autrui par un processus passif d'imprégnation : l'enfant ferait siens des jugements imposés du dehors. Ce problème peut se poser dans les termes déjà utilisés par Cooley (1902) : l'enfant accède-t-il à la connaissance de lui-même en reflétant la perception qu'autrui en a ou bien considère-t-il le « moi devant le miroir » et met alors en jeu ses propres capacités de jugement, acceptant pour partie ou rejetant les évaluations d'autrui ?

Les recherches qui s'intéressent à la constitution et à la différenciation des images propres et des images sociales peuvent éclairer ce problème, de même que celles permettant de préciser dans quelle mesure l'enfant fait référence à ces images sociales dans son autoportrait.

Les travaux de Rodriguez Tomé (1972) concernent la période de l'adolescence pendant laquelle il y a différenciation progressive de l'image propre et des images sociales. Selon cet auteur, à la fin de l'adolescence, le sujet reconnaît distinctement son identité pour soi et pour autrui, les différences étant cependant moins grandes pour les images sociales des pairs que pour celles des parents. En effet, les pairs représentent un « alter ego » que permet l'adoption de nouvelles normes et règles du jeu social. Ainsi, si la connaissance de soi est dépendante de l'opinion d'autrui, elle s'exprime aussi par l'affirmation de sentiments d'identité propres, différents de ceux attribués à autrui.

Cartron-Guérin (travaux en cours) comparant, dans une perspective semblable, les jugements d'enfants âgés de 8, 10 et 12 ans avec ceux de leur enseignant[13] a trouvé des résultats qui tendent à faire penser que ce processus de différenciation fonctionne avant l'adolescence. Avec l'âge on observe une plus grande concordance entre la représentation de soi et la représentation du maître d'une part, et entre la représentation de soi et la représentation attribuée au maître par l'enfant[14]. Ces résultats conduisent à penser que l'enfant est actif au cours de cet apprentissage des jugements d'autrui et que cette activité est sous-tendue par un jeu de comparaisons entre image propre et images sociales. Il serait nécessaire d'analyser dans le détail son mode de fonctionnement et savoir ce que l'enfant accepte ou refuse des opinions d'autrui aux différents moments de son développement au cours de la constitution du sentiment d'identité.

La comparaison moi-autrui

L'étude de la comparaison moi-autrui a donné lieu à peu de recherches malgré le courant théorique développé par Wallon (1946). Cet auteur a posé le problème des relations existant entre connaissance de soi et connaissance d'autrui, réfutant l'idée avancée par la psychologie introspective selon laquelle le sujet doit d'abord prendre conscience de son moi avant de pouvoir invoquer celui des autres, car l'un serait connu intuitivement et l'autre par analogie. Pour Wal-

---

[13] Le maître ou la maîtresse pour les enfants à l'école élémentaire et le professeur de français pour les enfants au C.E.S. Une comparaison entre les jugements de l'enfant et ceux de l'adulte a été effectuée à partir de l'analyse de la concordance des justifications exprimées par l'un et l'autre pour expliquer des jugements portés sur une échelle d'attitude.
[14] Une autre recherche (Cartron-Guérin, travaux en cours) a permis de constater que les sujets entre 8 et 12 ans différencient de mieux en mieux leurs jugements personnels de ceux attribués à autrui, au sens où, avec l'âge, les sujets expriment de plus en plus de jugements personnels dans l'autoportrait et de jugements attribués à autrui pour les images sociales, alors qu'à 8 ans il y a une prédominace de l'utilisation des jugements personnels dans les deux types de représentations.

lon (1941), la comparaison constante de soi-même et d'autrui que l'enfant réalise à partir de 3 ans rend possible l'élaboration concomitante de la conscience de soi et d'autrui. Le développement de la pensée catégorielle permettra ensuite au sujet de définir les propriétés des personnes ou de lui-même qui sont différentes ou équivalentes et donc de prendre en compte, dans ce jeu de comparaisons, certaines des caractéristiques de sa personne.

Quel type de comparaisons l'enfant et l'adolescent manipulent-ils ? Expriment-ils indifféremment des similtudes ou des différences ou l'une des modalités est-elle préférée en fonction de l'âge ? Quel est le contenu de telles représentations ? Quel autrui est mis en jeu dans ces comparaisons : un autrui spécifique, le père, la mère, le meilleur ami ou un autrui généralisé : les adultes, les filles et les garçons de mon âge ? etc... Voilà les questions qu'inspirent les affirmations walloniennes. Peu d'éléments de réponse peuvent y être apportés. Ceux auxquels on peut se référer concernent le sentiment que l'enfant ou l'adolescent ont d'être semblables ou différents de leurs pairs, soit comme l'analyse B. Zazzo (1966) que le sujet refuse comme siennes les caractéristiques qu'il attribue aux autres, soit qu'il prête aux autres ce dont il se croit dépourvu et qu'il aimerait éventuellement posséder.

Cartron-Guérin (travaux en cours) a étudié chez l'enfant de 8 à 12 ans un des aspects du développement de cette capacité à se comparer avec l'autre enfant : le meilleur ami et le garçon et la fille du même âge. Les enfants de 8 ans sont capables de se décrire et de décrire autrui mais coordonnent rarement ces deux points de vue, la comparaison explicite devenant beaucoup plus fréquente à 10 ans. A 8 et 10 ans, les sujets expriment davantage de ressemblances que de différences, mais à 12 ans on trouve une répartition équivalente entre ces deux modalités de réponse. Toujours à 8 et 10 ans, les sujets donnent le même type de réponse qu'il s'agisse d'un autrui spécifique ou d'un autrui généralisé, alors qu'à 12 ans, les sujets expriment beaucoup plus de différences pour l'autrui généralisé que pour l'autrui spécifique qui commence à être perçu comme un « alter ego », attitude qui se développera au cours de l'adolescence.

En effet, selon B. Zazzo (1966), la comparaison à autrui fait apparître chez les adolescents à la fois la manifestation d'un sentiment de solidarité avec les contemporains et un effort de différenciation — les manifestations de cette différenciation étant une opposition aux stéréotypes plus souvent rejetés pour soi-même que pour autrui et l'affirmation de besoins, aspirations, motivations plus rarement reconnues pour autrui que pour soi-même. Il semblerait ainsi que l'image des contemporains est davantage tributaire des représentations sociales stéréotypées alors que l'image de soi s'en différencie.

Ces résultats montrent que le besoin de s'affirmer semblable et différent sont des processus sous-jacents à la constitution du sentiment d'identité personnelle. On peut noter l'émergence de ce sentiment dès 10 ans, qu'il s'agisse du rejet face aux images sociales ou face aux représentations que l'enfant a de ses contemporains. Chez le sujet jeune les ressemblances aussi bien entre image propre et images sociales qu'entre identité reconnue pour soi-même et pour autrui sont prédominantes, alors qu'avec l'âge les différenciations sont de plus en plus fréquentes dans les deux cas.

4. Conclusion

L'étude du développement de la connaissance de soi peut être conduite à trois niveaux d'analyse :

1. La description des attributions du sujet qui traduisent l'appropriation de certaines de ses caractéristiques propres : il a montré que les éléments de la connaissance de soi étaient clairement différenciés vers l'âge de 12 ans. L'enfant sait alors ce qui est du domaine des contextes situationnels, des manifestations comportementales, des attitudes, des traits de personnalité et de caractère, de la manifestation d'états émotionnels, des besoins, intentions, motivations, etc... L'enfant est parvenu à identifier certaines des caractéristiques de sa personne à travers la diversité et la complémentarité des situations qu'il vit et aussi à travers les changements dus à la succession des âges. En l'état actuel des recherches, on peut faire l'inventaire de ce que l'enfant est capable de décrire de lui-même lors des différentes étapes de son développement.

2. La connaissance que l'enfant aurait des processus qui régissent son propre fonctionnement psychologique. L'enfant et l'adolescent semblent capables de manipuler un certain langage psychologique et de procéder à certaines inférences à partir de l'observation de leurs conduites. Tout, ou presque, reste à faire dans ce domaine de recherche en relation avec l'étude de la connaissance que le sujet a des processus psychologiques en général.

3. Les relations entre la connaissance que le sujet a de lui-même et ce qu'il a appris des systèmes d'évaluation de ses conduites dans les différents groupes sociaux d'appartenance (en particulier, systèmes de valeurs, normes et rôles sociaux); les relations entre connaissance de soi et connaissance d'autrui : qu'il s'agisse de la confrontation de l'image propre et des images sociales ou de la comparaison des attributs dévolus à autrui et à soi-même. Il a pu être précisé à partir de quand et selon quelles modalités l'enfant et l'adolescent utilisent ces divers cadres de référence sociaux, mais il reste à éclairer le problème de la prise de conscience éventuelle réalisée par le sujet du rôle des déterminants sociaux de la connaissance de soi.

Un dénominateur commun semble exister entre ces trois directions d'étude : celui des processus mis en jeu par l'enfant lors de l'identification du semblable et du différent, face à une réalité : la sienne, dont la caractéristique essentielle est de changer, l'environnement social étant modifié lui aussi au fur et à mesure des transformations liées à l'âge. Ce sentiment d'identité personnelle que le sujet construit au cours de son développement provient de la détermination des caractéristiques relativement stables de sa personnalité à travers la diversité et la complexité des situations mêmes et à travers les changements dus à l'âge. Ce sentiment d'identité personnelle est sous-tendu aussi par des processus d'individuation qui permettent à l'enfant puis à l'adolescent de se différencier d'autrui et des opinions d'autrui, tout en se considérant semblable à autrui pour certaines de ses caractéristiques et en souscrivant à quelques-uns des jugements formulés par autrui : ces identifications du semblable et du différent, rappelons-le, ont lieu au cours de la confrontation de l'image propre et des images sociales et de la comparaison des attributs dévolus à soi-même et à autrui. Le sentiment d'identité personnelle, enfin, parvient de la différenciation entre le niveau du réel et de l'idéal élaboré par l'intériorisation des valeurs, normes et modèles sociaux. Le sujet découvre que la projection de soi dans le futur, que l'expression de désirs de changement, ne peut se faire sans tenir compte de la réalité de ses conduites présentes.

Chapitre V
La connaissance des phénomènes psychologiques

L'observation courante nous apprend que, par la mise en œuvre de conduites — plus ou moins diversifiées selon son niveau de développement physique, cognitif, affectif — l'enfant, dès son plus jeune âge, obtient de son entourage la satisfaction d'un certain nombre de ses besoins et désirs. Quelles relations peut-on mettre en évidence entre ces savoir-faire et les connaissances que l'enfant acquiert relativement à l'existence et à la nature des faits et/ou des états psychologiques chez lui-même et chez autrui ? C'est ce dont nous traiterons dans ce chapitre, en nous appuyant essentiellement sur des analyses et des recherches consacrées à l'étude du développement de certaines activités cognitives telles que la perception, la compréhension, la mémorisation.

Sans préjuger, pour le moment, des modes d'acquisition et des différents niveaux d'élaboration qui peuvent caractériser la connaissance des faits et des états psychologiques, on peut dire, d'une façon extrêmement générale, qu'elle consiste à reconnaître, admettre, inférer, que des phénomènes psychologiques internes se déroulent, chez soi-même et chez autrui. Relativement à soi-même, on saura par exemple, que telle situation provoque habituellement la colère, la perplexité, ... on saura qu'à un moment donné, on est en train de réfléchir, que l'on a déjà appris telle information que pourtant on échoue à retrouver, etc. De même, concernant autrui, on saura par exemple que l'interlocuteur a été sensible à tel argument ou encore que ses jugements — habituellement fondés sur la tolérance — sont par contre d'une grande sévérité dans l'appréciation qu'il porte sur tel ou tel acte, ou sur telle ou telle personne... Plus généralement, on parviendra à dégager, et à utiliser, certaines «lois» du fonctionnement psychologique telles que, par exemple : «Il est nécessaire, pour pouvoir retrouver une information, réciter une leçon... de l'avoir étudiée au préalable» ou encore «Il est nécessaire, pour que la communication s'établisse entre les personnes, qu'elles emploient des mots ayant un référent commun», etc.

1. Eléments théoriques

A. *Le concept de métacognition*

Sur le plan théorique, quelques constructions ont été proposées pour rendre compte de l'élaboration des savoirs relatifs aux phénomènes psychologiques (Flavell, 1977; Flavell et Wellman, 1977) et de l'utilisation que font les sujets de ces savoirs (Flavell, 1978, 1979).

Flavell (1977) et Flavell et Wellman (1977) proposent une taxonomie des variables susceptibles de rendre compte de la connaissance des phénomènes psychologiques relatifs à un domaine particulier de l'activité de l'enfant : la mémorisation[1]. Ces variables sont organisées par les auteurs dans les quatre catégories suivantes :

a) Les caractéristiques personnelles, durables ou transitoires, que le sujet s'attribue en tant qu'organisme «mémorisant» : ainsi, on sait que l'on retient plus ou moins facilement tel ou tel type d'information; que l'on mémorise mieux, ou moins bien, que tel ou tel individu; que l'on n'a jamais appris telle ou telle information.

b) La connaissance des caractéristiques de la tâche proposée, eu égard à la relative difficulté de la mémorisation : ces caractéristiques concernent le matériel (familiarité, organisation, par exemple), la consigne (rappel, reconnaissance, paraphrase...), la procédure (temps de présentation, délai entre présentation et rappel...).

c) La connaissance des stratégies de préparation et/ou d'évocation qu'il est possible d'utiliser pour résoudre la tâche : ainsi, le sujet peut

---

[1] Les recherches issues de ce travail théorique sont regroupées sous le label «métamémoire»

ou non savoir, par exemple, qu'il est possible d'avoir recours à des sources externes; que l'on peut, en utilisant des procédures indirectes (inférences, par exemple) reconstruire une information absente à partir des données lacunaires dont on dispose, etc...

d) La connaissance relative à l'existence et aux modes d'interaction entre les variables — de personnes, de tâches, de stratégies — énumérées et illustrées précédemment.

Remarquons que, s'il est relativement aisé d'identifier la signification que recouvrent les termes tels que : variables de personnes, de tâches et, à la limite, de stratégies, la rubrique «connaissance des interactions entre ces variables» pose problème. En effet, si les premières peuvent être assez facilement référées à des connaissances du type «savoir quoi», les dernières (connaissances des interactions) concernant les règles d'application des connaissances dont on dispose relativement aux personnes, aux tâches, aux stratégies, sont plutôt du type «savoir comment». Or, sauf à dire que ce dernier type de connaissances est le fait des sujets disposant d'une métamémoire «sophistiquée», les auteurs sont relativement peu explicites sur ce point : Comment ces connaissances sont-elles appliquées?

Dans l'article publié sous le titre *Metacognition and cognitive monitoring : A new area of cognitive-developmental inquiry,* Flavell (1979) note que les recherches expérimentales montrent que les jeunes enfants sont «tout à fait limités dans leur connaissance et cognition[2] concernant les phénomènes cognitifs, ou dans leur métacognition; ils contrôlent relativement peu leurs activités mnémoniques, leur compréhension et autres entreprises cognitives». Or, selon l'auteur, la métacognition joue un rôle important dans toutes sortes d'activités : communication orale, compréhension orale et compréhension de la lecture, résolution de problèmes, cognition sociale (op. cit. p. 906)... Flavell (1978, 1979) propose alors ce qu'il appelle un «modèle de contrôle cognitif» suivant lequel, lorsque les activités cognitives se déroulent sous contrôle cognitif, le modèle suppose la distinction entre quatre classes de phénomènes psychologiques (internes et externes) que nous présentons brièvement ci-après.

a) Les connaissances métacognitives sont relatives aux personnes en tant que créatures douées d'activités cognitives, aux tâches, aux buts, aux actions et aux expériences de ces personnes. Ces connaissances concernent plus spécialement les facteurs qui ont un effet sur

---

[2] «Knowledge and cognition».

des activités cognitives, ainsi que les mécanismes d'action de ces facteurs.

b) Les expériences métacognitives sont des « expériences » (savoirs, sentiments...) cognitives ou affectives *conscientes* qui accompagnent et se rapportent à une entreprise cognitive.

c) Les buts cognitifs sont « des objectifs tacites ou explicites qui suscitent et maintiennent l'entreprise cognitive ».

d) Les actions cognitives sont « celles qui sont effectuées pour atteindre les buts de l'entreprise cognitive : par exemple, essayer de comprendre la signification de ce que dit un locuteur » (1978, p. 9).

Ce que Flavell appelle « modèle de contrôle cognitif » consiste en des réflexions sur les interventions *possibles* de ces quatre composantes dans les entreprises cognitives. Ces réflexions consistent à citer un grand nombre d'exemples qui, s'ils sont judicieusement choisis, n'aboutissent pas pour autant à proposer un mécanisme général de fonctionnement du modèle.

Ainsi, ni la taxonomie des variables, ni le modèle de contrôle cognitif, ne fournissent de critères théoriques pour la définition des étapes successives du développement de la connaissance de son propre fonctionnement psychologique ou du fonctionnement d'autrui.

En utilisant certains concepts empruntés à d'autres approches du fonctionnement (en particulier l'approche « Traitement de l'Information » et la théorie piagétienne) nous tenterons de proposer, moyennant quelques spéculations, un cadre conceptuel qui devrait permettre, selon nous, de suggérer une certaine façon de recueillir et de classer les comportements observables du sujet effectuant une tâche et, par conséquent, une certaine façon d'interpréter les données.

B. Le concept de structure de contrôle dans l'approche Traitement de l'Information (T.I.)

L'objectif vers lequel tendent les théories se réclamant de l'approche T.I. est la construction de modèles ou systèmes qui produisent des comportements « intelligents » dans des situations *complexes* et *variées*, comme le fait le sujet humain. Dans un article de synthèse sur les systèmes « pattern-directed inference systems », Hayes-Roth, Waterman et Lenat (1978) montrent que, si l'on veut construire des systèmes qui possèdent des connaissances dans des domaines multiples ou des stratégies variées pour approcher un même problème, on ne peut pas représenter ces connaissances par une base de données uniforme. Ces systèmes nécessitent une organisation hiérarchique des connaissances et des mécanismes de contrôle tels que la coordination des buts, la génération et le test d'hypothèses, l'évaluation des solutions partielles au cours de la résolution de problèmes[3]. L'analyse conceptuelle de l'architecture de ces systèmes montre que la représentation des connaissances dans les systèmes complexes s'organise en fait selon deux dimensions (Hayes-Roth, Waterman & Lenat, 1978), une dimension où l'on distingue entre «connaissances à l'état de repos» (quiescent knowledge) et «connaissances actives», et une dimension où l'on distingue entre «connaissances relatives au problème actuel à résoudre» et «métaconnaissances». De façon schématique, on peut décrire les relations entre ces différents types de connaissances en distinguant entre connaissances de type procédural et connaissances de type déclaratif[4]. Les connaissances déclaratives peuvent être définies comme «savoir quoi»[5], les connaissances procédurales concernent le «savoir comment»[5]. Avec cette distinction on peut dire que les connaissances procédurales opèrent sur les connaissances déclaratives pour les sélectionner, les transformer, les augmenter... Dans cette conception des systèmes, les métaconnaissances sont alors toutes de nature procédurale tandis que les autres connaissances («à l'état de repos», «actives», «relatives au problème») peuvent être de nature déclarative ou procédurale.

Les mécanismes opérationnels que l'on classe au niveau des métaconnaissances concernent : l'activation sélective des connaissances à l'état de repos, permettant de déterminer (et de transférer dans la mémoire de travail) parmi ces connaissances celles qui sont pertinentes (et quand elles le sont) pour la situation de problème actuelle; l'évaluation et la sélection des connaissances procédurales, potentiellement actives, qui sont relatives au problème à résoudre; l'acquisition de nouvelles connaissances de nature procédurale, principalement la génération par induction de règles et la transformation des règles en fonction des «expériences rencontrées».

---

[3] Cf. par exemple Becker (1975), Bobrow et Collins (1978), Greeno (1980).
[4] Bien que cette distinction n'ait pas de sens au niveau de la construction d'un programme (Winston, 1977).
[5] Cf. : la distinction que nous effectuons entre connaissances relatives aux variables de personnes, de tâches, de stratégies d'une part (savoir quoi) et connaissances relatives à leurs interactions (savoir comment) dans l'analyse de la taxonomie proposée par Flavell et Wellman (cf. supra, p. 205).

Selon nous, cette approche, dans laquelle sont distinguées la connaissance des états et la connaissance des processus, peut fournir un moyen d'expliciter — c'est-à-dire de traduire en termes opérationnels — ce que l'on entend par « savoirs et savoir-faire ». Notons, nous y reviendrons, que la « connaissance des processus » peut avoir plusieurs statuts différents, par exemple : savoir *ce que* l'on fait (ou ce que fait l'autre); savoir *comment* on le fait (ou comment l'autre fait); savoir *pourquoi* on (soi ou autrui) fait ceci de telle façon et cela de telle autre façon.

C. *Les niveaux de compréhension de ses propres actions dans l'approche piagétienne*

L'une des thèses fondamentales de Piaget est que devant un événement externe, l'enfant élabore un cadre conceptuel pour l'appréhender. Il perçoit alors cet évènement à travers ce cadre conceptuel. Or celui-ci est construit avec les instruments généraux de connaissance dont l'enfant dispose. Par conséquent, selon l'âge : 1. le cadre conceptuel peut être plus ou moins élaboré, plus ou moins cohérent; 2. les observations que l'enfant peut faire de l'événement peuvent être plus ou moins fines, plus ou moins « exactes »; 3. la solution des problèmes concernant « le pourquoi et le comment des liaisons constatées » peut être plus ou moins satisfaisante (du point de vue du logicien). Ainsi, décrire comment l'enfant conceptualise un événement c'est décrire comment il le comprend, comment il élabore son savoir.

Dans les deux ouvrages intitulés *La prise de conscience* (1974a) et *Réussir et comprendre* (1974b), Piaget étudie les lois générales du passage du « savoir-faire » à la compréhension. « Savoir-faire » et « compréhension » sont définis de la façon suivante : 'réussir'[6] c'est comprendre en action une situation donnée à un degré suffisant pour atteindre les buts proposés, et 'comprendre' c'est réussir à dominer en pensée les mêmes situations jusqu'à pouvoir résoudre les problèmes qu'elles posent quant au pourquoi et au comment des liaisons constatées et par ailleurs utilisées dans les actions » (1974b, p. 237). Piaget distingue trois niveaux de conceptualisation, « trois paliers de la connaissance » :

a) « Le premier palier est celui de l'action matérielle sans conceptualisation » (1974a, p. 276). A ce palier, le savoir-faire peut être très

---

[6] Qui est la sanction du « savoir-faire ».

élaboré, mais il n'y a pas de « connaissance consciente au sens d'une compréhension conceptualisée » (1974a, p. 275).

b) « Le second palier est celui de la conceptualisation, tirant ses éléments de l'action grâce à ses prises de conscience ». Les actions matérielles deviennent « représentations sémiotisées (langage, images mentales, etc.) ». Piaget distingue deux aspects dans la conceptualisation à ce niveau : « l'abstraction empirique fournit [alors] une conceptualisation en quelque sorte descriptive des observables constatés sur les caractères matériels de l'action, [tandis que] l'abstraction réfléchissante tire des coordinations de l'action de quoi construire les coordinations inférentielles qui, au niveau du concept, permettent de relier et d'interpréter ces observables »... (1974a, p. 280). On peut traduire ces phrases en disant qu'au second palier, la conceptualisation consiste d'une part en une possibilité de se représenter et de décrire l'événement, et d'autre part en une possibilité de discourir sur le pourquoi et le comment de l'événement.

c) Le troisième palier est « celui des abstractions réfléchies (en tant que produits conscients des abstractions réfléchissantes) » où « la prise de conscience commence à se prolonger en une réflexion de la pensée sur elle-même » (1974a, p. 281). La réflexion de la pensée sur elle-même est caractérisée essentiellement par la capacité de comparer des démarches différentes (chercher ce qu'elles ont de commun ou de différent), d'envisager des hypothèses explicatives différentes et de les confronter avec les faits.

Piaget postule en outre que si la conceptualisation tire ses éléments des actions, à partir d'un certain niveau de conceptualisation « il y a influence en retour de la conceptualisation sur l'action » (1974b, p. 232). Il y a influence en retour de la conceptualisation sur l'action lorsque la conceptualisation « agit rétroactivement sur les actions en les dirigeant en partie et en leur fournissant des plans d'ensemble et parfois même l'idée de moyens nouveaux... » (1974a, p. 278).

Les effets de la conceptualisation sur l'action les plus souvent évoqués sont : généralisation des résultats de l'action, lecture de plus en plus « objective » et analyse de plus en plus « fine » des observables, l'anticipation et le réglage de plus en plus actif des actions qui amènent à la planification de l'action et au choix entre moyens différents. Bien entendu, l'anticipation, la planification, etc... ne sont pas du même type d'une tâche à l'autre.

Pourquoi l'enfant passe-t-il d'un niveau de conceptualisation à l'autre ?

Bien qu'au départ, l'enfant n'ait pas une compréhension conceptualisée de ses actions, la condition nécessaire pour que s'amorce le processus de conceptualisation est qu'il soit conscient du but poursuivi. Cette conscience du but l'amène à constater le résultat de son action en termes d'échec et de réussite. La constatation qu'il y a échec incite l'enfant à chercher le pourquoi de l'échec. Cette recherche se portera alors sur ses propres actions (dont les effets sur l'objet ont été perçus en termes de réussite-échec) afin de déterminer «sur quel point il y a eu défaut de l'accomommodation du schème à l'objet». En termes opérationnels, on peut dire que : cette recherche a pour but de répondre à la question «dans ce que j'ai fait, qu'est-ce qui est responsable de l'échec?». L'attention du sujet se porte sur les moyens employés qu'il cherche à reconnaître, à analyser. Cette analyse des moyens amène à la recherche des raisons du choix des moyens employés ou à des modifications de ces moyens en cours de route...

Lorsqu'il n'y a pas échec, Piaget propose le processus de progression suivant : l'enfant, au prix de tâtonnements, arrive à exécuter l'action. Cette action est ensuite représentée, ce qui rend possibles les comparaisons entre situations distinctes. Comparer amène à se poser des questions telles que : «Pourquoi tel objet est-il plus facilement utilisable que tel autre, pourquoi telle action est-elle plus efficace que telle autre?»...

A notre avis, on peut considérer que dans les deux cas — réussite ou échec de l'action — le passage d'un niveau de compréhension à un niveau supérieur a pour condition la création de nouveaux buts. Ces nouveaux buts sont définis par les questions posées sur le phénomène : par soi-même lorsqu'on est confronté à des difficultés constatées ou prévues; par autrui, tant en cas de réussite qu'en cas d'échec de l'action.

D. *Proposition d'un cadre conceptuel pour analyser le développement de la connaissance des phénomènes psychologiques*

Partant de ces points de vue empruntés à l'approche T.I. et à l'approche piagétienne du développement du savoir, le cadre conceptuel que nous avons élaboré est centré principalement, bien que non exclusivement, sur les niveaux de compréhension du fonctionnement psychologique.

Toute donnée d'observation (situations naturelle ou provoquée) peut être considérée comme le résultat d'une activité dirigée vers un but — que l'on propose à l'enfant ou qu'il se donne lui-même. Nous emploierons pour désigner les situations d'observation, le terme général de « problème ». Tout problème peut être analysé en termes de : 1. situation de départ; 2. situation d'arrivée ou but; 3. procédure transformant un ensemble de données (ou informations) définies dans la situation de départ[7] en un ensemble de données qui constituent la situation d'arrivée.

Un sujet résout un problème lorsqu'il applique une procédure (adéquate ou non du point de vue de l'expérimentateur) à certaines des données de la situation de départ pour les transformer en d'autres données. Le sujet effectue donc des actions (internes et externes), produit un ou plusieurs résultat(s) vers le milieu externe, puis s'arrête.

La connaissance par le sujet du fonctionnement psychologique suppose qu'il ait vis-à-vis des actions effectuées par lui-même ou par autrui[8], un statut d'observateur. Nous proposons que la condition préalable à toute observation du fonctionnement est que le sujet ait une certaine représentation du but à atteindre. La définition opérationnelle de « la représentation du but à atteindre » est que le sujet est capable de juger en termes de réussite-échec lorsqu'on lui demande de comparer le résultat produit avec une « norme » définie par l'expérimentateur.

Cet observateur peut être un simple observateur, ou bien un observateur qui réfléchit sur ce qu'il observe, ou bien un observateur qui agit en fonction de ce qu'il observe : ceci constitue un critère général que nous adoptons pour caractériser les niveaux de la connaissance du fonctionnement. Partant de ce critère, nous proposons trois grands niveaux de la connaissance du fonctionnement qu'on peut définir comme : représentation du déroulement des actions, analyse des actions, contrôle régulateur des actions.

---

[7] Et, éventuellement des informations obtenues au fur et à mesure au cours de la résolution du problème.
[8] Dans la suite de la présentation, nous emploierons l'expression « connaissance du fonctionnement » pour désigner la connaissance de son propre fonctionnement psychologique et la connaissance du fonctionnement psychologique chez autrui.

1. Représentation du déroulement des actions

A ce niveau, le sujet est capable de suivre le déroulement des actions dans une procédure de traitement. Ceci implique qu'il ait une certaine représentation de la suite de ces actions. Nous entendons par « représentation de la suite des actions » le stockage en mémoire pendant un laps de temps, non pas des actions isolées, mais de l'ensemble des actions constituant la procédure. Le sujet est donc éventuellement[9] capable de décrire ce qu'il fait ou ce que fait autrui.

La représentation des actions est toujours associée à leur résultat bien qu'elle ne comporte pas nécessairement les « aspects critiques » de la procédure. Nous entendons par « aspect critique » d'une procédure la caractéristique en l'absence de laquelle le traitement ne produirait pas le résultat obtenu. Par exemple, soit la situation où une personne demande un numéro de téléphone aux renseignements téléphoniques, va ensuite boire un verre d'eau puis ouvrir la porte au facteur qui apporte le courrier, avant de composer le numéro qu'elle a demandé. L'aspect critique de la suite d'actions est l'utilisation d'une stratégie de mémorisation : écrire le numéro sur un papier, se répéter constamment ce numéro, etc. Ceci amène à la possibilité de comparer les résultats de deux procédures représentées de façon différenciée (quel que soit le niveau de détail de cette représentation) qui s'appliqueraient à une même situation de problème. Sur le plan des comportements observables, cette comparaison permet au sujet de juger les résultats de deux procédures selon une norme donnée.

Pour qu'il y ait possibilité de passage au niveau suivant, la représentation de la suite d'actions d'une procédure doit comporter les « aspects critiques » de la procédure.

2. Analyse des actions

Cette analyse des actions comporte deux aspects : l'un relatif à la représentation, l'autre relatif au traitement.

La représentation peut être de deux types :

- Attribution causale : le sujet sait attribuer aux aspects critiques de la représentation d'une procédure, le statut d'agents en l'absence desquels le résultat final et/ou les résultats intermédiaires de la suite

---

[9] Nous disons « éventuellement » parce que le phénomène est observable sous réserve de dispositifs appropriés permettant au sujet de verbaliser.

des actions ne peuvent pas être obtenus. Sous réserve de dispositifs expérimentaux adéquats, le sujet peut décrire une procédure qu'il a utilisée avec ses aspects critiques, ou justifier le choix de la procédure employée en invoquant ces aspects critiques.

- Liaison but-moyens : le sujet est capable de considérer ses propres actions en rapportant une procédure à la finalité qu'implique la situation de problème. C'est-à-dire qu'il peut attribuer au résultat des actions un statut de but que ces actions permettent d'atteindre. Cette transformation des résultats en buts est caractérisée par le fait que les résultats sont représentés de façon plus ou moins détachée des caractéristiques des situations de problème dans lesquelles ils ont été obtenus. On peut imaginer alors des liens entre but et moyens du type un-plusieurs : un but est attaché à plusieurs moyens possibles.

La différence entre ce ce que nous appelons « attribution causale » et « liasion but-moyens » peut être explicitée de la façon suivante. Soit une action A et un résultat R, la liaison entre A et R considérée en termes d'attribution causale est de type : « quand j'ai effectué l'action A, j'ai obtenu le résultat R »; tandis que la liaison entre A et R considérée en termes de but et action pour atteindre le but est de type : « pour obtenir le résultat R, il faut effectuer l'action A ».

Concernant l'aspect traitement, le sujet est capable d'appliquer virtuellement une procédure à une situation nouvelle. Cette exécution virtuelle d'une procédure peut être complète ou lacunaire, nous reviendrons sur cet aspect au niveau suivant.

La possibilité d'attacher à un but plusieurs moyens et la capacité d'exécuter virtuellement (même de façon lacunaire) une procédure constituent les conditions nécessaires pour le passage au niveau du contrôle régulateur des actions.

3. Contrôle régulateur des actions

Ce niveau est caractérisé par une certaine planification des actions. La planification suppose une analyse de la situation de problème en termes de buts et sous-buts. Cette analyse n'est pas nécessairement complète dès le départ, elle est cependant caractérisée par le fait que le sujet peut se représenter la résolution du problème comme comportant au moins une étape intermédiaire.

Le contrôle régulateur suppose également une capacité de changement de sous-buts ou de création de nouveaux sous-buts en cours de résolution du problème : soit parce qu'au cours de la résolution du problème, le sujet s'aperçoit que la structure de buts (et les moyens choisis pour les atteindre) est incomplète ou inadaptée, soit parce que de nouvelles informations sont obtenues qui changent certaines caractéristiques de la représentation que le sujet se fait de la situation de problème.

Enfin, dans les situations de problème où le sujet est en interaction avec le milieu externe dont il ne peut prévoir avec certitude les réactions à ses propres actions (situations de jeu, de dialogue...), la planification peut comporter des buts alternatifs.

Il est difficile d'imaginer des dispositifs expérimentaux qui permettent de rendre observables les processus de planification, bien qu'on puisse imaginer des situations où le sujet doit expliciter son analyse du problème en termes de buts-sous-buts.

On peut cependant créer des situations de problème telles que la réussite (ou les différents degrés de réussite) implique certaines procédures de contrôle qui sont liées au traitement de buts. Nous évoquerons trois procédures de contrôle qui nous semblent les plus importantes.

1. La décision du choix des procédures parmi les procédures possibles implique l'exécution virtuelle des procédures attachées à un même sous-but, suivie d'une évaluation de ces procédures en fonction des sous-buts suivants et/ou en fonction du but final (cf. l'analyse de la recherche de Kreutzer et al., 1975, ci-après, pp. 254-255).

2. L'évaluation de la complétude de la structure de buts implique l'exécution virtuelle des procédures assemblées en une procédure complète de résolution de problème. Cette exécution virtuelle ne se fait pas nécessairement avant toute tentative effective de résolution, elle peut s'effectuer avant l'application effective d'une procédure donnée à un temps t_i. En tout cas, elle permet de contrôler si le résultat d'une procédure p_i peut être traité par la procédure p_{i+1}. Si le contrôle pour le choix d'une procédure parmi les possibles admet une exécution virtuelle des procédures qui sont lacunaires, le contrôle pour l'évaluation de la complétude de la structure de buts nécessite par contre une exécution virtuelle complète (cf. l'analyse de la recherche de Markman, 1977, ci-après, pp. 231-232).

3. La modification des sous-buts et la création de nouveaux sous-buts impliquent en général une évaluation des résultats intermédiaires par rapport au but. Par exemple, lorsqu'on donne au sujet une liste d'items à apprendre sans limite de temps mais en lui demandant

d'apprendre jusqu'à ce qu'il estime avoir tout retenu, le temps d'étude mis par le sujet et la performance de rappel dépendent du fait que le sujet évalue ou non, au fur et à mesure de l'étude, l'état de sa connaissance (cf. l'analyse de la recherche de Kreutzer et al., 1975, ci-après, pp. 251-254).

Nous conclurons cette première partie par une remarque concernant la signification que nous attribuons à la hiérarchie des trois niveaux proposés ci-dessus.

Ces niveaux ne sont pas des étapes du développement correspondant à des périodes d'âge déterminées. Ils constituent des niveaux hiérarchisés liés au développement cognitif (donc indirectement liés à l'âge), mais à la condition que l'on tienne constante la complexité du traitement qu'impliquent les tâches. Ceci revient à dire qu'un enfant d'un âge donné peut se trouver aux niveaux 1 ou 2 ou 3, selon que la tâche est plus ou moins complexe. Néanmoins, nous ne supposons pas par là que pour tout problème, la connaissance qu'a le sujet du fonctionnement passe obligatoirement par les trois niveaux successifs. Nous supposons plutôt que si la tâche est très simple du point de vue cognitif, il n'y a pas besoin pour l'effectuer, d'un niveau de contrôle très sophistiqué. Autrement dit, nous supposons que si la tâche est trop simple, elle ne fournit pas au sujet l'occasion de passer au niveau 3, ou même au niveau 2 qui le précède, quel que soit son niveau de développement. Par contre, si la tâche est complexe, sa maîtrise nécessite le passage au niveau 2, ou aux niveaux 2 et 3, à la condition que le sujet possède les instruments de connaissance générale adéquats.

2. Analyse des données expérimentales

Nous nous proposons, dans la suite de ce chapitre :

1. De procéder à l'exposé critique de quelques recherches expérimentales réalisées dans différents domaines.

2. De mettre en évidence, à l'aide de quelques exemples, l'intérêt qu'offre une description du développement de la connaissance des faits psychologiques effectuée en terme de niveaux d'organisation et non pas seulement en terme d'accroissement quantitatif. Si cet objectif s'avère réaliste, le problème se posera alors, dans des recherches ultérieures, d'imaginer les processus par lesquels s'effectuent les changements de niveaux, de les mettre en évidence, d'étudier les

rapports entre élaboration des savoirs psychologiques et élaboration des savoir-faire psychologiques.

Nous avons choisi de distinguer deux groupes de travaux. L'un d'entre eux concerne un domaine relativement bien délimité de l'activité psychologique : celle impliquée dans les tâches de mémorisation (cf. B). Les travaux effectués dans ce domaine ont montré l'intérêt d'étudier la connaissance des phénomènes psychologiques que l'enfant développe concernant d'autres types d'activités cognitives. Le deuxième groupe de travaux, encore peu nombreux, porte sur des activités psychologiques variées telles que la perception visuelle, la compréhension, la connaissance des termes psychologiques (cf. A). Nous les avons sélectionnés comme susceptibles d'apporter des éléments de réponse à la question : Comment se développe, chez l'enfant, la connaissance du fonctionnement psychologique ?

A. *Connaissance et contrôle des activités psychologiques*

Dès 3-4 ans, l'enfant utilise des termes qui se réfèrent à des activités mentales (savoir, se rappeler), des états émotionnels (content, peur)... Mais lorsque l'enfant dit qu'il a peur, qu'il est triste, à partir de quel moment sait-il que l'autre peut ne pas le savoir s'il ne le lui dit pas ? Lorsqu'il dit que lui et une autre personne tous deux « savent que... », ceci sous-entend-il qu'il admettrait la possibilité que lui-même et l'autre personne peuvent aboutir au même savoir tout en ayant des expériences différentes ? Par exemple, à partir de quel moment l'enfant s'étonne-t-il que sa mère sache qu'il a joué avec le pistolet à eau pendant son absence, à partir de quel moment se demande-t-il pourquoi elle le sait, à partir de quel âge cherche-t-il à comprendre comment elle le sait ? Bref, on peut se demander : dans quelle mesure l'enfant, qui utilise des termes qualifiés de « psychologiques », comprend que ces termes se réfèrent à des événements et des actions internes; dans quelle mesure il peut se représenter les phénomènes mentaux chez autrui; et comment il utilise ces connaissances pour coordonner ses propres activités mentales.

Les travaux expérimentaux susceptibles d'apporter des éléments de réponse à ces questions portent sur des domaines variés tout en étant encore très peu nombreux. Nous avons sélectionné parmi ces travaux ceux qui se rapportent aux trois aspects suivants : 1. la connaissance des activités et des états mentaux auxquels se réfèrent des termes psychologiques que l'enfant emploie pour communiquer avec autrui; 2. l'inférence des résultats du fonctionnement psychologique chez autrui; 3. le contrôle régulateur de son propre fonctionnement cognitif.

Nous nous proposons d'analyser ces travaux en mettant l'accent sur la démarche méthodologique, et en essayant de mettre en évidence les étapes par lesquelles progresse l'enfant dans les situations auxquelles il est confronté.

1. La connaissance des termes psychologiques

Bien qu'il y ait de nombreuses études sur la connaissance de la signification des mots chez l'enfant, ces études sont souvent centrées sur des mots qui se réfèrent aux objets, aux actions perceptibles, aux relations entre objets/actions (par exemple, «dessus-dessous», «acheter-vendre»..., Clark et Clark, 1977).

Les recherches qui posent la question de savoir comment l'enfant appréhende la signification des mots psychologiques sont récentes et peu nombreuses. A notre connaissance, deux types de démarches ont été employés. Dans le premier (Mac Namara et al., 1976; Oléron et Legros, 1977), on cherche à définir l'étendue de la compréhension des termes psychologiques par la connaissance des composantes implicites que le mot permet d'inférer et la connaissance des relations contextuelles ou pragmatiques. Dans le deuxième type de démarche (Johnson et Maratsos, 1977; Miscione et al., 1978; Wellman et Jonhson, 1979), on cherche à étudier le développement de la compréhension des termes psychologiques en définissant cette compréhension comme la capacité de différencier deux mots pouvant s'appliquer à un même événement externe mais impliquant deux activités internes différentes.

Mac Namara et al. (1976) étudient trois termes : «prétendre», «oublier», «savoir». Ils distinguent deux composantes implicites que la présence du mot dans une phrase permet d'inférer : la présupposition et l'implication. Par exemple, la phrase «Tom prétend qu'il est malade» a pour présupposition «Tom agit comme s'il était malade», et pour implication «Tom n'est pas malade». Si le verbe psychologique est mis dans une phrase et si la phrase elle-même fait partie d'une histoire, on peut aussi considérer d'autres composantes que les auteurs qualifient d'«implication indirecte». Celles-ci sont en fait des inférences que l'on peut faire étant donné le contexte dans lequel se trouve la phrase. L'expérience consiste à construire des histoires avec chacun des trois mots, présentés sous forme positive ou négative. On raconte l'histoire à l'enfant et on lui demande de répondre à une série de questions, par exemple : « Tom était-il réellement malade ? ».

Oléron et Legros (1977) ont étudié 20 termes qu'ils classent selon deux critères : catégories linguistiques, type de relations entre « états du monde », « états psychologiques ». Chaque verbe est mis dans une phrase simple, sous formes positive et négative. On lit la phrase à l'enfant et on lui pose deux questions. Une question porte sur la composante « implication » ou « présupposition » qu'on peut inférer selon l'analyse linguistique; une question porte sur les relations que nous qualifierons de « pragmatiques » entre : « états du monde », « états psychologiques ». Par exemple : « Carole a oublié d'acheter le pain », « Est-ce qu'elle a acheté du pain ? », « Est-ce qu'on lui a demandé d'acheter du pain ? ». Les auteurs interprètent les différences de réussite en invoquant les relations pragmatiques. Par exemple, le verbe « savoir » comporte : « la référence à une réalité indépendante. Il s'agit d'une prise de connaissance... Quel que soit 'l'état du sujet', l'affirmation, la négation, l'interrogation à son égard, 'l'état du monde' n'est pas changé ». Le verbe « oublier » : « renvoie à un 'état psychologique' qui exclut la réalité de 'l'état du monde' mentionné dans la phrase »...

Les deux études citées ci-dessus suggèrent que l'enfant dès 4 ans peut faire des inférences que le psychologue considère comme exprimant des états psychologiques.

La recherche de Jonhson et Maratsos (1977) montre que l'enfant de 4 ans sait différencier les termes « penser » et « savoir » selon l'aspect suivant : on peut « penser » quelque chose qui est faux mais « savoir » présuppose que ce quelque chose qu'on sait est vrai. Dans cette expérience on raconte au sujet (32 enfants d'âges moyens 3;6 et 4;5 ans) quatre histoires du type : « Sally jouait un tour à John. Pendant que John regardait ailleurs, Sally lui prit son canard (un jouet) et le cacha sous cette boîte (boîte A). Mais Sally jouait un tour à John. Elle lui disait que son canard était sous cette boîte (boîte B). Et John l'avait cru ». L'expérimentateur pose ensuite une série de questions dont les deux suivantes : « John pensait-il que le canard était sous cette boîte (B), ou John savait-il que le canard était sous cette boîte (B) ? » et « Sally savait-elle que le canard était sous cette boîte (A), ou Sally pensait-elle que le canard était sous cette boîte (A) ? » Les fréquences de réponses « correctes » du groupe de 4 ans sont significativement supérieures à un choix au hasard.

Les deux recherches de Miscione et al. (1978) et de Wellman et Johnson (1979) utilisent comme critère pour définir la compréhension des termes psychologiques la capacité de différencier des termes désignant des activités mentales différentes lorsque celles-ci sont mises en œuvre pour atteindre le même but. Ces auteurs ont étudié les couples de mots « savoir-deviner » et « se rappeler-oublier ». Lorsque ces mots sont utilisés dans le contexte de la recherche d'un objet (but), ils impliquent trois événements : l'information préalable présente ou absente, l'activité mentale, le résultat observable.

Miscione et al. (1978) montrent à l'enfant 3 boîtes. Celui-ci peut voir ou ne pas voir[10] l'expérimentateur mettre un objet dans une des boîtes (information préalable obtenue ou non qui déclenche soit l'activité mentale « savoir », soit l'activité mentale « deviner »). L'enfant doit dire dans quelle boîte se trouve l'objet (but). Le sujet désigne la boîte (produit de l'activité mentale). L'expérimentateur ouvre la boîte désignée : le sujet observe un succès ou un échec. Soit avant l'ouverture de la boîte, soit après l'ouverture de la boîte, l'expérimentateur demande à l'enfant s'il a su ou s'il a deviné où est l'objet.

Les patterns de réponses sur 25 essais (5 essais par type de combinaison des facteurs décrits ci-dessus) permettent de classer les sujets (54 enfants de 3;6 à 7 ans) en quatre classes caractérisées comme : 1. indifférenciation entre les deux mots; 2. dépendance du résultat observé; 3. transition; 4. compréhension semblable à celle de l'adulte.

Les enfants classés dans la catégorie 1 répondent soit au hasard, soit toujours « j'ai deviné », soit toujours « j'ai su ». Les enfants classés dans la catégorie 2 répondent qu'ils « savaient » lorsque le résultat constaté atteste le succès (l'objet est dans la boîte), même s'ils n'ont pas vu l'expérimentateur mettre l'objet dans la boîte; lorsqu'ils ont constaté l'échec, ils disent qu'ils ont « deviné »; lorsque la question est posée avant l'ouverture de la boîte, ils répondent au hasard. Les enfants classés dans la catégorie 3 répondent comme ceux de la catégorie 4 excepté le cas où la succession des événements est : a) le sujet n'a pas d'information préalable (yeux fermés); b) il montre la boîte; c) on ouvre la boîte; d) l'objet se trouve dedans (succès constaté); e) on lui pose la question sur « savoir » ou « deviner ». Dans ce cas, la réponse du sujet varie d'un essai à l'autre. Les sujets classés dans la catégorie 4 répondent « deviner » lorsqu'ils n'ont pas

---

[10] On lui demande de fermer les yeux.

d'information préalable (yeux fermés), « savoir » lorsqu'ils ont vu l'expérimentateur mettre l'objet dans une boîte.

Les résultats montrent une large marge de variation pour l'âge des sujets classés dans chaque groupe. Les médians se situent à 4 ans, 4;9 ans, 6 ans, et 6 ans, pour les catégories 1, 2, 3 et 4 respectivement.

Wellman et Johnson (1979) utilisent une situation expérimentale analogue à celle de Miscione et al. On raconte au sujet huit histoires (avec des images à l'appui) comportant toujours : un enfant qui arrive chez des amis, quelqu'un suspend le manteau de l'enfant dans un des deux placards identiques, l'enfant joue un moment, il va ouvrir l'un des deux placards pour chercher son manteau. Les histoires varient selon que : 1. l'enfant a vu ou n'a pas vu l'autre personne suspendre son manteau (information préalable); 2. il a trouvé ou n'a pas trouvé son manteau (résultat observable en termes de succès ou d'échec). Après chaque histoire, on pose au sujet une série de questions dont deux sont : « Le garçon (fille) a-t-il oublié où est son manteau ? », « le garçon (fille) s'est-il rappelé où est son manteau ? ».

Les patterns de réponses ont été examinés séparément pour le mot « oublier » et pour le mot « se rappeler ». Pour le mot « se rappeler » : la majorité des enfants de 4;8 ans (70 %) répondent « oui » lorsque le personnage a retrouvé son manteau, même s'il n'a pas vu où le manteau était suspendu[11]; 70 et 80 % respectivement des enfants de 5 et 7 ans répondent comme le ferait l'adulte.

Pour le mot « oublier », on n'a observé que 30 % de patterns de réponses « adultes » pour le groupe de 7 ans; les patterns de réponses les plus fréquents chez les enfants de 4;8 à 7 ans sont ceux qui comportent des réponses « oui » lorsque le personnage n'a pas trouvé son manteau et des réponses « non » lorsque le personnage a retrouvé son manteau[11].

Les résultats des recherches de Miscione et al. (1978) et de Wellman et Johnson (1979) comparés à ceux de Mac Namara et al. (1977), d'Oléron et Legros (1977) et de Johnson et Maratsos (1977) montrent que l'âge auquel on peut juger qu'un enfant comprend un terme psychologique comme désignant une activité ou un état interne dépend du cadre d'observation dans lequel on met l'enfant. On peut en avoir une idée en examinant le tableau ci-dessous dans lequel nous mettons

---

[11] C'est le niveau de compréhension 2, « dépendance du résultat observé » défini par Miscione et al.

les proportions de « réussite » pour les mots « oublier » et « savoir ». Nous considérons les groupes d'âge des différentes recherches les plus proches du groupe unique de 4;6 ans étudié par Mac Namara. Le critère de « réussite » est celui qui est le plus strict pour chaque recherche.

Proportion de « réussites » pour les termes « savoir » et « oublier »

	Oléron et Legros (1977)	McNamara et al. (1977)	Johnson et Maratsos (1977)	Wellman et Johnson (1979)	Miscione et al. (1978)
Savoir	Age moyen: 4;6 ans 8/18 réussites	Age moyen: 4;6 ans 2/20 réussites	Age moyen: 4;5 ans 6/16 réussites		Age moyen: 3;6 à 4;9 ans 1/20 réussite
Oublier	Age moyen: 4;6 ans 13/18 réussites	Age moyen: 4;6 ans 10/20 réussites		Age moyen: 4;4 à 4;8 ans 1/24 réussite	

Cette comparaison amène les deux remarques suivantes. Tout d'abord, il nous semble difficile de répondre de façon non ambiguë aux questions du type « à quel âge l'enfant sait que l'autre est différent de soi », ou bien « à quel âge l'enfant a la notion qu'il se passe des événements psychologiques ». Car la réponse est toujours obtenue sur la base d'une situation d'observation (naturelle ou provoquée) où l'enfant a une activité en général dirigée vers un but : répondre aux questions, effectuer une tâche qu'il se donne ou qu'on lui demande. Dans les quatre recherches que nous avons citées, l'enfant doit répondre à des questions. Mais les données de la situation, dont il faut tenir compte pour trouver la « bonne » réponse, peuvent être plus ou moins compliquées à traiter. Mac Namara et al. ont admis eux-mêmes que l'histoire donnée pour le mot « savoir » est plus compliquée que les deux autres histoires (pour « prétendre » et « oublier »), et que certaines des questions (notamment celle équivalente à la question « implicative » d'Oléron et Legros) nécessitent un traitement complexe (information processing demands). Le paradigme de Miscione et al. et de Wellman et Johnson constitue une situation de problème plus complexe que celui de Mac Namara et al. ou celui d'Oléron et Legros, car il ne s'agit pas pour l'enfant de faire une inférence en imaginant le déroulement d'un événement (« Marc savait qu'il a gagné un ballon », « Est-ce qu'il a gagné un ballon ? », « Est-ce qu'on lui a dit qu'il a gagné un ballon ? »). Il faut se représenter et choisir entre deux processus mentaux possibles. Par exemple, selon Miscione et al., le mot « savoir » peut être considéré comme se référant à un processus de transformation de données tel que la décision basée sur ce processus est logiquement nécessaire. Le mot « deviner» peut être considéré comme se référant à un processus de transformation de données tel qu'il existe une alternative.

Notre deuxième remarque est qu'il nous semble plus intéressant de chercher, dans un paradigme expérimental donné, à définir les niveaux relatifs de compréhension d'un terme psychologique (ou les niveaux relatifs d'une connaissance, en général) plutôt que de définir seulement les comportements en termes de réussite-échec. Car il est souvent fécond de chercher à différencier les «échecs». Par exemple, dans la recherche de Miscione et al., si l'on avait considéré seulement un niveau de réussite qui est la conduite «logique» de l'adulte contre tout le reste, on n'aurait pas pu montrer le chemin probable parcouru par l'enfant, de l'étape où les deux termes «savoir» et «deviner» sont totalement indifférenciés, à l'étape où les mots sont différenciés sur la base des résultats observés, puis à l'étape où l'enfant se laisse influencer par le résultat observé seulement lorsqu'il est positif... Cette façon d'analyser les données factuelles revient à poser la question «étant donné un terme psychologique, qu'est-ce que l'enfant de tel âge sait en faire?». Wellman et Johnson considèrent d'ailleurs que le critère «pattern de réponses semblable à celui de l'adulte» doit être considéré en relation avec l'ensemble des activités mentales possible défini par la situation expérimentale. En effet, ils ont trouvé que lorsqu'on met les 15 enfants classés dans «pattern semblable à celui de l'adulte» dans une situation où on doit distinguer l'activité de remémoration à laquelle se réfère le terme «se rappeler» de l'activité de recherche en mémoire par inférence à partir de connaissances générales, six enfants «régressent» vers le pattern de réponses basées sur le résultat observé. Cette donnée suggère que l'enfant de 5 à 7 ans se représente l'activité mentale «se rappeler» en tant que processus lié à l'existence d'une information préalable. Mais cette représentation ne comporte pas l'aspect critique de l'activité mentale «se rappeler» qui est la recherche d'une information reçue, par opposition à la recherche d'une information qu'on n'a pas reçue directement mais qu'on peut obtenir par inférence.

2. L'inférence des résultats d'activités internes chez autrui

Deux types d'inférence ont été étudiés : inférence concernant les résultats de la perception visuelle chez autrui et inférence d'une activité mentale de recherche d'un objet chez autrui.

La perception visuelle

Plusieurs travaux ont été publiés où l'on demande à l'enfant d'inférer ce que voit une autre personne. Ces travaux ont montré que la réussite tardive dans la tâche des « trois montagnes » de Piaget est explicable en termes de complexité du traitement (cf. par exemple, Fishbein et al., 1972). Mais un seul travail, à notre connaissance, pose la question de la genèse de la connaissance de la perception visuelle en tant qu'activité mentale se déroulant chez autrui : celui de Lempers et al. (1977). A notre avis, il s'agit d'une recherche remarquable par la finesse avec laquelle les auteurs ont analysé le phénomène de la perception visuelle et par la richesse des données qu'ils ont recueillies. Nous nous proposons donc de présenter ce travail tout à fait original. Cependant, nous regrettons que les auteurs se soient bornés à énumérer les savoirs que l'enfant accumule avec l'âge croissant. Nous discuterons cet aspect de la recherche et proposerons une relecture des données observées dans le cadre d'analyse que nous avons proposé.

a) Les données observées et les interprétations proposées par Lempers et al. (1977)

Les auteurs distinguent deux niveaux dans le développement de la connaissance des actes et des expériences visuels. Au niveau 1, l'enfant « se représente seulement quel est l'objet qui est vu, ou si quelqu'un regarde un objet ». Au niveau 2, l'enfant peut aussi « se représenter comment l'objet apparaît d'une position spécifique donnée ». Ils cherchent à étudier les différents aspects des connaissances de l'enfant du niveau 1.

Cinq groupes de 12 enfants d'âges moyens, 1, 1;6, 2, 2;6 et 3 ans ont eu à effectuer 16 tâches classées en 3 catégories : 1. créer, par ses propres actions, un événement « autrui O voit X » (X est un objet ou l'enfant ou une partie de son corps); 2. annuler, par ses propres actions, le phénomène « O voit X »; 3. diagnostiquer le phénomène « O voit X ». Nous résumons ci-dessous les conclusions des auteurs qui les ont présentées en termes de « ce que sait un enfant à tel âge », « ce que sait un enfant ayant 6 mois de plus ».

A un an, les enfants ne savent pas faire beaucoup de choses, excepté désigner un objet (« montre-moi la TV »).

A un an et demi, l'enfant sait répondre à la demande (de l'expérimentateur ou de sa mère, que nous appellerons désormais O). « Je veux voir le lapin » (un jouet, un dessin collé sur un carton), « montre-moi le jouet que je suis en train de regarder». Mais la réponse de l'enfant au premier type de demande est «idiosyncratique» : il montre le dessin collé sur un carton en le tenant horizontalement de façon à ce qu'il le voie en même temps que O. Si le dessin est collé au fond d'une boîte, il présente la boîte avec des mouvements de bascule de façon à ce que O et lui-même le voient alternativement. L'enfant répond correctement au 2e type de demande seulement si le regard d'O et la position de sa tête convergent dans la direction de l'objet.

L'enfant de 2 ans est par contre capable de présenter le carton portant le dessin verticalement : dans ce cas il ne voit pas le dessin pendant que O le regarde. On peut considérer qu'il comprend le rôle des yeux dans la perception visuelle : il peut montrer le jouet que O regarde, même lorsque la position de la tête et le regard de O sont divergents; lorsque O dit qu'il veut voir le dessin tout en se couvrant les yeux de ses mains, l'enfant lui enlève les mains des yeux. Enfin il sait répondre à la demande «je veux voir X» en utilisant des stratégies différentes : si O veut voir un meuble placé derrière lui, l'enfant tourne O face contre le meuble; lorsque O veut voir un jouet fixé sur une planche et caché par un panneau, l'enfant déplace soit la planche (coulissante sur le support), soit le panneau.

La différence essentielle entre les enfants de 2 ans et ceux de 2 ans et demi réside en ce que ces derniers réussissent en plus certaines tâches consistant à annuler le phénomène «O voit X». Douze enfants de 2 ans et demi sur 12 (contre 7 enfants sur 12 à 2 ans) déplacent la planche (ou le panneau) pour cacher derrière le panneau un jouet fixé sur la planche et que O est en train de regarder. A la demande de O «je ne veux pas te voir», 8 enfants de 2 ans et demi (contre 3 enfants de 2 ans) se cachent de façon à ce que O ne puisse pas les voir.

L'enfant de 3 ans réussit à presque toutes les épreuves (10 à 12 réussites sur 12 enfants), excepté celle où il doit montrer sa main à O caché derrière un écran. Dans cette tâche, on demande à l'enfant «montre seulement ta main», ou «reste ici (devant l'écran) et montre ta main à ta maman» (qui se trouve derrière l'écran). Sept enfants de 3 ans montrent seulement leur main, les 5 autres montrent leur main tout en jetant un coup d'œil sur O se trouvant derrière l'écran. Les auteurs concluent qu'avant trois, et même à trois ans, «l'établissement d'un contact visuel avec autrui semble nécessaire pour que l'enfant puisse exécuter la tâche de montrer un objet à cet autrui».

D'après les auteurs, les données de cette recherche montrent que, à trois ans, l'enfant possède les quatre connaissances élémentaires qui constituent les conditions nécessaires pour pouvoir se représenter si une personne autre que soi voit ou non un objet. Ces connaissances sont : 1. une personne ne peut voir que si ses yeux sont ouverts ; 2. pour voir un objet il faut orienter son regard sur cet objet ; 3. des objets peuvent bloquer la vision d'autres objets ; 4. « la connaissance tacite que la perception visuelle ou la non-perception d'autrui est indépendante de sa propre perception ».

Les auteurs proposent la succession suivante des connaissances dans le développement : savoir « quel objet autrui regarde » et savoir « désigner un objet » précédent le savoir « montrer à autrui ce que celui-ci veut voir » et « interpréter l'orientation de la tête et des yeux ». Vient ensuite le savoir « cacher ». Les auteurs ajoutent que ces catégories d'aptitudes et de connaissances deviennent de plus en plus « sophistiquées »...

b) Remarques critiques

Si l'enfant de 3 ans maîtrise les quatre connaissances élémentaires proposées par Lempers et al., que peut-on dire, en se basant sur les comportements observés, des enfants de 2 ans, de 2 ans et demi ? Si l'on observe que l'enfant doit regarder O caché derrière un écran pour consentir à lui montrer sa propre main, dire que « l'établissement d'un contact visuel avec la personne à qui on montre un objet constitue une condition préalable pour l'enfant »[12] constitue une interprétation plus générale que le simple récit d'un comportement observé dans une situation spécifique. Mais comment relier ce besoin d'établissement de contact visuel aux 4 connaissances élémentaires proposées ?

Dans la mesure où l'on admet que les enfants d'âges différents sont différents aussi bien pour les connaissances propres à la perception visuelle que pour des capacités cognitives plus générales, l'analyse des données observées faisant intervenir la dimension de complexité du traitement ne constitue pas, à notre avis, une démarche « réductionniste » qui tenterait de tout expliquer par le cognitif. Elle permet au contraire, de mieux analyser les performances observées afin d'attribuer au domaine qu'on veut étudier (en l'occurrence la perception visuelle) la part de connaissances qui lui revient en propre. C'est ce qu'ont fait Masangkay et al. (1974) pour le niveau 2 des connaissances de la perception visuelle. Leurs travaux montrent que les jeunes enfants, avant 4 ans et demi, peuvent résoudre séparément

---

[12] Op. cit. p. 45.

les deux problèmes : (a) « identifier une partie spécifique, ou le 'sous-objet', de X que O voit », et (b) « chercher, parmi les vues proposées au choix, celle qui comporte ce sous-objet ». Mais ils ne trouvent pas la réponse correcte au problème des perspectives posé en termes généraux (c) « Qu'est-ce que je vois ? » Et c'est lorsque l'enfant a acquis la connaissance fondamentale propre à la perception visuelle « O peut avoir des vues différentes de X » qu'il pense à résoudre le problème (c), en coordonnant les buts définis par les deux problèmes (a) et (b) comme deux sous-buts successifs.

La place nous manque pour présenter des analyses détaillées pour toutes les tâches de Lempers et al. Nous voulons cependant en présenter quelques-unes qui permettent d'illustrer notre argument.

c) Relecture des données observées

L'enfant de 1 an et demi sait montrer une image à O mais il la montre de telle sorte que lui et O voient l'image. Pour produire ce comportement, il suffit de supposer que *pour cet enfant* l'événement « O voit X » comporte trois phénomènes : il y a O (1), il y a X (2), O regarde X (3). L'enfant agit pour produire l'aspect (3), mais de telle sorte que (2) soit conservé. C'est-à-dire que le phénomène « il y a X » reste perceptible.

Lorsque l'enfant devient capable de montrer une image en la présentant face à O de façon telle que lui-même ne voit plus l'image, on peut supposer avec Lempers et al. qu'il a la notion que « la perception visuelle d'autrui est indépendante de sa propre perception ». Mais on peut aussi supposer une « compétence » plus élémentaire, mais plus générale : l'enfant (qui vient juste de voir l'image X avant de la tourner vers O) n'a pas besoin de voir X, car il peut se représenter X. Donc l'événement « O voit X » est toujours défini par les trois phénomènes, mais le phénomène (2) est représenté après avoir été perçu.

Pour l'enfant qui sait enlever un obstacle entre les yeux de O et X (enlever la main de O qui cache ses yeux, déplacer le panneau coulissant pour que O puisse voir un jouet), on doit supposer que la représentation qu'a l'enfant du phénomène « O regarde X » comporte les deux aspects critiques : O a les yeux ouverts (3.1), O dirige son regard vers X (3.2).

La tâche consistant à répondre à la demande « je ne veux plus voir le chat » en plaçant un obstacle entre O et X est plus difficile que la tâche précédente (enlever un obstacle entre O et X). Nous avons supposé que l'événement « O voit X » comporte pour l'enfant ayant réussi à la tâche « enlever un obstacle entre O et X » les phénomènes : il y a X (1); il y a O (2); O regarde X : O a les yeux ouverts (3.1) et O dirige son regard vers X (3.2). Pour annuler l'événement « O voit X », il suffit d'annuler l'un des phénomènes (1), (2), (3.1), (3.2). Mais dans cette situation, on ne dispose pas de moyens pour annuler n'importe lequel de ces phénomènes. Il faut donc savoir choisir, entre les quatre sous-buts possibles, le sous-but « annuler (3.2) », en liaison avec le seul moyen disponible, obstacle qu'on peut mettre entre O et X pour annuler (3.2)[13].

On peut également faire appel à une capacité cognitive concernant la représentation pour expliquer la nécessité « d'établir un contact visuel avec O qui veut voir un objet X ». Si l'on suppose toujours que pour l'enfant, avant 3 ans à 3 ans et demi, l'événement « O voit X » comporte les conditions (1), (2), (3.1), (3.2). Pour montrer un objet à O caché derrière un écran sans éprouver le besoin d'aller voir O, il faut se représenter les phénomènes non visibles : il y a O (2), O a les yeux ouverts (3.1) et O dirige son regard sur X (3.2).

d) Conclusion

Notre analyse amène à suggérer que dès 2 ans l'enfant a les trois connaissances élémentaires propres à la perception visuelle proposées par Lempers et al. : 1. une personne ne peut voir que si ses yeux sont ouverts; 2. pour voir un objet, il faut orienter son regard sur cet objet; 3. des objets peuvent bloquer la vision d'autres objets. Les tâches utilisées par Lempers et al. et qui sont réussies seulement plus tard (cacher, montrer un objet à quelqu'un qu'on ne voit pas) impliquent ces trois connaissances élémentaires mais sont plus complexes du point de vue du traitement[14].

En ce qui concerne la quatrième connaissance élémentaire, exprimée en termes de « la connaissance tacite que la perception ou la non-perception d'autrui est indépendante de sa propre perception », nous pensons que la notion « d'indépendance » peut être opérationnellement définie de plusieurs façons. On peut admettre que l'enfant

---

[13] Notons que Flavell et al. (1978) ont ensuite étudié le problème « cacher » en demandant explicitement à l'enfant : « mets cet écran sur la table pour que je ne voie plus Snoopy ». Mais dans cette expérience, on considère comme réussite, non pas seulement « si le moyen a été utilisé », mais « si le moyen a été utilisé avec efficacité ».

[14] Lempers et al. (1977) ont simplement fait le constat que « priver quelqu'un d'une perception visuelle est une notion qui émerge plus tard que la production d'une perception visuelle ». Flavell et al. (1978) concluent que les jeunes enfants peuvent conceptuellement distinguer entre ce qu'ils voient et ce qu'autrui peut voir.

a cette connaissance, même tacite, dès qu'il accepte de ne plus voir un objet durant le temps qu'il le montre à autrui. On peut admettre que l'enfant a cette connaissance seulement lorsqu'il peut réaliser la situation où l'autre ne voit pas un objet que lui-même voit. On peut admettre que l'enfant a cette connaissance seulement lorsqu'il attribue à autrui une perception différente de la sienne.

Il nous semble qu'on peut accepter n'importe lequel de ces critères, même le moins exigeant. Car, à notre sens, ce qui est intéressant, ce n'est pas tant de savoir que dès tel âge l'enfant est capable de se «décentrer»[15], mais plutôt de chercher à savoir comment évolue cette connaissance tacite proposée.

Inférences concernant l'activité cognitive chez autrui

La «réussite» aux tâches étudiées dans le domaine de la perception visuelle implique l'idée fondamentale que les mêmes informations visuelles reçues sont traitées de la même façon : si je me mets à la place de O, je vois ce que voit O; si O se met à ma place, il voit ce que je vois. Ainsi, quel que soit le degré de sophistication de la tâche d'inférence de la perception visuelle chez autrui, elle ne permet pas de répondre à la question : dans quelle mesure l'enfant comprend-il qu'autrui peut avoir des activités mentales différentes des siennes propres. Il s'agit de cette compréhension propre à l'intelligence sociale que les mêmes données externes peuvent susciter des activités internes différentes chez des individus différents.

On sait que l'enfant est capable très tôt d'admettre que deux personnes différentes peuvent avoir des préférences différentes dans un domaine donné. Ils peuvent même inférer de la préférence d'une personne l'action qui est la plus cohérente avec cette préférence. Par exemple, l'enfant de 4 ans est capable de conclure que «Mary resterait chez elle à lire un livre plutôt que d'aller jouer dans une pataugeoire» si on lui dit «Mary n'aime pas être mouillée» (Greenberg et al., 1977). Mais, à notre sens, la «réussite» à ce type de tâche[16] n'implique pas forcément que l'enfant comprend que le comporte-

---

[15] Il est clair que Lempers et al. proposent que dès 3 ans l'enfant a cette connaissance en réaction aux idées de Piaget. On lit en effet : «... C'est pour suggérer que l'idée piagétienne d'un profond égocentrisme perceptuel à ce niveau d'âge ne peut pas être correcte, tout au moins au regard du type de cognition perceptive du niveau 1» (p. 47, op. cit.).
[16] Notons au passage que la réponse «Mary choisirait d'aller jouer dans une pataugeoire» n'est pas forcément mauvaise si l'on fait intervenir la supposition supplémentaire que «Mary, malgré qu'elle déteste être mouillée, veut embêter sa maman».

ment probable de Mary est le résultat d'une activité interne chez Mary.

Nous avons relevé une seule recherche expérimentale qui définit de façon opérationnelle les niveaux successifs d'inférence que l'enfant sait faire sur les activités mentales chez autrui. Il s'agit du travail de Gordon et Flavell (1977) : ces auteurs cherchent à étudier, chez des enfants de 3 ans et demi, 5 et 7 ans, «la connaissance intuitive du fait psychologique qu'un événement mental peut susciter ou mettre sur la voie d'un autre événement mental».

Ces auteurs utilisent la situation suivante. On montre à l'enfant 4 dessins de personnages : un postier, un docteur, un cow-boy, un pompier. On lui dit que ces dessins sont cachés dans 4 enveloppes identiques. On propose à l'enfant de mettre sur chaque enveloppe un dessin d'objet (en choisissant dans un lot proposé) qui permettra :
1. à l'enfant lui-même de trouver un personnage qui sera nommé;
2. à une autre personne présente de trouver un personnage qui sera nommé.

Deux lots de dessins ont été utilisés : 1. un lot comportant des dessins d'objets associés à chaque profession; par exemple : un stéthoscope et un bandage constituent deux objets associés au docteur (nous appellerons ces objets «indices associés»); 2. un lot comportant des dessins d'objets quelconques; par exemple : un bateau à voile, une boîte de potage...(nous appellerons ces objets «indices quelconques»).

Lorsqu'on propose un lot de dessins d'objets associés, l'enfant, dès 3 ans et demi, choisit correctement les indices à mettre sur les enveloppes; il peut dire où lui-même va chercher le docteur, où l'autre personne (qui n'a pas vu quel personnage a été mis dans quelle enveloppe) ira chercher le postier. Cependant, lorsqu'on propose au sujet de jouer un tour à l'autre personne[17] en changeant les places des indices associés, l'enfant de 3 ans et demi dit (après que les indices aient été déplacés) que l'autre personne saura trouver le pompier (ou le docteur...), il montre l'enveloppe dont lui-même sait qu'elle contient le pompier en disant que l'autre personne ira le chercher là.

L'enfant de 5 ans ne fait pas ce type «d'erreurs». De plus, il sait que les dessins d'objets quelconques ne peuvent servir d'indice ni pour lui-même ni pour l'autre personne. Cependant, si l'autre personne affirme devant le sujet que parmi les dessins d'objets quelcon-

---

[17] Celle-ci ayant les yeux fermés et les oreilles bouchées.

ques il y en a deux qu'elle associe à deux des quatre personnages («Mon postier adore faire du bateau à voile, chaque fois que je pense à un bateau à voile je pense à mon postier»...), l'enfant de 5 ans refuse de considérer que ces indices peuvent aider l'autre personne à trouver les personnages auxquels ils sont idiosyncratiquement associés. Ou bien, lorsque l'autre personne déclare «je ne sais pas ce que c'est, je n'ai jamais vu ça» en désignant un thermomètre, l'enfant utilise quand même le thermomètre comme indice qui pourrait aider l'autre personne à trouver le docteur. C'est seulement vers 7 ans que l'enfant «réussit» à ces épreuves.

Gordon et Flavell (1977) concluent que les enfants de 5 ans agissent comme s'ils savaient que l'indice associé va être la «cause» qui amène celui qui cherche à regarder dans l'enveloppe sur laquelle se trouve l'indice. Mais cela ne veut pas dire qu'il a quelque compréhension du processus mental impliqué dans cette acctivité de recherche. Cette compréhension peut être considérée comme acquise (vers 7 ans) seulement lorsque l'enfant sait que l'aspect critique de cette activité mentale est «quoi va avec quoi» *dans la tête de celui qui cherche*, et non pas ce que lui-même juge de la relation existant entre deux choses.

Il est évident que nous ne tirerions pas de cette recherche la conclusion que c'est seulement vers 7 ans que l'enfant comprend que les mêmes données externes peuvent susciter des activités internes différentes chez des individus différents. Il est tout à fait possible que dans la vie quotidienne, l'enfant plus jeune sache déjà, dans certaines situations, moduler ses inférences ou ses prévisions concernant les conduites d'autrui en fonction des caractéristiques propres à cet autrui. Il nous semble que l'enseignement le plus intéressant qu'on peut tirer de ce travail réside en ce qu'il met en évidence le fait qu'il y a des étapes dans cette prévision. Dans la tâche de recherche sur indice, l'enfant commence par se comporter comme si ce qui se passe dans sa tête était public. Par la suite, il peut se représenter l'activité de recherche comme comprenant un aspect critique concernant la condition externe du succès de la recherche : un indice n'aide que s'il est associé à l'objet recherché. Si cette condition externe n'est pas satisfaite pour autrui, il ne peut pas trouver. Plus tard encore, l'enfant se représente l'activité de recherche avec son aspect critique concernant la condition interne du succès de la recherche : un indice n'aide que s'il est associé à l'objet recherché pour celui qui cherche.

3. Le contrôle régulateur de son propre fonctionnement cognitif

Les quelques travaux dont nous allons rendre compte peuvent être considérés comme concernant le développement du contrôle de son propre fonctionnement cognitif. Bien que tous ces travaux fassent référence au concept de métacognition de Flavell, les domaines de contenu et les paradigmes expérimentaux sont divers, et, à notre avis, ne doivent pas beaucoup, ni au modèle du contrôle cognitif de Flavell (1978), ni à la taxonomie de Flavell et Wellman (1977) sur la métaconnaissance. Il reste que ce sont les rares travaux qui, à notre connaissance, étudient l'aspect du contrôle de son propre fonctionnement faisant intervenir les concepts suggérés par Flavell (1978) d'évaluation et de régulation de ses propres connaissances, de son propre fonctionnement.

Nous verrons que ces notions d'évaluation et de régulation seront finalement explicitées en termes de coordination de buts et de création de buts intermédiaires.

Les recherches de Markman (1977, 1979) posent la question de savoir ce qui différencie un sujet qui réalise qu'il ne comprend pas un texte, de celui qui n'est pas conscient du fait que le texte est «incompréhensible». L'auteur suppose que pour comprendre un texte, celui qui lit (ou écoute) effectue une variété de procédures de construction qui «opèrent sur, et transforment, les 'inputs linguistiques' reçus».

La première recherche (Markman, 1977) porte sur des instructions de type «mode d'emploi». On a comparé deux conditions d'instruction. Dans l'une, la suite des instructions (incomplètes) est donnée verbalement. Dans la seconde condition, l'expérimentateur fait une «démonstration» avant de donner les mêmes instructions verbales. Voici un exemple de situation de problème : «le jeu avec des cartes». Dans la condition d'instructions verbales seules, l'expérimentateur prend une pile de cartes et donne au sujet une pile de cartes. Il dit qu'il va lui enseigner un nouveau jeu : «Chacun de nous retourne la carte du dessus de sa pile. Chacun regarde sa carte pour voir lequel a la carte spéciale. Puis nous retournons la carte suivante de chacune de nos piles pour voir lequel a la carte spéciale cette fois. A la fin, celui qui a le plus de cartes gagne». Les instructions sont incomplètes, car l'expérimentateur n'a pas dit ce qu'est la carte spéciale, ni ce que signifie «celui qui a le plus de cartes». Pour la condition avec «démonstration» préalable, l'expérimentateur dit au sujet qu'il lui montre d'abord à quoi ressemble le jeu avant d'expliquer comment on y joue. La « démonstration » consiste à montrer les cartes, les distribuer, les mettre en deux piles, retourner une carte du dessus de chaque pile, regarder les cartes sans les laisser voir au sujet, les mettre à l'envers à côté de leur pile. Des enfants de 6 à 9 ans ont été examinés. Les résultats montrent, outre un effet de l'âge, un effet de la condition expérimentale : la condition avec « démonstration », qui en fait n'explicite rien, est plus favorable pour amener l'enfant à constater qu'il n'a pas compris les instructions.

Markman propose qu'un texte d'instructions peut être vu comme une description d'une suite d'étapes qui amènent à un but. Pour comprendre complètement ces instructions, on doit considérer les actions à exécuter qui transforment successivement un état initial, puis les états intermédiaires, en l'état-but. Si le sujet exécute en « profondeur » les actions, il s'aperçoit que les informations sont incomplètes pour appliquer les transformations. S'il ne le fait pas, il ne réalise pas que les instructions sont « incompréhensibles ». Dans la condition avec « démonstration », celle-ci, bien que n'apportant aucune information de plus par rapport aux instructions verbales, incite le sujet à exécuter « virtuellement »[18] les actions. Nous pouvons ainsi conclure que l'exécution virtuelle de la suite des actions décrites par les instructions permet d'effectuer une évaluation de la complétude de la structure de buts, ce qui amène le sujet à poser des questions d'éclaircissement.

Dans la deuxième recherche (Markman, 1979), l'expérimentateur lit au sujet des textes dans lesquels il y a des propositions contradictoires. Il dit au sujet qu'il s'agit d'histoires qu'il a écrites pour des enfants. Il demande au sujet de l'aider en tant que « conseiller », car il a besoin qu'on lui dise si ses histoires sont compréhensibles. Dans une condition, les propositions contradictoires sont explicites dans le texte; dans la deuxième condition, les incohérences sont implicites[19]. Chacune de ces deux conditions est combinée avec une deuxième variable : l'expérimentateur prévient ou ne prévient pas le sujet que le texte comporte des inconsistances[20]. Les résultats montrent que la condition la plus favorable pour que le sujet réalise qu'il ne comprend pas, est celle où les propositions contradictoires sont explicites et où on lui demande de « chercher ce qui ne va pas ». Malgré tout,

---

[18] Selon les termes que nous avons employés dans le cadre conceptuel proposé.
[19] Il faut donc les inférer.
[20] « Il y a quelque chose de bizarre (tricky) dans chaque histoire. Quelque chose qui n'a pas de sens. Quelque chose de confus. J'aimerais que tu essaies de trouver qu'est-ce qui fait que cela n'a pas de sens ».

pour cette tâche, la « performance » parfaite n'est pas atteinte à 12 ans; tandis que pour la tâche précédente, les enfants dès 8 ans peuvent réaliser qu'ils ne comprennent pas dans la condition avec démonstration.

Les deux conclusions qu'on peut tirer de ces résultats sont : 1. La tâche donnée dans la 2e recherche est plus complexe du point de vue du traitement (selon l'opinion même de l'auteur), car il ne s'agit pas seulement d'exécuter virtuellement des actions décrites, mais de détecter qu'il y a des états qui ne peuvent coexister ou qu'il y a des procédures qui amènent à des états (ou sous-buts) ne pouvant pas coexister. 2. La détection de ces incohérences est facilitée par la création d'un but intermédiaire qui est précisément « chercher ce qui ne va pas ».

Dans sa recherche, La Greca (1980) emploie la méthode d'entretien pour mettre en évidence les stratégies employées par les enfants de 8 à 11 ans dans la tâche de « créativité ». Celle-ci consiste à trouver toutes les utilisations inhabituelles possibles pour un objet (un journal, une boîte de conserve). La variable « âge » ne s'est pas révélée un bon prédicteur de la performance dans la tâche de créativité. Le questionnement de l'enfant sur ce qu'il a fait pour effectuer la tâche montre que les enfants ayant une note de créativité élevée se créent des « contextes » ou des « buts intermédiaires » pour générer les utilisations des objets : se rappeler d'abord les utilisations habituelles pour générer (par contraste) les utilisations inhabituelles; placer l'objet dans un contexte familier (se figurer qu'on est dans la maison...) et essayer d'adapter l'objet à des tâches qu'on effectue dans ce cadre; regarder autour de soi pour trouver des objets qui peuvent suggérer des tâches qu'on effectue avec l'objet stimulus, etc. Les sujets ayant eu une note de créativité basse, s'ils ont utilisé quelque « stratégie », n'ont pu rien en dire. Ils se bornent souvent à dire « je ne sais pas », « je pense juste à des choses »... Néanmoins, les enfants à créativité basse augmentent leur performance lorsqu'on leur suggère un contexte (s'imaginer qu'on est assis devant la table de la cuisine...). Ainsi, on voit que pour résoudre le problème de « créativité » la création de buts intermédiaires et les exécutions virtuelles des procédures d'utilisation permettent au sujet de trouver plus d'utilisations inhabituelles pour un objet qu'une attitude passive.

La dernière recherche que nous allons analyser est celle de Wellman (1977) sur le jugement que porte le sujet sur son propre fonctionnement. Wellman examine trois groupes d'âge : 6;4 ans, 7;3 ans et 9;3 ans. La procédure expérimentale comporte 4 étapes que nous noterons 0), 1), 2) et 3).

0) On montre au sujet une série de dessins d'objets. Pour chaque groupe d'âge, les objets ont été sélectionnés de façon à ce que plusieurs d'entre eux soient peu couramment connus pour le groupe d'âge donné. Le sujet doit nommer les objets. On retient, pour un sujet donné, les objets qu'il n'a pas pu nommer. Nous les appelons «objets non nommés». 1) On demande au sujet de dire, pour chaque objet non nommé, s'il a ou non déjà vu cet objet («jugement du déjà vu»). 2) On dit au sujet, pour chaque objet non nommé, «si je te disais plusieurs noms, pourrais-tu trouver dans ce lot le nom correct pour ce dessin?» («jugement sur son savoir»). 3) On présente au sujet une rangée de dessins comportant les objets non nommés mélangés à des nouveaux objets, on dit un nom et le sujet doit choisir un objet qui va avec («reconnaissance»).

Les résultats montrent : 1. Une corrélation forte entre le «jugement du déjà vu» (réponse «oui») et la «reconnaissance» correcte : en général si le sujet dit qu'il a déjà vu l'objet, il sait choisir cet objet parmi d'autres lorsqu'on donne le nom de l'objet. 2. Une corrélation entre le «jugement du déjà vu» (réponse «oui») et le «jugement sur son savoir» (réponse «oui») qui va croissante avec l'âge. 3. Une corrélation entre le «jugement sur son savoir» et la «reconnaissance» correcte qui va croissante avec l'âge. Ces résultats indiquent donc que, pour les enfants âgés, savoir qu'ils ont déjà vu l'objet leur fait juger aussi qu'ils pourraient reconnaître le nom de l'objet, et ils le reconnaissent lorsqu'on leur en donne le nom.

On peut résumer l'interprétation de l'auteur de la façon suivante : Les jeunes enfants ne relient pas les deux problèmes donnés dans les situations 1) et 2). Ils les résolvent de façon indépendante. Ils ont pourtant disponible en mémoire la connaissance qui leur permettra dans la situation 3) de trouver un objet parmi d'autres objets lorsqu'on le nomme. Par contre, les enfants plus âgés se servent de leur connaissance du fait qu'ils ont déjà vu l'objet (situation 1) pour répondre de façon adéquate à la question posée dans la situation 2) : «Si j'ai déjà vu l'objet, il est probable que je pourrai trouver son nom». Autrement dit, les enfants âgés exécutent virtuellement les procédures de traitement impliquées dans chacune des deux tâches 1) et 2) pour les évaluer et choisir celles qui semblent les plus adéquates.

B. La connaissance des phénomènes relatifs à la mémoire et à son fonctionnement

Un bref historique s'avère utile pour justifier la place privilégiée que nous accorderons à ce domaine, comprendre l'état actuel des recherches théoriques et empiriques qui s'y rapportent, envisager enfin un type d'approche permettant d'appréhender le mode d'élaboration de cette connaissance et le rôle qu'elle occupe dans le fonctionnement psychologique.

C'est dans le champ d'étude relatif aux activités mnémoniques de l'enfant qu'émerge — en 1971 à notre connaissance — la notion, ou plutôt le terme de connaissance «métamnémonique»[21]. Ce champ de recherche peut être caractérisé de deux points de vue : la quantité et la convergence des faits empiriques recueillis d'une part, la diversité des constructions théoriques qui y sont élaborées d'autre part. On peut penser que, au moins dans un premier temps, les «promoteurs» du concept de connaissance métamnémonique se fixent un objectif ambitieux qui consisterait à proposer une théorie unifiée pouvant rendre compte de l'organisation des conduites mnémoniques, de l'enfant en particulier. Qu'en est-il?

Reprenant et élargissant l'idée émise par Hagen (1971) suivant laquelle se développeraient chez l'enfant, non seulement des attitudes et habiletés utilisables dans nombre de tâches mnémoniques, mais également «la conscience d'être un sujet actif stockant et évoquant délibérément de l'information», Flavell (1971) définit la méta-mémoire comme «la connaissance par le sujet des opérations de stockage et d'évocation». Il fait l'hypothèse d'une capacité croissante chez l'enfant à connaître, voire à contrôler sa propre activité de mémorisation et rapporte, pour l'étayer, diverses données expérimentales recueillies antérieurement auprès d'enfants placés en situation de mémorisation. Ces données sont relatives entre autres, à l'estimation par le sujet du moment où il se jugera en mesure de rappeler le matériel présenté (en temps libre); à la prévision du score de rappel ultérieur (Flavell, Friedrichs & Hoyt, 1970); à la sélection non aléatoire des items qui doivent être réappris parce que non rappelés à l'essai précédent (Masur, Mc Intyre & Flavell, 1973; Neimark, Slotnick & Ulrich, 1971).

---

[21] Ce terme a ultérieurement été repris, sans discussion, par tous les auteurs qui se sont intéressés à la connaissance des phénomènes psychologiques relatifs à la mémoire et à son fonctionnement. Dans la suite de ce chapitre, nous adopterons également cette convention de vocabulaire, essentiellement pour éviter nombre de péri-phrases.

A partir de ce coup d'envoi donné à l'étude de la méta-mémoire, les recherches sont, pour la plupart, focalisées sur la question suivante : « Quelles sont les connaissances qu'acquiert l'enfant, au cours de son développement, dans le domaine de la méta-mémoire ? ». Notons tout d'abord que la formulation de cette question véhicule implicitement une conception discutable du développement de l'enfant : la modification des connaissances relatives aux phénomènes psychologiques (de l'enfant ou d'autrui) consisterait en un accroissement progressif pur et simple, accroissement au terme duquel le sujet disposerait des connaissances propres à l'adulte. De surcroît, poser cette seule question, sans autre préalable théorique, équivaut de fait à opérer un simple changement de plan : au lieu d'étudier l'activité et les résultats de l'enfant placé dans une situation de mémorisation (ce qui est l'objet des recherches sur les stratégies par exemple), les auteurs vont tenter de cerner ce que l'enfant connaît, ou peut dire, de certains phénomènes généraux mis en évidence par ailleurs, et de certains aspects de son propre fonctionnement mnémonique. Le choix des points d'investigation (quels phénomènes généraux ? quels aspects du fonctionnement du sujet ?) est seulement fonction alors, de l'importance relative que les auteurs accordent aux nombreux faits expérimentaux établis par ailleurs (par exemple : effet du temps d'étude, du délai entre présentation et rappel, du volume et du type d'informations présentées, des activités de regroupement, de l'utilisation des aides externes, de la recherche exhaustive, etc.). L'ensemble des recherches réalisées par Kreutzer, Leonard et Flavell (1975), ainsi que quelques travaux traitant plus spécifiquement de l'un ou l'autre des points mentionnés ci-dessus (Moynahan, 1973; Tenney, 1975) sont particulièrement représentatifs de cette approche.

Parallèlement au recueil des faits, voire postérieurement, quelques constructions théoriques sont élaborées qui se bornent le plus souvent à établir une taxonomie des variables susceptibles d'intervenir dans la construction des savoirs métamnémoniques et, plus largement, métacognitifs. Notons que le contact entre l'élaboration théorique et les recherches empiriques se fait exclusivement alors par le recours à des exemples, bien choisis mais ponctuels, qui sont présentés pour justifier de l'existence de telle ou telle rubrique de la taxonomie proposée et de leurs probables interactions.

Les recherches expérimentales consacrés à l'étude de la méta-mémoire peuvent être grossièrement réparties en 3 catégories : Dans les recherches affectées à la première de ces catégories (Moynahan, 1973; Salatas et Flavell, 1976; Tenney, 1975), les enfants dont on examine les connaissances métamnémoniques sont placés en situation réelle de mémorisation : outre le fait qu'ils ont à répondre à des questions (relatives à la prévision, la description, les justifications de leurs actions), ils doivent également se livrer à l'étude du matériel, sanctionnée par un ou plusieurs tests de rappel. Ces recherches sont en général consacrées à l'étude des connaissances dont l'enfant peut faire état relativement à un aspect particulier du fonctionnement mnémonique (il s'agit le plus souvent, en l'occurrence, de la connaissance des effets qu'exerce l'utilisation des relations sémantiques entre les items à mémoriser). Dans la seconde catégorie illustrée principalement par les travaux de Kreutzer, Leonard et Flavell (1975), jamais l'enfant interrogé n'est placé dans une situation telle qu'il ait à décrire, commenter, justifier, ou modifier *sa propre conduite actuelle* de mémorisation. Tout au plus lui présente-t-on, dans certains cas, un ou plusieurs matériels, imagés ou verbaux, que l'on peut considérer comme des supports de sa verbalisation. Par le nombre de points d'investigation choisis d'une part, par la quantité et la diversité des informations recueillies auprès des mêmes enfants d'autre part, cette recherche constitue une tentative beaucoup plus vaste que les travaux cités précédemment. On peut cependant regretter que les auteurs aient considérablement sous-exploité les données recueillies, point sur lequel nous reviendrons. Nous évoquerons enfin brièvement une troisième catégorie de recherches dans lesquelles les auteurs (Cavanaugh et Borkowski, 1979, 1980) cherchent à mettre en évidence et à caractériser la nature des liens entre les connaissances métamnémoniques — générales ou spécifiques à une tâche — et certains aspects des conduites et des performances mnémoniques. Dans ces expériences, les auteurs mettent en œuvre des procédures plus ou moins complexes d'entraînement systématique. C'est également dans cette direction, et avec des procédures voisines, que l'une d'entre nous situe ses recherches actuelles.

Nous avons pris le parti, pour procéder à la présentation de ces recherches, de n'être pas exhaustives. Nous nous attacherons plutôt à rendre compte, y compris avec de nombreux détails dans quelques cas, des recherches qui nous semblent être les plus caractéristiques et surtout les plus heuristiques, en dépit même des critiques qui peuvent — légitimement — être formulées à leur endroit.

1. Quelques recherches réalisées en situation de mémorisation réelle

● Moynahan (1973)

Se référant aux nombreuses études dans lesquelles on a montré que l'appartenance des mots à des catégories facilite leur rappel, l'auteur s'est proposé d'étudier «la conscience» qu'ont les enfants de différents âges de ce fait. Le principe général de l'expérience consiste à demander à des enfants, âgés de 7;2, 9, 11 ans, une estimation de la difficulté relative du rappel de deux ensembles d'items : ces ensembles étant composés pour l'un de mots indépendants, pour l'autre de mots catégorisés. Onze paires d'ensembles sont ainsi proposées. Quatre situations expérimentales sont prévues. Nous ne rendrons compte que de deux d'entre elles : celles dans lesquelles un teste rappel a effectivement lieu, soit avant, soit après l'émission du jugement de difficulté relative.

a) Globalement (toutes situations confondues), le nombre de jugements corrects[22] augmente avec l'âge. Les justifications données sont nettement différenciées suivant l'âge des enfants : les plus âgés font référence au fait que le nom de la catégorie peut être utilisé comme indice d'évocation des items, alors que les plus jeunes confondent fréquemment facilité à dénommer et facilité à mémoriser. Cette observation, notons-le, va dans le sens des données recueillies, aux mêmes âges par d'autres auteurs (Appel et al., 1972; Yussen et al., 1974) sur l'absence de différenciation, par les enfants de 7 ans environ, des consignes d'identification et des consignes de mémorisation.

b) D'une façon générale (âges confondus), le nombre de jugements corrects est plus élevé lorsque la demande de jugement suit le rappel (évaluation) que lorsqu'elle le précède (prédiction). A l'examen des moyennes, il apparaît que la différence entre les deux conditions, faible chez les enfants de 7 et 11 ans, est par contre notablement plus élevée chez les enfants d'âge intermédiaire. L'auteur s'étant borné — de façon regrettable à notre sens — à calculer l'interaction globale Ages × Conditions (laquelle n'apparaît qu'à titre de tendance...) ne commente pas ce résultat.

c) L'indice rendant compte du degré d'adéquation entre les réponses de jugement et les résultats au rappel est d'une part, plus élevé

---

[22] Jugement correct au sens où l'effet des catégories est jugé facilitateur.

lorsque l'âge des enfants est plus élevé (conditions confondues), d'autre part plus élevé (tous âges réunis) lorsque le jugement suit le rappel (évaluation) que lorsqu'il le précède (prédiction).

d) La confrontation des diverses données recueillies permet, nous semble-t-il, d'avancer quelques éléments de bilan : Il apparaît que dans ce type de tâche, l'enfant ne dispose pas, à un moment donné de son développement, de la connaissance relative à l'effet facilitateur des catégories sur le rappel quand bien même cet effet s'exerce «objectivement». La performance de rappel réalisée par les enfants de 7 ans est en effet plus élevée lorsqu'elle porte sur des items catégorisés. Or, ces mêmes enfants n'extraient pas cette information lorsqu'il leur est demandé d'évaluer leur performance. Ceci rejoint d'ailleurs l'observation rapportée par Neimark, Slotnick et Ulrich (1971) suivant laquelle les enfants de cet âge sont, en général, tout à fait surpris de la faiblesse de leur taux de rappel lorsque l'expérimentateur le leur communique. Il semble, par contre, que les enfants de 9 ans considérés dans cette recherche procèdent à une évaluation réaliste : la forte adéquation constatée entre la performance de rappel qu'ils réalisent et le jugement qu'ils émettent *après le rappel*, en témoigne. Toutefois, les enfants de cet âge ne sont en général pas en mesure d'utiliser l'information ainsi obtenue pour formuler une prévision «correcte» de leur rappel dans une tâche analogue: on constate en effet que, à cet âge, l'adéquation entre jugement et performance est beaucoup plus faible lorsque le jugement précède le rappel que lorsqu'il le suit. Enfin, la formulation d'une *prévision* «correcte» qui nécessite, outre la capacité à évaluer sa propre performance, l'élaboration d'une connaissance relative aux rapports entre performance et caractéristiques des items et l'utilisation de cette connaissance dans des tâches analogues, apparaît plus tardivement (vers 11 ans en général).

e) *Remarque* : Etant donné les caractéristiques de la méthode utilisée par l'auteur (procédure expérimentale et traitement des données) ce bilan schématique doit néanmoins être considéré avec prudence. En effet, si l'on se propose de mettre en évidence l'existence d'une hiérarchie des niveaux de fonctionnement telle que la capacité à évaluer sa propre performance (les résultats d'une procédure), soit une condition nécessaire à l'élaboration d'une procédure ultérieure et enfin à l'anticipation de ses résultats, le recours à des groupes indépendants de sujets auxquels est demandée *soit* une évaluation, *soit* une prévision, ne semble pas la méthode la plus adéquate. Nous pensons que les recherches dans lesquelles sont étudiées conjointement, *pour un même sujet*, prévision, rappel, évaluation et justification peuvent par contre permettre d'aboutir à des conclusions plus solidement étayées relativement à la hiérarchie des niveaux de fonctionnement postulée. A cet égard, le travail dont nous allons maintenant rendre compte peut être cité comme un exemple de recherche s'inscrivant dans ce courant.

- Tenney (1975)

La question principale qui est posée dans cette recherche est la suivante : « Est-ce que les enfants 'prennent conscience' (realize) qu'une organisation est nécessaire pour qu'une liste soit plus facile à apprendre ? ». Le principe de l'expérience consiste à tester, pour chaque sujet, le rappel d'une liste composée de mots qu'il a lui-même produits, une semaine auparavant, à partir de 12 mots inducteurs présentés un à un par l'expérimentateur.

Les enfants sont âgés respectivement de 6, 9 et 12 ans environ. Les conditions de production, au nombre de trois, sont les suivantes : Dans la condition 1, on demande à l'enfant de produire, à partir de chaque mot inducteur, trois mots appartenant à la même catégorie que lui[23] et « faciles à rappeler avec lui ». Dans la condition 2, on demande seulement de produire 3 mots faciles à rappeler avec le mot inducteur. La condition 3 consiste à demander la production de 3 mots, par association libre à partir du mot inducteur.

a) L'organisation des listes produites diffère notablement suivant l'âge des enfants, les conditions de production, et il y a une interaction entre ces deux variables. On remarque tout d'abord que tous les enfants examinés, y compris les plus jeunes, produisent effectivement, *à la demande*, des listes catégorisées : les listes produites dans la condition 1 sont, à tous les âges considérés, organisées en catégories. Suivant l'âge des enfants, les listes produites en vue du rappel ultérieur (condition 2) ont des caractéristiques : voisines de celles des listes produites dans la condition 1 (catégories) chez les enfants plus âgés; voisines des caractéristiques des listes produites dans la condition 3 (association libre) chez les enfants les plus jeunes. Les enfants d'âge intermédiaire produisent toujours, dans la condition 2, des listes organisées.

b) Les performances de rappel sont globalement plus élevées que celles réalisées par des groupes de contrôle auxquels ont été propo-

---

[23] Le nom de la catégorie est énoncé.

sées des listes de mots non organisées. Toutefois, l'effet des conditions de production est en interaction avec l'âge des enfants. Ainsi, chez les plus jeunes enfants, les performances de rappel des listes produites dans la condition 1 (demande de mots catégorisés) sont nettement supérieures à celles relatives aux listes produites dans les deux autres conditions. Chez les enfants de 9 et 11 ans par contre, le rappel des listes produites en vue du rappel ne se différencie pas, que ces listes aient été produites dans la condition 1 ou la condition 2 (c'est-à-dire avec ou sans demande explicite concernant l'appartenance à des catégories).

c) A l'issue de cette recherche, il est confirmé que l'effet facilitateur des catégories s'exerce sur la performance de rappel, à tous les âges considérés. Il apparaît que la plupart des enfants de 9 ans, et tous ceux de 11 ans disposent de la connaissance de cet effet et l'utilisent pour produire les listes de mots qu'ils auront à rappeler ultérieurement, ce qui n'est pas le cas des enfants de 6 ans environ. Les résultats recueillis auprès de ces derniers confirment, en ce sens, les données rapportées par Appel & al. (1972), suivant lesquelles, en deçà de 7 ans environ, les enfants ne se représentent pas, en général, que les tâches de rappel nécessitent une préparation.

Deux niveaux d'utilisation des connaissances relatives à la mémorisation ont été mis en évidence par la recherche de Moynahan : ces niveaux se réfèrent respectivement à l'évaluation des résultats d'une procédure de traitement puis à l'anticipation des résultats d'une procédure. Les données rapportées par Tenney n'apportent pas d'éléments contradictoires quant à l'existence de ces deux niveaux d'utilisation. Ces données permettent en outre de formuler quelques hypothèses quant aux niveaux d'élaboration des connaissances et aux processus qui pourraient rendre compte de la mise en œuvre de ces connaissances au niveau des conduites. Nous pensons que dans le 1er cas (évaluation des résultats qui se traduit par une estimation « réaliste » de la performance dans l'expérience de Moynahan), l'enfant doit se représenter la situation et la procédure qu'il a mise en œuvre en tenant compte d'un aspect critique : présence-absence des catégories. Par un processus d'attribution causale, il est alors en mesure de comparer les 2 listes et de formuler sa réponse : « quand la liste est catégorisée, c'est plus facile ». Pour rendre compte des réponses du second type (prévision de la performance dans la recherche de Moynahan; production de listes catégorisées *en vue* du rappel dans la recherche de Tenney) il faut supposer, en outre, que l'enfant constitue un couple « but-moyens » tel que « si je veux que le rappel soit plus facile, alors il faut que les listes soient catégorisées ». C'est par l'exécution virtuelle des procédures associées à chaque sous-but que l'enfant peut, selon nous, anticiper les résultats de la procédure et/ou produire des listes catégorisées *en vue* du rappel.

2. *Les études utilisant l'interview : Kreutzer, Léonard, Flavell (1975)*

La série de recherches présentées par Kreutzer, Léonard et Flavell porte sur 80 enfants, filles et garçons, appartenant à quatre niveaux scolaires, et âgés de 5 à 10 ans (5, 6, 8, 10 ans). 14 items, comportant un nombre variable de questions — ouvertes ou fermées — sont proposés aux enfants, individuellement.

Compte tenu de l'absence quasi totale de ce type d'étude dans la littérature française, il nous semble utile, en dépit du caractères un peu fastidieux de cette présentation, d'exposer avec quelques détails, pour plusieurs des items utilisés par les auteurs : la procédure expérimentale, les données factuelles recueillies, les remarques critiques que nous formulons le cas échéant et, dans quelques cas, la lecture des données qui peut être faite en terme de niveaux d'élaboration des connaissances. Deux procédures sont utilisées par les auteurs :

La première d'entre elles — interrogation directe — consiste à demander aux enfants de décrire « ce qu'ils feraient s'ils étaient placés dans telle ou telle situation de stockage et/ou d'évocation délibérées ». La seconde procédure — plus indirecte — consiste à leur demander de prévoir, décrire, justifier les conduites et les performances d'enfants absents que l'expérimentateur est censé avoir observés au préalable dans telle ou telle situation (ces situations sont alors le plus souvent illustrées par la présentation d'un ou plusieurs matériels). Dans les deux cas, la relative faiblesse du cadre théorique de référence ne permet pas, nous semble-t-il, de « guider » l'analyse du contenu des réponses tant pratiques que verbales, c'est-à-dire de fonder des choix qui pourraient être faits au niveau du codage des réponses. L'absence de cadre théorique précis — caractéristique fréquente des études exploratoires — nécessiterait que, au moins dans un premier temps, on procède à une analyse exhaustive des productions de l'enfant, en se gardant bien de tout a priori normatif — explicite ou non. Or, à l'examen des catégories prévues pour coder les réponses de l'enfant, il apparaît qu'en fait, celles-ci sont estimées principalement en référence au modèle adulte. Une estimation ou une justification seront par exemple jugées « correctes » non parce qu'elles sont cohérentes avec les performances et les conduites du sujet mais parce qu'elles sont analogues à celles que produirait l'adulte (psychologue de surcroît et versé, si possible, dans l'étude de la mémoire!).

Cinq des 14 items utilisés (items 8 à 12 inclus)[24] sont construits en référence à la procédure d'interrogation directe. Les questions posées sont, dans tous les cas : « Comment ferais-tu pour... ? Pourrais-tu faire autre chose?... Dis-moi tout ce que tu pourrais faire pour... ».

a) Les réponses à l'item 8 (apprendre 9 items catégorisés) sont organisées en 7 rubriques exclusives : Catégorisation exhaustive, Associations, Répétitions, Stockage externe, Regards, Déplacements au hasard, Pas de réponse. Plus de la moitié des 70 réponses produites sont classées dans les 2 premières catégories (n = respectivement 29 et 16). Les réponses appartenant aux autres catégories sont surtout le fait des enfants les plus plus jeunes.

Il était également demandé, dans cet item, de décrire la stratégie qu'utiliserait un enfant plus jeune pour réaliser cette tâche. De ce point de vue, il apparaît que l'attribution d'une stratégie à autrui — plus jeune — s'avère peu fréquente : sur les 29 enfants qui répondent à cette question, 9 se bornent à déclarer qu'un enfant plus jeune effectuera une performance moindre, sans préciser la stratégie suivie. Lorsqu'une stratégie est décrite, elle est toujours moins élaborée que celle que décrit le sujet pour lui-même.

b) Les réponses aux items 9 (ne pas oublier d'emporter un objet le lendemain) et 10 (ne pas oublier de se rendre à une invitation) sont ventillées en catégories exclusives recouvrant respectivement : le recours à un stockage externe (notes, autres personnes), ou à un stockage interne et, pour le seul item 9, l'utilisation de l'objet lui-même comme indice. Chacune de ces catégories est, de surcroît, subdivisée en sous-catégories relatives aux modes d'utilisation différents d'un même indice.

b_1) La répartition des effectifs de sujets dans les différentes catégories se modifie peu avec l'âge : à tous les âges, et pour les 2 items, le recours à l'utilisation des sources externes (prise de notes, appel à autrui, utilisation de l'objet) est fortement majoritaire.

b_2) Chaque enfant peut, rappelons-le, fournir plusieurs réponses :

---

[24] Nous reprenons ici l'ordre de présentation adopté par les auteurs dans leur publication.

le nombre moyen de réponses augmente régulièrement avec l'âge. Cette augmentation globale est plus importante pour l'item 9 (préparation à l'évocation d'un objet) que pour l'item 10 (préparation à l'évocation d'un événement).

Il apparaît intéressant, en vue de recueillir quelques indications quant à la capacité qu'ont les enfants de 5 à 10 ans d'envisager plusieurs moyens pour atteindre un même but, de considérer plus finement ces résultats relatifs au nombre de réponses produites. Nous prendrons comme exemple, pour ce faire, les résultats relatifs à l'item 9, qui peuvent être résumés de la façon suivante : parmi les 70 enfants qui produisent *au moins* une réponse, nombreux sont ceux qui en fournissent deux (n = 44), trois (n = 24), voire quatre (n = 10). Bien que d'une façon générale les enfants de 8 et 10 ans fournissent plus fréquemment plusieurs réponses à une même question, la production de réponses multiples n'est pas strictement limitée aux enfants les plus âgés de l'échantillon (4 enfants de 6 ans, par exemple, produisent au moins 3 réponses).

b_3) Un codage global, effectué par les auteurs sur l'ensemble du protocole, est centré sur l'idée de planification. L'emploi des termes tels que « et alors, ainsi, ensuite... » dénotant l'existence d'un lien explicite entre moyens mis en œuvre et but visé, est considéré par les auteurs comme l'indice d'une planification. De ce point de vue, les items 9 et 10 sont nettement différenciés : la planification estimée par ce critère semble exister à la fois plus fréquemment et plus précocement dans le premier que dans le second.

Peut-on dire pour autant que tous les enfants classés par les auteurs dans cette catégorie, et seulement ceux-là, ont atteint, sur le plan de l'élaboration des connaissances méta-mnémoniques relatives à leur propre fonctionnement, un niveau tel que ces connaissances puissent assurer le contrôle régulateur[25] des conduites mnémoniques mises en œuvre ? Il n'est pas possible de trancher sur ce point, en raison des caractéristiques de la procédure expérimentale, et en particulier de l'absence totale de contrôle expérimental sur les deux points suivants : le mode de recueil et d'analyse des productions verbales ; l'absence de dispositifs expérimentaux permettant d'objectiver le processus de planification — que le sujet ait été ou non amené à le verbaliser. Compte tenu de ces caractéristiques, nous ne pensons pas qu'il soit légitime de se fonder sur le seul emploi de formules verba-

---

[25] Dans les termes où il est décrit dans l'analyse menée ci-dessus (cf. p. 213-214).

les du type « et alors, ainsi », pour attester de l'existence, chez ces enfants, d'une démarche de planification.

c) Les items 11 et 12, parallèles aux précédents (et soumis aux mêmes critiques) concernent la description des stratégies mises en œuvre lors de l'évocation (retrouver un objet égaré : item 11; dater un événement : item 12). Ici encore, un même enfant peut produire plusieurs réponses.

Il apparaît tout d'abord que le nombre de réponses différentes s'accroît progressivement avec l'âge, pour les deux items.

c_1) En ce qui concerne la fréquence des différents types de réponses à l'item 11, on constate que :

La quasi-totalité d'entre elles se réfère, chez les enfants les plus jeunes, à la nécessité d'examiner différents lieux — quelquefois spécifiques (objets trouvés) — mais le plus souvent non spécifiques.

Dès l'âge de 6 ans, les enfants produisent des réponses beaucoup plus différenciées, envisageant d'examiner différents lieux (spécifiques ou non avec une fréquence égale) mais aussi de faire appel à autrui (susceptible d'avoir trouvé l'objet ou d'aider à sa recherche). Les réponses se référant à la « planification » de la recherche, pas plus fréquentes que chez les enfants de 5 ans, prennent des formes différentes. Ainsi, les lieux que l'on se propose de visiter pour retrouver l'objet ne sont pas ici énumérés « en vrac » : leur dénombrement est explicitement intégré dans une séquence temporelle consistant le plus souvent à reconstituer le trajet (et les activités) effectué(es) jusqu'à la disparition de l'objet.

A partir de 8 ans, une différence notable apparaît : outre la plus grande différenciation des réponses élémentaires, émerge avec une fréquence croissante l'idée d'une recherche planifiée, organisée en un processus au cours duquel sont envisagées, non seulement la mise en œuvre de nombreux moyens mais surtout leur coordination par le recours à l'inférence, à la formulation et au test d'hypothèses.

c_2) Le nombre moyen de réponses produites à l'item 12 s'accroît régulièrement avec l'âge. Il est relativement peu élevé (de 0,65 à 5 ans à 1,80 à 10 ans). Il faut noter, avant d'étudier les différents types de réponses, que la moitié des enfants de 5 ans n'en produit aucune.

On peut, grossièrement, distinguer deux catégories de réponses : celles se rapportant à l'utilisation de sources d'information externes (notes, appel à autrui supposé détenir l'information) et celles se rapportant à l'utilisation de procédures internes (raisonnement et inférences de l'enfant). Si les premières sont produites à tous les âges — avec des fréquences voisines — par contre, l'utilisation par l'enfant de son propre raisonnement (source interne) n'apparaît, avec une fréquence notable, qu'à partir de 8 ans (respectivement 8 et 14 sur 20 à 8 et 10 ans).

Des procédures de raisonnement indirect, au cours desquelles sont combinées les inférences faites à partir d'informations lacunaires issues de sources différentes, sont décrites par 15 enfants (dont 9 sont âgés de 10 ans et 5 de 8 ans).

Ayant rapporté brièvement ces 5 items (8 à 12 inclus) et ayant ainsi sans nul doute appauvri les données fort complexes recueillies par les auteurs, nous nous bornerons à formuler à titre de commentaire deux remarques :

1. Nous tenons tout d'abord à souligner la richesse potentielle de ces items du point de vue de la mise en évidence de l'existence de différents niveaux de la connaissance des phénomènes psychologiques et de leurs effets sur l'élaboration des procédures de traitement de l'information à mémoriser. Compte tenu du niveau cognitif général des enfants auxquels elles sont proposées, les tâches de ce type apparaissent en effet suffisamment complexes pour nécessiter une planification fondée sur l'analyse — totale ou partielle — de la situation de problème en termes de but et sous-buts. C'est donc par l'étude des conditions de réalisation de telles tâches que pourrait être mis en évidence le niveau d'élaboration de la connaissance des phénomènes psychologiques supposé le plus élevé — susceptible d'assurer un contrôle régulateur des conduites — et, a fortiori, les niveaux qui le précèdent dans la hiérarchie proposée (cf. p. 212-213). De ce même point de vue, la procédure de questionnement qui consiste à solliciter la production de réponses multiples nous apparaît tout à fait positive. En effet, si cette condition est loin d'être suffisante, elle n'en constitue pas moins une précaution nécessaire pour qu'émergent les caractéristiques principales d'un niveau intermédiaire dénotant la capacité chez l'enfant de procéder à l'exécution virtuelle d'une procédure ainsi qu'à l'évocation de plusieurs moyens pour parvenir à un même but. On peut cependant, après l'exposé des données recueillies, émettre quelques réserves quant à la possibilité d'atteindre, par cette *seule* voie d'approche, la connaissance dont disposent les sujets relativement au fonctionnement général du système de mémoire et/ou à leur propre fonctionnement mnémonique.

2. Dans ces items, les connaissances dont disposent les enfants sont attestées par la seule description verbale, éventuellement lacunaire ou infidèle, qu'en donnent, hors de toute situation de réalisation effective, des sujets confrontés à une question globale unique. Nous pensons que, quels que soient d'ailleurs le nombre et la précision des questions posées, la finesse et le degré d'exhaustivité de la grille de dépouillement utilisée (et donc quelle que soit la précision des données recueillies), le recours exclusif au témoignage verbal des sujets est largement insuffisant, même si l'on se propose «seulement» de décrire l'état des connaissances du sujet à un moment donné. Il l'est a fortiori si le but de la recherche est de formuler des hypothèses plausibles quant aux processus par lesquels le sujet prend en compte ses connaissances métamnémoniques pour élaborer une stratégie de mémorisation, l'infléchir progressivement en fonction des réexamens du but fixé, voire la rejeter si elle s'avère, à un moment donné, inadéquate.

La seconde procédure utilisée par les auteurs constitue, nous semble-t-il, l'une des voies d'approche complémentaires possibles de la précédente. Par l'utilisation d'un biais astucieux, les enfants interrogés sont, dans une certaine mesure, placés en situation de mémorisation : il leur est en effet demandé d'évaluer l'efficacité et/ou de justifier l'emploi d'une ou plusieurs procédures [26] que l'expérimentateur déclare avoir observées chez les enfants examinés au préalable. Nous allons maintenant présenter et discuter quelques-uns des items les plus caractéristiques relevant de cette procédure. Pour tous les items que nous jugeons utile de présenter, nous décrirons évidemment le problème posé aux enfants et, dans leurs lignes principales, les données telles qu'elles sont rapportées par les auteurs. Notons au passage que, bien souvent, les auteurs s'en tiennent à un rapport factuel, assorti tout au plus de quelques remarques quant à l'âge auquel sont constatés les changements (augmentation de connaissance) les plus spectaculaires («dramatic increase» dans le texte). Or, rien qu'en s'en tenant strictement à la taxonomie des variables [27] proposées par Flavell (1977), Flavell et Wellman (1977), il eut été possible, nous semble-t-il, de parvenir à une certaine «mise en ordre» des données. C'est, en tout cas, ce que nous tenterons de montrer dans un deuxième temps de notre démarche en posant, pour quelques-uns des items, la question suivante : à quelle(s) catégorie(s) de variables

---

[26] Du point de vue de l'atteinte d'un but donné. La tâche est illustrée par la présentation du ou des matériels nécessaires.
[27] Taxonomie à laquelle les auteurs se réfèrent explicitement, et exclusivement, sur le plan théorique.

(tâche, personne, stratégie...) sont attribuables les connaissances que l'enfant doit mobiliser pour produire tel ou tel type de réponse observée ? Enfin, dans un 3e temps de notre démarche, en nous appuyant sur les analyses menées au début de ce chapitre (cf. p. 210-214, partie D) — analyses qui conduisent nécessairement à étudier le fonctionnement du sujet — nous proposerons à l'aide de quelques exemples, de rendre compte de certains des faits recueillis qui échappent aux analyses précédentes.

a) L'un des items vise à cerner les connaissances qu'ont les enfants de la relative difficulté des situations d'apprentissage et de réapprentissage.

Le problème posé à l'enfant est le suivant : Deux enfants sont placés face à un même matériel, l'un en situation de premier apprentissage, l'autre en situation de réapprentissage. La tâche sera-t-elle « plus facile pour l'un des deux enfants ? Lequel ? Pourquoi ? ».

Une faible majorité d'enfants (47/80) juge la situation de réapprentissage plus facile. La fréquence de ce choix se modifie peu avec l'âge. Lorsque ce choix est justifié (n = 43) c'est, presque toujours, en terme d'économie possible (n = 39). L'absence de justification — peu fréquente — disparaît dès 6 ans.

Les auteurs n'ont pas étudié systématiquement les justifications relatives aux deux autres réponses possibles : choix de l'apprentissage comme plus facile; jugement d'équivalence des deux situations. Comment ne pas le regretter à la lecture de l'exemple suivant qu'ils en rapportent ? Pour justifier le choix de la situation de premier apprentissage qu'ils jugent plus facile, deux enfants de huit ans déclarent : « L'enfant qui a déjà appris les noms pourrait penser qu'il les connaît, et alors il pourrait les savoir mal, mais celui qui ne les a jamais appris les étudiera davantage que l'enfant qui croirait les connaître ».

Peut-on considérer que les enfants qui formulent le choix « incorrect » (1er apprentissage plus facile que réapprentissage) en le justifiant de la sorte, méconnaissent purement et simplement les caractéristiques de la situation de réapprentissage ? Nous ne sommes pas de cet avis. Examinons, pour étayer notre position, les deux exemples suivants considérés comme extrêmes, à savoir :

- Le choix du réapprentissage comme plus facile, choix justifié en terme d'économie : la meilleure réponse du point de vue des auteurs.

- Le choix de l'apprentissage comme plus facile, justifié dans les termes rapportés ci-dessus : mauvaise réponse, toujours du point de vue des auteurs.

Dans un cas comme dans l'autre, pour formuler sa réponse, l'enfant doit avoir, au préalable, procédé à la comparaison des deux situations. Certes. Cependant, la question demeure entière de savoir ce qu'il compare, et dans quels termes, pour y parvenir. Nous faisons l'hypothèse que ces comparaisons peuvent être décrites dans les termes suivants : Dans le premier cas, on sait que le matériel à apprendre comporte n items qui sont tous à apprendre si l'on est placé en situation de premier apprentissage. On suppose que, par contre, à l'issue d'un premier apprentissage, au moins un sous-ensemble x de cette même liste reste disponible. Reste donc, si l'on est placé en situation de réapprentissage de la même liste, à étudier un sous-ensemble n-x. La comparaison des situations peut alors être effectuée en tenant compte seulement de la quantité de matériel à apprendre dans l'un et l'autre cas (variable de tâche).

Par l'application d'une procédure de calcul élémentaire, l'enfant peut alors décider que la situation de réapprentissage est plus facile et justifier sa réponse en terme d'économie, réponse qui implique la mobilisation d'une connaissance relative à l'effet simple d'une variable unique : la quantité de matériel à étudier.

Quelles variables doivent-elles être prises en compte dans le second cas ? (Dans le raisonnement qui va suivre, nous désignerons par sujet, l'enfant interrogé; par enfants 1 et 2, les 2 enfants que l'on dit placés dans les situations respectives).

Le sujet doit se référer :

- A l'estimation que font respectivement les enfants 1 et 2 de leur propre niveau de connaissance, au début de la tâche.

- Au fait que les deux vont, ou peuvent, utiliser cette information pour constituer leurs stratégies de traitement respectives.

- Au jugement qu'il porte lui-même quant au réalisme des estimations qu'il prête aux enfants 1 et 2.

- A l'estimation qu'il fait de l'efficacité de chacune des stratégies, compte tenu du niveau réel de départ qu'il prête aux enfants 1 et 2.

C'est seulement en tenant compte de toutes ces variables (tâches, personnes, stratégies) et des « interactions » qu'il imagine possibles entre elles que le sujet formule la réponse et les justifications. Dans les deux cas de figure qui viennent d'être décrits, nous devons supposer que la production des réponses et de leurs justifications nécessite que le sujet se représente les procédures liées à leurs résultats respectifs. Toutefois ce 1er niveau d'élaboration de la connaissance des phénomènes psychologiques ne suffit pas à assurer la production de ces deux réponses. On peut alors se demander quel niveau d'élaboration maximun il est nécessaire d'invoquer pour en rendre compte. Nous pensons que, pour justifier le choix du réapprentissage comme plus facile en terme d'économie, le sujet doit tout d'abord prendre en compte «l'aspect critique» de la situation de réapprentissage par rapport à celle de 1er apprentissage; aspect critique que l'on pourrait très schématiquement formuler dans les termes suivants: «l'apprentissage préalable a laissé des traces». Sur cette base, il est alors en mesure de constituer, en terme d'attribution causale, le couple procédures-résultats (cf. p. 212-213) tel que : «quand il y a moins à apprendre, on réussit plus facilement». Ainsi, le fonctionnement selon le niveau 2 suffit, selon nous, pour que soient produites la réponse et la justification jugées «correctes» par les auteurs. Ce niveau est-il suffisant pour assurer la production d'une réponse dite «erronée» du type de celle dont nous avons rapporté et analysé les justifications? Nous ne le pensons pas. Dans ce cas en effet, il nous faut supposer que le sujet prend en compte, dans l'analyse du but initialement fixé (parvenir à rappeler tous les items), les conditions différentes dans lesquelles sont placés les enfants 1 et 2 du point de vue de leur atteinte de ce but. Cette évaluation le conduit à construire deux structures de but alternatives qui vont assurer le contrôle régulateur de l'action à mener dans l'une et l'autre situation.

b) Un autre item porte sur la connaissance d'une caractéristique principale de la mémoire immédiate — la perte rapide de l'information — et sur l'utilisation de cette connaissance par l'enfant.

En référence à une situation familière — composer un numéro de téléphone après l'avoir entendu énoncer — les enfants doivent choisir la plus efficace des deux stratégies suivantes : téléphoner immédiatement après avoir entendu le numéro ou boire d'abord un verre d'eau; justifier leur réponse et décrire la procédure qu'ils utilisent habituellement pour mémoriser un numéro de téléphone.

La majorité (n = 51) des sujets examinés choisissent de téléphoner immédiatement. Ce choix, d'autant plus fréquent que l'âge des enfants augmente, est toujours justifié par une référence aux caractéristiques temporelles de la mémoire immédiate. Quelques cas, concernant des réponses «incorrectes» («boire un verre d'eau d'abord», ou «c'est pareil») posent cependant problème.

Faute d'une information complète, nous nous appuierons, ici encore, sur un exemple que rapportent les auteurs. Ayant jugé les deux situations équivalentes, certains enfants justifient ainsi leur choix : « je ne pense pas que cela ferait une différence car je pense que je pourrais m'en rappeler longtemps ».

La connaissance des phénomènes psychologiques est-elle moins sophistiquée — pour reprendre un terme cher aux auteurs — chez l'enfant qui formule cette réponse ou chez celui qui, proférant un choix « correct », soit ne le justifie pas, soit le justifie par la référence à l'action d'une seule variable : le délai entre présentation et rappel ?

Nous pensons que, dans le premier cas, l'enfant n'ignore pas l'effet de cette variable. Il le considère comme seulement relatif, tenant compte, pour ce faire, de la variabilité interpersonnelle, et en l'occurrence de l'estimation qu'il fait de ses propres caractéristiques en ce domaine.

Une réponse de ce type dénote bien, nous semble-t-il, une connaissance des interactions possibles entre plusieurs variables (de tâche et de personne ici), laquelle constitue, pour l'un des auteurs au moins (Flavell, 1977) une forme aboutie des connaissances métamnémoniques.

c) Un troisième item est consacré à l'étude de la connaissance qu'ont les enfants du fait qu'une relation sémantique systématique entre items en facilite la mémorisation.

L'enfant est placé face à un matériel composé de 2 listes de 4 paires associées. L'une des listes est composée de paires de mots antonymes, la seconde de paires dites arbitraires, substantif-verbe. Ces caractéristiques sont explicitées par l'adulte qui familiarise également l'enfant avec la technique d'apprentissage des paires associées (présentation du mot 1, production par l'enfant du mot 2).

Dans un premier temps, l'enfant doit désigner la liste qu'il juge la plus facile à apprendre pour lui, et justifier sa réponse.

Dans un second temps, des cartons vierges (représentant des paires de mots soit antonymes soit arbitraires) sont ajoutés un à un à l'ensemble initialement choisi et ceci, jusqu'à l'inversion du choix par l'enfant.

La totalité des enfants, quel que soit leur âge, formule un choix explicite, justifié, dans tous les cas en ce qui concerne les enfants âgés de 8 et 10 ans, par un sur deux environ des enfants plus jeunes.

Si les enfants de 5 et 6 ans choisissent, avec des fréquences égales l'une ou l'autre liste, par contre, le choix des plus âgés porte systématiquement sur les paires antonymes.

On remarquera que, lorsque les paires sont composées de mots antonymes, la probabilité de retrouver le second mot lorsque est présenté le premier est très forte, le nombre d'éventualités possibles étant restreint. Ce type de justification, qui n'apparaît pas, ou presque, dans les propos des enfants de 5 et 6 ans, est produit par environ 50 % des enfants de 8 ans et par la quasi-totalité des enfants de 10 ans.

L'étude des conditions d'inversion du choix apporte des informations complémentaires particulièrement intéressantes. A cet égard, on peut dégager, à partir des données rapportées par les auteurs, trois catégories d'enfants qui, en première analyse, apparaissent hiérarchisées : 1/3 environ des sujets (il s'agit *essentiellement* d'enfants de 5 et 6 ans) inversent leur choix (quel que soit ce choix) dès lors qu'une seule paire est ajoutée, attestant ainsi que, pour eux, la difficulté du rappel varie seulement en raison directe du nombre d'items à rappeler; 20 % des enfants (répartis à tous les niveaux d'âge) inversent leur choix initial lorsque quelques paires (2 ou 3) sont ajoutées. Enfin, environ la moitié des enfants, âgés *pour la plupart* de 8 ou 10 ans (et donc ayant presque toujours choisi la liste de paires antonymes) maintiennent leur choix initial alors même que le nombre de paires ajoutées dépasse plus ou moins largement trois. Il est important de noter, et les auteurs y insistent, que pour un nombre non négligeable d'enfants, le choix initial des paires antonymes est maintenu en dépit de l'adjonction d'un nombre considérable de paires fictives : cet accroissement pouvant aller jusqu'à l'adjonction de 46 paires ! Huit enfants déclarant même que, quel que soit l'accroissement qui l'affecterait, la liste choisie demeurerait la plus facile... Remarquons que, si une relation systématique d'antonymie entre les membres des paires d'une liste facilite sans aucun doute la mémorisation de cette liste, on peut supposer que la mémorisation de 15, 20, 30 voire 50 paires, fussent-elles composées de mots antonymes, nécessiterait un effort plus important que celle des... quatre paires qui composent la liste de référence !

Il est indéniable que le maintien très tardif du choix des paires antonymes (qui va de pair avec une justification formulée en terme d'alternative : cf. plus haut les justifications) rend compte du fait que ces enfants connaissent l'effet facilitateur des relations systématiques entre items et utilisent cette connaissance pour produire leur réponse. Cependant, une question peut être posée : N'existe-t-il pas, dans cet échantillon d'enfants, quelques sujets pour articuler la connaissance relative à l'un des aspects particuliers de la tâche (l'existence de ces relations) et une autre connaissance, elle aussi relative à la tâche (concernant l'effet de la quantité de matériel à rappeler), quand on sait que la première est détenue par un nombre non négligeable d'enfants et que la seconde peut être supposée acquise par la quasi-totalité des enfants de cet échantillon (d'après les réponses à d'autres questions)? Curieusement, les auteurs ne semblent pas soupçonner que les réponses — moins catégoriques — de certains enfants à cet item pourraient rendre compte d'une connaissance relative à l'interaction possible de ces deux variables de tâche[28]. Bien plus, la centration exclusive des auteurs sur l'un des aspects de la tâche, qui guide sans nul doute leurs commentaires (au point de leur faire considérer les refus d'inversion du choix comme les réponses les plus évoluées) apparaît comme singulièrement « décalée », compte tenu du but qu'ils ont eux-mêmes fixé aux enfants : choisir la liste la plus facile à apprendre...

En fait, si l'on reconsidère le but fixé aux enfants, on peut dire qu'ils se trouvent en présence d'une situation qui comporte plusieurs aspects critiques à considérer simultanément. Chacun des aspects critiques peut être relié à un résultat intermédiaire, précocement pour l'un : « s'il y a plus de paires à mémoriser, alors c'est plus difficile », plus tardivement pour l'autre : « si les paires sont composées de mots antonymes, alors c'est plus facile ». Dans les cas où une centration exclusive s'opère sur l'un des aspects critiques, chacun des résultats intermédiaires demeure lié aux caractéristiques de la situation dans laquelle il a été obtenu. Ceci interdit l'exécution virtuelle d'une procédure à mettre en œuvre dans la situation nouvelle (au sens où elle est) caractérisée par la nécessité d'articuler plusieurs aspects critiques. On peut rendre compte ainsi de la production des réponses extrêmes, qu'il s'agisse de l'inversion du choix après l'adjonction d'une seule paire ou du refus d'inversion, quel que soit le nombre de paires ajoutées. Par contre, selon nous, certains des enfants qui inversent leur choix après l'adjonction d'un nombre intermédiaire de paires[29], disposent, relativement à ce type de tâche, d'une connaissance des faits psychologiques plus élaborée, connaissance qui est utilisée pour assurer le contrôle régulateur de la conduite. La prise en

---

[28] Il est révélateur, à cet égard, qu'ils aient considéré, *dans une même catégorie*, les réponses des enfants qui inversent leur choix après l'adjonction de 4 à ... 46 paires !
[29] Uniquement lorsque ce choix porte sur les paires d'antonymes bien sûr !

compte simultanée des deux aspects critiques de la situation, l'exécution virtuelle des procédures associées à chacun d'eux, les conduisent, après une révision de la structure de buts devenue inadaptée, à créer — au cours même de la résolution du problème — de nouveaux sous-buts et à infléchir (en l'occurrence à abandonner) la procédure initiale devenue inadéquate (ce qui se traduit par l'inversion du choix). Cette analyse n'est qu'hypothétique : un affinement de la procédure s'avère, pour le moins, nécessaire pour que cette hypothèse puisse être mise à l'épreuve. L'étude fine des justifications produites par les enfants lorsqu'ils renoncent au choix de la liste de paires antonymes devrait apporter sur ce point des informations précieuses sinon décisives.

d) Le dernier item dont nous rendrons compte porte sur la connaissance de l'effet du temps d'étude sur la mémorisation d'une liste d'items : Deux enfants ont à choisir eux-mêmes le temps qu'ils voudraient consacrer à l'étude d'une série de 20 images. Ils répondent respectivement 5 minutes et 1 minute. Le sujet interrogé doit décider lequel rappellera le mieux, justifier ce choix, indiquer la durée qu'il choisirait pour mener sa propre étude du même ensemble et justifier ce choix.

Le temps d'étude le plus long est jugé optimal, tant pour autrui que pour soi par la grande majorité des enfants (n = 73/80 dans le premier cas ; 65/80 dans le second). Les variations observées entre 5 et 10 ans sont minimes.

Les justifications sont dénombrées globalement et non pas rapportées au choix exprimé. Néanmoins, on peut constater que, quel que soit le temps d'étude choisi, que ce choix concerne autrui ou soi-même, les justifications classées par les auteurs comme adéquates sont majoritaires (62/74). « Elles semblent impliquer au moins une certaine conscience du fait qu'un temps d'étude supplémentaire peut faciliter l'examen, l'étude ou le rappel des items étudiés » (op, cit., p. 19). Si la connaissance relative à l'effet du temps d'étude intervenait seule, ce type de justification devrait, semble-t-il, venir exclusivement à l'appui du choix du temps d'étude le plus long. Il apparaît que tel n'est pas toujours le cas. Ainsi, tous les enfants de 8 et 10 ans, *sans exception*, produisent une justification dans ces termes. Un certain nombre d'entre eux, âgés de 10 ans[30], choisissent néanmoins,

---

[30] Il se peut que certains enfants des autres groupes d'âge soient aussi dans ce cas. Etant donné le mode de présentation des résultats, nous ne pouvons en être assurées et, de ce fait, nous limiterons notre raisonnement à un petit nombre de cas particuliers chez les seuls enfants de 10 ans.

soit pour autrui (n = 2), soit pour eux (n = 3) le temps d'étude le plus court[31]. Doit-on pour autant les considérer comme des sujets «incohérents»? Nous faisons le pari contraire, en nous fondant sur l'argumentation suivante : Supposons que, en plus d'une connaissance relative à l'effet du temps d'étude (l'un des aspects critiques de la situation), ces enfants utilisent la connaissance qu'ils ont pu acquérir concernant l'existence de différences inter et intra-individuelles dans la mémorisation (autre aspect critique possible de la situation). Ils pourraient alors, concernant leur propre temps d'étude, choisir une minute de préférence à cinq, soit parce qu'ils estiment que, d'une façon générale «ils ont une bonne mémoire», soit parce que, en considérant leurs propres caractéristiques personnelles *et* le type de tâche proposée, ils jugent la situation «facile pour eux» *même en un temps court*. Ils pourraient également, dans la situation fictive où il faut imaginer les performances que réaliserait autrui, appliquer un raisonnement du même type : on sait que plus le temps d'étude est long, plus la performance peut être élevée; cependant si l'enfant considéré a une meilleure mémoire que son partenaire, alors un temps plus court peut lui suffire pour réaliser la tâche de façon équivalente, voire meilleure. En examinant les réponses que formulent ces enfants, conjointement à celles qu'ils produisent à des items dont nous n'avons pas rendu compte (relatifs en particulier à la connaissance des différences inter et intra-individuelles) il serait sans doute possible de décider si cette hypothèse a lieu d'être maintenue. Si tel était le cas, nous pourrions alors considérer que ces enfants, en prenant en compte simultanément deux aspects critiques de la situation pour élaborer leur procédure, ont en fait atteint[32] un niveau d'élaboration supérieure des connaissances «méta» : celui qui permet le contrôle régulateur des actions.

3. Les rapports entre «connaissances méta» et conduites :
   une expérience d'entraînement

Se proposant d'étudier, relativement à une stratégie de mémorisation spécifique, les *interconnections* entre sa mise en œuvre et les «connaissances méta» qui lui sont relatives, Cavanaugh et Borkowski (1979) formulent une double hypothèse suivant laquelle : «les enfants montrant des niveaux élevés de métamémoire seraient davantage en mesure de transférer une stratégie acquise; en outre, le

---

[31] Il ne nous est pas possible de savoir dans quelle mesure il s'agit ou non des mêmes enfants.
[32] Bien que formulant un choix «incorrect».

transfert d'une stratégie efficace pourrait, en retour, augmenter la métamémoire » (op. cit., p. 162).

Le principe de l'expérience consiste à entraîner des enfants de 8 à 9 ans environ à la pratique d'une stratégie spécifique : la répétition sérielle cumulative, par catégories, de mots présentés en liste. Une brève description de cette stratégie s'avère, nous semble-t-il, nécessaire.

Soit une liste de mots appartenant à n catégories. Ces mots sont présentés un à un mais de telle sorte que ceux appartenant à une catégorie donnée soient regroupés. L'enfant, qui détermine lui-même le temps de présentation de chaque mot (autoprésentation), est averti de ces caractéristiques de la liste. Il lui est demandé : 1. de répéter autant de fois qu'il le désire le premier mot présenté ; 2. de faire ensuite apparaître le second mot et de le répéter autant de fois qu'il le désire ; 3. de répéter le premier et le deuxième mot ensemble, autant de fois qu'il le désire ; 4. de faire de même lorsque le troisième mot apparaît (répéter ce troisième mot, puis répéter la série des premier, second, troisième mots, etc.,) et ainsi de suite jusqu'à ce qu'un mot appartenant à une catégorie différente apparaisse.

La procédure expérimentale comporte les cinq phases suivantes : Dans un premier temps, les connaissances relatives à l'effet du regroupement en catégories sur la mémorisation sont estimées par une tâche de jugement suivi de justifications. La tâche, voisine de celle utilisée par Moynahan (cf. p. 238-239), consiste à juger de la difficulté relative, eu égard à la mémorisation, de listes catégorisées et non catégorisées. Les second et troisième temps de la procédure sont consacrés à l'entraînement : la stratégie décrite ci-dessus est présentée par l'expérimentateur, puis appliquée à plusieurs reprises (cinq essais par séance) par l'enfant (sous le contrôle et avec l'aide éventuelle de l'expérimentateur). Des listes différentes sont utilisées dans les séances respectives. Dans un quatrième temps : transfert (deux semaines après la seconde séance d'entraînement), une autre liste est présentée, sans que les sujets reçoivent de consigne particulière quant à la stratégie apprise au préalable. A l'issue de cette séance, ils reçoivent, pour moitié, un « feed back » relatif à l'efficacité de la stratégie apprise : deux séries de courbes sont présentées qui, dit-on, rendent compte des performances de rappel réalisées par des sujets qui ont utilisé la stratégie d'une part, par d'autres qui ne l'ont pas utilisée d'autre part. Enfin, au cours d'une cinquième séance, les questions relatives à la connaissance des effets du regroupement en catégories sont à nouveau posées, identiques à celles utilisées en séance initiale. Il est de surcroît demandé aux enfants préalablement entraînés (séances 2 et 3): 1. de décrire verbalement la stratégie qui leur a été apprise; 2. de réarranger une liste de mots catégorisables présentés en désordre de telle sorte que la stratégie puisse lui être appliquée.

Nous nous bornerons à rapporter, schématiquement, les résultats qui nous semblent les plus suggestifs du point de vue du problème posé : la mise en évidence d'interconnections entre les connaissances relatives à une stratégie spécifique et la mise en œuvre de cette stratégie. La moitié environ des sujets entraînés utilisent effectivement la stratégie apprise lors de la séance de transfert. Leurs performances de rappel (taux de rappel et d'organisation des listes rappelées) sont alors nettement supérieures à celles des sujets non entraînés, à celles également des sujets entraînés qui ne transfèrent pas. Les comparaisons globales effectuées entre le pré et le post-test (relatifs à la connaissance des effets du regroupement) permettent de mettre en évidence un accroissement de ces connaissances chez les seuls sujets entraînés. Parmi ces sujets entraînés, ceux qui transfèrent sont aussi ceux dont le niveau de connaissance au pré-test est le plus élevé. De plus, les connaissances relatives à l'efficacité de la stratégie apprise sont augmentées, au post-test, chez les seuls sujets qui, pendant la séance de transfert, ont effectivement utilisé la stratégie. Cette augmentation se traduit sur deux plans : concernant respectivement la capacité à juger de la difficulté relative des listes catégorisées et non catégorisées et à justifier ces jugements d'une part; la capacité à décrire verbalement la stratégie apprise et à réarranger une liste de telle sorte que la stratégie puisse lui être appliquée d'autre part. Sur ce dernier point, les résultats sont massifs : les dix-huit enfants qui «transfèrent» réussissent tous ces deux tâches, alors que seul, un des enfants qui ne «transfèrent» pas y parvient.

En conclusion, deux caractéristiques de cette recherche doivent, nous semble-t-il, être soulignées.

a) La situation construite par les auteurs, qui permet d'objectiver la mise en œuvre de la stratégie permet par là même de décider sans ambiguïté s'il y a eu ou non transfert de la stratégie apprise et ceci, indépendamment de la performance de rappel réalisée. Cette décision peut être prise à l'analyse des patterns de distribution des temps d'étude. En effet, si la stratégie est mise en œuvre: 1. le temps de présentation des items appartenant à une catégorie donnée doit s'accroître à mesure que l'on avance dans la série; 2. le temps de présentation doit redevenir minimal lorsque apparaît le premier mot relevant d'une autre catégorie, et ainsi de suite. En conséquence, lorsque l'ensemble de la liste a été étudié avec cette stratégie, la distribution des temps de présentation est caractérisée par un pattern « en dents de scie ». Par contre, les temps de présentation déterminés par les sujets ne mettant pas en œuvre cette stratégie sont quasi uniformes, quelles que soient la place des items dans les catégories et celle des catégories dans la liste.

b) L'analyse des patterns individuels, l'étude de leurs modifications au long des phases expérimentales, la mise en rapport — pour un même sujet — de ces patterns, des réponses produites aux pré et post-test[33] et des performances de rappel[34] permettent de différencier des individus ou des groupes d'individus à l'intérieur même des groupes expérimentaux et donc de cerner, de façon moins globale, les processus de fonctionnement.

Conclusion

L'idée, introduite par Flavell et Wellman, d'étudier les connaissances dont dispose l'enfant relativement aux phénomènes psychologiques et au fonctionnement psychologique dans diverses activités, suscite un foisonnement de recherches expérimentales. La richesse et la nouveauté des données d'ores et déjà recueillies incitent à penser que l'exploration de ce domaine de recherche peut apporter un éclairage nouveau sur le développement cognitif, affectif et social de l'enfant.

Pour en rendre compte, nous avons délibérément écarté l'option consistant à rapporter les données recueillies en termes de connaissances spécifiques dont le volume s'accroîtrait avec l'âge[35]. Cette option nous apparaît en effet discutable pour deux raisons : tout d'abord, les données factuelles n'ont guère d'intérêt si elles sont détachées du cadre d'observation à travers lequel elles ont été recueillies; ensuite, que faire lorsque les données s'accroîtront tant en ce qui concerne leur volume dans un domaine particulier que le nombre de domaines dans lesquels elles auront été recueillies ?

---

[33] Relatifs à l'examen des connaissances « méta » spécifiques à la tâche.
[34] Taux de rappel et organisation des listes rappelées.
[35] Option choisie par certains auteurs, par exemple : « Les grades K et 1 semblent connaître certaines choses sur la mémoire, les grades 3 et 5 semblent connaître les mêmes choses mais mieux, et un nombre d'autres choses en plus », Kreutzer et al., 1975.

Nous avons essayé d'élaborer un cadre conceptuel pour analyser les données expérimentales dont la plupart n'ont pas été interprétées autrement qu'en termes d'accumulation des savoirs psychologiques spécifiques définis par des cadres d'observation spécifiques[36]. Qu'est-ce que ce cadre conceptuel nous a permis de faire de plus? Avec ce cadre conceptuel, nous avons considéré les données expérimentales, non pas comme des savoirs, mais comme les produits des savoir-faire psychologiques. Nous avons alors analysé ces différents niveaux du savoir-faire psychologique selon deux aspects : les savoirs propres aux domaines de contenu étudiés (perception visuelle, mémoire...) dont dispose l'enfant; les représentations qu'il se fait de la tâche et les capacités cognitives générales qui lui permettent d'utiliser ces savoirs dans la situation expérimentale (le cadre d'observation) qui constitue pour lui une tâche à effectuer, un problème à résoudre. Par exemple, notre analyse des données expérimentales sur la perception visuelle au niveau 1 tel qu'il est défini par Lempers et al. (1977) suggère que les savoirs propres à ce domaine sont acquis dès deux ans mais qu'ils sont mis en œuvre de façon plus ou moins élaborée selon les capacités cognitives générales de l'enfant. Ou bien, les savoirs concernant les «variables de tâche», les «variables de personne», les «variables de stratégie» (telles que l'effet de la «catégorisabilité», l'effet de la quantité de matériel à mémoriser, etc.) sont acquis relativement tôt en tant que savoirs indépendants. Par contre l'articulation de ces savoirs nécessite des capacités cognitives générales qui peuvent ne pas être acquises alors même que les savoirs spécifiques sont déjà en possession de l'enfant. Ou encore, l'enfant peut très bien connaître «potentiellement» un très grand nombre d'utilisations possibles d'un objet donné. Cependant le sous-ensemble de ces connaissances qu'il sera capable d'évoquer sera plus ou moins étendu selon qu'il est ou non capable de créer un sous-but pour faciliter l'évocation des utilisations possibles de l'objet dans la tâche de créativité (La Greca, 1980).

Enfin, ce cadre conceptuel suggère une façon de construire des situations expérimentales afin de recueillir des données observables qui pourraient être analysées selon les deux aspects des savoirs et de la mise en œuvre de ces savoirs. Les recherches de Cavanaugh et Borkowski (1979), de Masangkay et al. (1974), de Miscione et al. (1978) constituent des exemples de démarches expérimentales allant dans ce sens.

---

[36] Car toute situation concrète dans laquelle on place le sujet est spécifique.

Conclusion
De la théorie à la pratique

On a considéré dans les précédents chapitres les savoirs et savoir-faire psychologiques dans le but d'exposer et d'analyser certaines des connaissances développées à leur sujet. Il est clair que ce type de compétence, comme les autres, celles qui concernent l'environnement physique par exemple, peut être considéré aussi d'un point de vue pratique, sous l'angle de l'enseignement, de l'entraînement qui permettraient aux enfants — et aux adultes— d'y atteindre une plus grande maîtrise.

Notre propos n'est pas de consacrer un chapitre à cette question. Son intérêt, l'existence de matériaux, la complexité des problèmes qu'elle soulève, appelleraient plutôt un ouvrage qui la traiterait pour elle-même. On se limitera à quelques remarques minimales à objectif, disons, signalétiques.

La préoccupation pratique sur ce sujet est beaucoup moins nouvelle que l'intérêt porté à son étude théorique. Une large part de l'éducation informelle aide l'enfant à acquérir les savoirs et savoir-faire requis pour la vie sociale, le contrôle de ses actions voire de ses pensées. Il n'y a pas besoin de rappeler que le modèle que constitue l'adulte est une source d'informations, de même que les conseils et interdictions qu'il dispense en diverses circonstances. On a mentionné d'après Guillaume (cf. le chapitre 1) le rôle des œuvres littéraires comme source d'information sur la vie psychologique et les interactions entre les personnes. En une certaine mesure, à l'école (et en dehors d'elle), l'étude de la littérature, de l'histoire constitue une source de connaissance pour les faits psychologiques (motivations des personnes, habileté de leur stratégie, usage de la séduction ou de l'autorité, qualités personnelles et déficiences, etc.) qu'on pourrait considérer comme apportant une compensation au poids que les matières scientifiques accordent à l'intelligence «géométrique».

Malheureusement ce genre de transmission de connaissances est extrêmement fragmentaire, incomplet, hétérogène voire déformant. A travers les œuvres littéraires, les réalités psychologiques et sociales sont atteintes d'une manière allusive et floue et les commentaires des maîtres donnent matière à des exercices de style non à des savoirs et pratiques structurées. Quand un enfant opère une division, applique une règle de trois, raisonne sur des ensembles, il fait des mathématiques. Quand un adolescent lit une œuvre littéraire et entend un commentaire qui concerne principalement sa forme, il ne fait pas plus de psychologie qu'il ne ferait de la physique si l'on commentait avec lui un traité d'alchimie.

A nouveau on retrouve, sur le plan de l'école, le décalage entre l'attention portée à la connaissance du mode physique et à celle du monde social. Shantz a bien défini la situation. «L'enseignement public a mis l'accent sur la compréhension par l'enfant de son environnement physique beaucoup plus que sur la compréhension de son environnement social et sur la résolution de problèmes non sociaux beaucoup plus que sur la résolution de problèmes sociaux. On a laissé la compréhension du social se développer plutôt comme une conséquence accessoire *(by-product)* des interactions sociales et du développement cognitif. Etant donné son importance pour le développement du comportement pro-social et des attitudes interpersonnelles positives, il semble particulièrement important que notre système d'éducation donne plus d'attention à ce que les programmes facilitent une compréhension sociale plus large et plus profonde» (1975, 315).

Nous avons défendu autrefois (Oléron, 1969) l'intérêt et l'importance d'un enseignement des sciences humaines à l'école. Si quelques progrès sont manifestés du côté des sciences économiques, le bilan est nul pour la psychologie. Les disciplines à qui la tradition a assuré une place dans l'enseignement bénéficent du poids des structures établies et les enseignants qui ont ces disciplines en charge constituent des groupes de pression d'une grande efficacité. Les mathématiciens ont utilisé excellemment le prestige de leur discipline pour imposer leur prééminence à tous les échelons. On ne peut dire que les psychologues aient abusé des techniques dont ils sont censés disposer pour influencer l'opinion. Ils ont, au niveau de l'Université, obtenu des succès réels mais devenus source d'embarras faute d'assises et de prolongements.

Au cours de la dernière guerre un groupe de psychologues américains comprenant de grands noms de la discipline avait rédigé un volume au format de poche consacré à la psychologie à l'usage des combattants *(Psychology for the fighting man*, 1943). Y étaient clairement présentés des points essentiels concernant la vision, l'audition, l'entraînement, le moral, la peur, les rumeurs... Sur un modèle comparable nous imaginons ce que pourrait être un petit ouvrage consacré à une psychologie *pour l'écolier* où l'enfant, dès l'école primaire, pourrait apprendre l'essentiel des connaissances psychologiques sur son environnement et sur lui-même...

Comme le remarque, par exemple, Glaser, la réussite à l'école présuppose la prise en charge par l'écolier de l'organisation de son travail et par conséquent le développement des habiletés qui conditionnent cette organisation *(«self-management skills»)*. «Ces habiletés comportent spécifiquement l'aptitude à s'engager dans une exploration autodirigée et intentionnelle de l'environnement; l'aptitude à fixer des buts et à reconnaître quand ils ont été atteints; l'aptitude à prendre des décisions et à reconnaître les conséquences d'une décision; un sens de la maîtrise et la confiance fondée sur l'aptitude à contrôler son environnement d'une manière socialement mûre» (1977, 81).

La pratique de l'école et en particulier les pédagogies mettant l'accent sur l'activité de l'élève contribuent à développer de telles habiletés, comme la pratique de la vie familiale, lorsque celle-ci sait confier assez tôt des responsabilités au jeune enfant. Mais ce qui est caractéristique de la position défendue ici est que l'on dépasse la mise en pratique ou les indications occasionnelles par un entraînement faisant une large place à l'acquisition de connaissances explicites, présentées en tenant évidemment compte de leur niveau d'accessibilité en fonction de l'âge de l'enfant.

Un nombre non négligeable d'expériences ont été menées, essentiellement aux Etats-Unis, ayant pour l'objet la réalisation et l'application des programmes d'enseignement portant sur divers aspects de la vie psychologique et sociale. Roen (1967) par exemple a réalisé un programme très largement centré sur la psychologie générale et l'a administré pendant une année entière (40 minutes par semaine) à des élèves de 10 ans chez qui il a suscité, dit-il, beaucoup d'intérêt...

La préoccupation des auteurs de ces expériences est marquée par le souci d'apporter une contribution à l'amélioration des capacités des enfants sur le plan de leurs conduites interpersonnelles et non pas de leur apporter des éléments d'informations sur la vie psychologique (même le programme de Roen a été rapporté dans le cadre d'un ouvrage consacré aux problèmes d'hygiène mentale). La place donnée à une transmission d'information qui se rapproche des procédures utilisées dans la pratique de l'enseignement est liée au développement des méthodes de traitement des déviations psychologiques fondée sur la prise en charge par le patient de ses problèmes et l'exploitation des informations qu'on lui communique pour la résolution de ceux-ci (c'est le principe des « thérapies cognitives » qui connaissent aujourd'hui un essor notable).

L'approche des relations interpersonnelles en termes de résolution de problème a été introduite en particulier par Shure et Spivack qui ont effectué sur ce point de nombreuses expériences. Urbain et Kendall (1980) ont donné récemment une revue de l'ensemble des travaux axés sur cette perspective. Il apparaît que celle-ci est assez vaste car ces auteurs y incluent les entraînements sur la prise de rôle - prise de perspective (que l'on a évoqué dans le chapitre 2) et aussi les interventions visant à assurer ou améliorer le contrôle du comportement par le recours au langage, dans une perspective qui trouve son origine dans les travaux des psychologues soviétiques, en particulier Luria (cf. Oléron, 1972).

Certains entraînements prennent place dans un contexte scolaire, mais ceci n'a rien de spécifique, puisque d'autres ont lieu dans le cadre d'institutions spécialisées (pour délinquants, par exemple) ou dans les familles. Par ailleurs ces entraînements s'adressent le plus souvent à des enfants choisis parce qu'ils présentent des problèmes de comportement et les entraînements pratiqués se trouvent spécifiques en fonction de la nature de ces problèmes. Et surtout il s'agit bien, en effet, d'entraînement visant à modifier le comportement des sujets et les procédés mis en œuvre dépassent largement de simples exposés théoriques (recours au renforcement, jeu de rôle, discussion de groupe). On est donc loin au total d'un enseignement scolaire de type général comme celui qui était défendu ci-dessus. Mais s'il s'agit d'acquérir de véritables savoirs, c'est-à-dire susceptibles de se prolonger dans des savoir-faire, ne s'agit-il pas là de conditions nécessaires ?

Le problème que pose tout enseignement et tout entraînement visant à augmenter les compétences sociale et psychologique de l'enfant est de déterminer leur finalité. Dans le passage cité ci-dessus, Shantz exprime une opinion assez largement répandue : augmenter ces compétences a des effets favorables sur les conduites à l'égard des autres. Les entraînements effectués sur des enfants posant des problèmes de comportement et qui montrent une amélioration vont dans ce sens. Mieux connaître, sur un autre plan, le mode de fonctionnement des activités psychologiques permet de contrôler leur exercice et d'en trouver un meilleur rendement. De même lorsqu'il s'agit de l'équilibre affectif, du contrôle des émotions, que l'on peut d'ailleurs difficilement séparer des relations interpersonnelles.

Mais d'une façon générale, il ne va pas de soi que des connaissances plus étendues et plus solides sur les faits sociaux et psychologiques entraînent des conséquences positives sur les conduites sociales. Comme le remarque White (1979), la compétence n'est pas un concept moral; l'aptitude à influencer les personnes peut être utilisée pour le mal comme pour le bien. Il n'y a pas lieu, ici, d'établir de différences par rapport aux sciences de la nature et aux techniques qui en dérivent. La composante morale est extérieure aux savoirs et savoir-faire, quel que soit l'objet de ceux-ci.

Une partie des conflits et des comportements hostiles peut être atténuée ou supprimée par une meilleure compréhension des particularités de l'autre, des motifs de son action. Mais la connaissance de l'autre est aussi la révélation de sa fragilité et de sa crédulité, de la possibilité de lui faire accepter des versions multiples des choses et de l'amener à choisir celles qui sont arrangées en fonction d'un intérêt personnel, d'éveiller en lui la peur, la haine, l'envie, le désir ... L'individu éclairé sur les points de vue des autres n'est pas pour autant incité à les respecter et à s'y soumettre. Et ce qu'il apprend sur les structures et les codes de la vie sociale peut autant l'en détourner que l'y attacher et l'inciter à les défendre.

Le chercheur aspire à ce que les informations qu'il arrive à collecter soient diffusées auprès de tous et, quand il s'agit des conduites psychologiques et sociales, qu'elles ne continuent pas à être négligées au profit de celles que savent diffuser ses collègues spécialistes des sciences de la nature. Mais s'il adopte cette attitude, c'est parce qu'il projette et généralise la valeur qu'il accorde à la connaissance, sans qu'il lui soit nécessaire d'invoquer d'autres motifs.

Bibliographie

ABRAMOVITCH, R., Children's recognition of situational aspects of facial expression, *Child Development,* 1977, *48*, 459-463.
AINSWORTH, M.D.S., BELL, S.M., Infant crying and maternal responsiveness: a rejoinder to Gewirtz and Boyd, *Child Development,* 1977, *48*, 1208-1216.
ALLPORT, F.H., *Social Psychology,* Boston, Houghton Mifflin, 1924.
ALLPORT, G.W., The Ego in contemporary psychology, *Psychological Review,* 1943, *50*, 451-478.
ALVY, K., Relation of age to children's egocentric and cooperative communication, *Journal of Genetic Psychology,* 1968, *112*, 275-286.
ALVY, K., The development of listener adapted communication in grade-school children from different social backgrounds, *Genetic Psychology Monographs,* 1973, *87*, 33-104.
AMBROSE, J.A., The development of the smiling response in early infancy, in B.M. Foss (éd.), *Determinants of infant behavior,* Londres, Methuen, 1961, vol. 1, p. 179-201.
ANDERSON, S., MESSICK, S., Social competency in young children, *Developmental Psychology,* 1974, *10*, 282-293.
APPEL, L.F., COOPER, R.G., Mc CARRELL, N., SIMS-KNIGHT, J., YUSSEN, S.R., FLAVELL, J.H., The development of the distinction between perceiving and memorizing, *Child Development,* 1972, *43*, 1365-1381.
ARCHENBACH, T., ZIGLER, E., Social competence and self image disparity in psychiatric and non psychiatric patients, *Journal of abnormal and social Psychology,* 1963, *67*, 197-205.
ARIES, P. *L'enfant et la vie familiale sous l'Ancien Régime,* Paris, Le Seuil, 1975.
ARMSBY, R.E., A reexamination of the development of moral judgements in children, *Child Development,* 1971, *42*, 1241-1248.
BACHARACH, V., LUSZCZ, M., Communicative competence in young children: the use of implicit linguistic information, *Child Development,* 1979, *50*, 260-263.
BARKER, R.G., WRIGHT, H.F., *Midwest and its children,* Evanston, Row Peterson, 1955.

BASSILI, J.N., Facial motion in the perception of faces and of emotional expression, *Journal of experimental Psychology: human perception and performance*, 1978, *4*, n° 3, 373-379.

BASSILI, J.N., Emotion recognition: the role of facial movement and the relative importance of upper and lower areas of the face, *Journal of personality and social Psychology*, 1979, *37*, n° 11, 2049-2058.

BATTLE, E.S., ROTTER, J.B., Children's feelings of personal control as related to social class and ethnic group, *Journal of personality*, 1963, *31*, 482-490.

BEAUDICHON, J., *Caractéristiques et efficacité de la communication chez l'enfant*, Thèse de Doctorat d'Etat ès Lettres et Sciences Humaines, Université René Descartes de Paris, 1977.

BEAUDICHON, J., Problem solving communication and complex information transmission in groups in W.P. Dickson, (ed.), *Children's oral communication skills*, New York, Academic Press, 1981, 357-374.

BEAUDICHON, J., BIDEAUD, J., De l'utilité des notions d'égocentrisme, de décentration et de prise de rôle, *L'Année Psychologique*, 1979, *79*, 589-622.

BEAUDICHON, J., DUCROUX, N., LAMALLE, J., LAFORESTRIE, A., A propos de l'étude génétique de l'un des aspects de l'intelligence sociale : Recherches expérimentales sur l'argumentation et la persuasion chez l'enfant, *Bulletin de Psychologie*, 1978-1979, *32*, 577-591.

BEAUDICHON, J., DUCROUX, N., CHARLOIS, C., Représentations de l'enfant de 5 à 8 ans à l'égard des exigences de la communication interindividuelle, *Comm. Société française de Psychologie*, Colloque « Les représentations », Poitiers, 27 mars 1981.

BEAUDICHON, J., de MONTMOLLIN, G., WINNYKAMEN, F., *Différences entre garçons et filles en France. Représentations de l'avenir*, Document ronéo. 1980.

BEAUDICHON, J., SIGURDSSON, T., TRELLES, C., Etude chez l'enfant de l'adaptation verbale à l'interlocuteur lors de la communication, *Psychologie française*, 1978, *23*, 213-220.

BECKER, J.D., Reflections on the formal description of behavior in D.G. Bobrow, A. Collins (eds.), *Representation and understanding*, New York, Academic Press, 1975, 83-102.

BELL, S.M., AINSWORTH, M.D.S., Infant crying and maternal responsiveness, *Child Development*, 1972, *43*, 1171-1190.

BELL, R.Q., HARPER, L.S., *Child effects on adults*, Hillsdale, Erlbaum, 1977.

BERG-CROSS, L.G., Intentionality, degree of dammage and moral judgement, *Child Development*, 1975, *46*, 970-974.

BERNDT, T.J., BERNDT, E.G., Children's use of motives and intentionality in person perception and moral judgement, *Child Development*, 1975, *46*, 904-912.

BERTOCCI, P.A., The psychological self, the ego, and personality, *Psychological Review*, 1945, *52*, 91-99.

BEST, D., WILLIAMS, J., CLOUD, J., DAVIS, S., ROBERTSON, L., EDWARDS, J. GILES, H., FOWLES, J., Development of sex-trait stereotypes among young children in the United States, England and Ireland, *Child Development*, 1977, *48*, 1375-1384.

BLACKMORE, J., LARUE, A., OLESNIK, A., Sex-appropriate toy preference and the ability of conceptualize toys as sex-role related, *Developmental Psychology*, 1979, *15*, 339-340.

BLOCH, M.A. avec H. GRATIOT-ALPHANDERY, Le développement affectif et moral in H. Gratiot-Alphandery, R. Zazzo (eds.). *Traité de psychologie de l'enfant*, T. 4, Paris, Presses Universitaires de France, 1970.

BLOOM, K., Patterning of infant vocal behavior, *Journal of experimental Child Psychology*, 1977, *23*, 367-377.
BLURTON JONES, N.G., An ethological study of some aspects of social behaviour of children in nursery school, in D. Morris (ed.), *Primate ethology*, London, Weidenfeld and Nicholson, 1967, 347-368.
BLURTON JONES, N.G., Non verbal communication in children, in R.A. Hinde (ed.), *Non verbal communication*, Cambridge University Press, 1972, 271-296.
BOBROW, D.G., COLLINS, A., *Representation and understanding*, New York, Academic Press, 1975.
BORKE, H., Interpersonal perception of young children: egocentrism or empathy, *Developmental Psychology*, 1971, *5*, 263-269.
BORKE, H., Chandler and Greenspan's «ersatz egocentrism» a rejoinder, *Developmental Psychology*, 1972, *7*, 107-109.
BORKE, H., The development of empathy in chinese and american children between three and six years of age, *Developmental Psychology*, 1973, *9*, 102-108.
BOWER, T.G.R., *A primer of infant development*, San Francisco, Freeman, 1977.
BOWER, T.G.R., *Le développement psychologique de la première enfance*, Trad. fr. du précédent, Bruxelles, Mardaga, 1978.
BRACKBILL, Y., Extinction of the smiling responses in infants as a function of reinforcement schedules, *Child Development*, 1958, *29*, 115-124.
BRETHERTON, I., Making friends with one-year-olds: An experimental study of infant-stranger interaction, *Merril Palmer Quarterly*, 1978, *24*, 29-51.
BRIERLEY, D.W., Children's use of personality constructs, Bulletin of Britisch Psychological Society, 1966, 19, n° 65, p. 72 in W.J. Livesley, D.B. Bromley, *Person perception in childhood and adolescence*, London, New York, John Wiley and Sons, 1973.
BRIM, O.G., Life-span development of the theory of oneself: Implications for child development in H.W. Reese (Ed.) *Advances in child development and behavior* (vol. 11) New York, Academic Press, 1976.
BRONSON, G.W., PANKEY, W.B., On the distinction between fear and wariness, *Child Development*, 1977, *48*, 1167-1183.
BROWNE, G.Y., ROSENFELD, H.M., HOROWITZ, F.D., Infant discrimination of facial expressions, *Child Development*, 1977, *48*, 555-562.
BRUNER, J.S., TAGIURI, R., The perception of people, in G. Lindzey, *Handbook of social psychology, special fields and applications*, Cambridge, (Mass.), Addison-Wesley, 1954.
BÜHLER, C., HETZER, H., Das erste Verständnis für Ausdruck in ersten Lebensjahr, *Z. Psychol.*, 1928, *107*, 50-61.
BURSTIN, J., *L'évolution psychosociale de l'enfant de 10 à 13 ans*, Neuchâtel, Delachaux et Niestlé, 1959.
CAMRAS, L.A. Children's understanding of facial expressions used during conflict encounters, *Child Development*, 1980, *51*, 879-885.
CANTOR, N., MISCHEL, W., Traits as prototypes: Effects on recognition memory, *Journal of Personality and social Psychology*, 1977, *35*, 38-49.
CARLSON, R., Stability and change in the adolescent's self image, *Child Development*, 1965, *36*, 659-666.
CARMICHAEL, L., ROBERTS, S.O., WESSELL, N.Y., A study of the judgment of manual expression as presented in still and motion pictures, *Journal of social Psychology*, 1937, *8*, 115-142.
CARTRON-GUERIN, A., Etude de la représentation de soi chez l'enfant de 8 à 12 ans, Principales références utilisées dans l'auto-portrait, Thèse de 3e cycle (travaux en cours).

CARTRON-GUERIN, A., DAVID, J.C., Représentation de l'avenir scolaire et professionnel en fonction du milieu socio-culturel et de la réussite scolaire chez des enfants de 11 ans (travaux en cours).
CARTRON-GUERIN, A., VIAUX, J.L., Références à des valeurs positives et négatives dans l'auto-portrait des garçons de 12 et 15 ans, *Bulletin de Psychologie*, 1975, 4-7, 288-293.
CARTRON-GUERIN, A., LEVY, P., Réussite scolaire et représentation du futur chez des préadolescents : Etendue, nature et optimisme des projets d'avenir, *Bulletin de Psychologie*, 1980, *33*, 747-753.
CARTRON-GUERIN, A., REVEILLAUT, E., Etude de la représentation des états émotifs de l'enfant d'âge préscolaire, *Journal de Psychologie normale et pathologique*, 1980, 1, 63-84.
CATTELL, R.B., *Personality. A systematic theoretical and factorial study*, New York, Mc Graw Hill, Book Company, 1950.
CAVANAUGH, J.C., BORKOWSKI, J.G., The metamemory-memory « Connection » : Effects of strategy training and maintenance, *The Journal of General Psychology*, 1979, *101*, 161-174.
CAVANAUGH, J.C., BORKOWSKI, J.G., Searching for metamemory-memory connections : a developmental study, *Developmental Psychology*, 1980, *16*, 441-453.
CHALOT, C., La croyance en un monde juste comme variable intermédiaire des réactions au sort d'autrui et à son propre sort, *Psychologie française*, 1980, *25*, 51-71.
CHANDLER, M.J., Social cognition. A selective review of current research, in N.F. Overton, J.M. Callaghan, (Eds.), *The Year book of developmental epistemology*, New York, Plenum Press, 1977, *1*, 93-147.
CHANDLER, M.J., GREENSPAN, S., Ersatz egocentrism : A reply to H. Borke, *Developmental Psychology*, 1972, 7, 2, 104-106.
CHANDLER, M.J., PAGET, K.F., KOCH, D.A., The child's demystification of psychological defense mechanisms : a structural and developmental analysis, *Developmental Psychology*, 1978, *14*, 197-205.
CHATEAU J., *Le réel et l'imaginaire dans le jeu de l'enfant. Essais sur la genèse de l'imagination*, 2e édit. Paris, Vrin, 1955.
CHEIN, I., The awareness of self and the structure of the ego, *Psychological Review*, 1944, *51*, 304-314.
CHICKECHERING, A.W., *Self-concept, ideal self-concept and achievement*, Abstracts Ph. D Dissertation, Columbia University, 1958.
CHRISTIE, R., GEIS, F.L., *Studies in machiavelianism*, New York, Academic Press, 1970.
CLARK, K.B., CLARK, M.K., Racial identification and preference in negro children, in T.M. Newcomb, E.L. Hartley, (eds.), *Readings in social psychology*, New York, Holt, 1947.
CLARK, H.H., CLARK, E.V., *Psychology and language*, New York, Harcourt Brace Jovanovich, Inc. 1977.
CLARK, R.A., DELIA, J.G., The development of functional persuasive skills in childhood and early adolescence, *Child Development*, 1976, 1008-1014.
CLINE, M.G., The influence of social context on the perception of faces, *Journal of Personality*, 1956, *25*, 142-158.
COLEMAN, J.C., Facial expressions of emotion, *Psychological Monographs*, 1949, *63*, n° 296, 36 p.
COMBS, A.W., SNYGG, D., *Individual behavior : a perceptual approach to behavior*, New York, 1959 (2e ed. rév.).

CONNOLLY, K.J., BRUNER, J.S., (ed.) *The growth of competence*, London, Academic Press, 1974.
COOLEY, C.H., *Human nature and social order*, New York, 1902.
CORDUA, G.O., McGRAW, K.O., DRABMAN, R.S., Doctor or nurse: children's perception of sex-typed occupations, *Child Development*, 1979, *50*, 590-593.
COTTRELL, L.S., Interpersonal interaction and the development of the self in GOSLIN, D.A. *Handbook of socialization and research*, Chicago, Rand Mc Nally, 1969, 540-569.
CRANDALL, V.C., KATKOVSKY, W., CRANDALL, V.J., Children's beliefs in their own control of reinforcements in intellectual-academic achievement situations, *Child Development*, 1965, *36*, 91-109.
CROCKETT, W.H., Cognitive complexity and impression formation in B.A. Maher (Ed.) *Progress in personality experimental research* (vol. 2), New York, Academic Press, 1965.
CROWNE, D.P., STEPHANS, M.W., Self acceptance and self evaluative behavior: a critique of methodology, *Psychological Bulletin*, 1961, *58*, 2, 104-121.
DALY, E.M., ABRAMOVITCH, R., PLINER, P., The relationship between mother's encoding and their children's decoding of facial expressions of emotion, *Merrill-Palmer Quarterly of Behavior and Development*, 1980, *26*, n° 1, 25-33.
DASEN, P.R., INHELDER, B., LAVALLEE, M., RETSCHITZKI, J., *Naissance de l'intelligence chez l'enfant baoulé de Côte d'Ivoire*, Hans Huber, Berne, 1978.
DANSET-LEGER, J., *L'enfant et les images de la littérature enfantine*, Bruxelles, Mardaga, Coll. «Psychologie et Sciences Humaines», 1980.
DARWIN, C., *The expression of the emotions in man and animals*, London, Murray, 1872.
DARWIN, C., *L'expression des émotions*, trad. fr. Pozzi et Benoît, Paris, Reinwald, 1974.
DASHIELL, J.F., A new method of measuring reactions to facial expression of emotion, *Psychological Bulletin*, 1927, *24*, 174-175.
DAVITZ, J.R. (Ed.), *The communication of emotional meaning*, New York, McGraw Hill, 1964.
DE VRIES, R., The development of role taking as reflected by the behavior of bright, average, and retarded children in a social guessing game, *Child Development*, 1970, *41*, 759-770.
DIGGORY, J.C., *Self evaluation: concept and studies*, New York, John Wiley, 1966.
DIMITROVSKY, L., The ability to identify the emotional meaning of vocal expression at successive age levels, in J.R. Davtiz (ed.), *The communication of emotional meaning*, New York, Mc Graw Hill, 1964.
DRABMAN, R., THOMAS, M., Does T.V. violence breed indifference? *Journal of Communication*, 1975, *25*, 86-89.
DREUX, K., EINSWILLER, T., Explanation of successful performance on sex-linked tasks: What is skill for the male is luck for the female, *Journal of Personality and Social Psychology*, 1974, *29*, n° 1, 80-85.
DUMAS G., Le rire et les larmes, tome 3, fascicule 3, *Nouveau traité de psychologie*, dirigé par G. Dumas, Paris, Alcan, 1937.
DUNLAP, K., Role of eye-muscles and mouth-muscles in the expression of emotions, *Genetic psychology Monographs*, 1927, *2*, 197-233.
DURANDIN, G., *Les fondements du mensonge*, Paris, Flammarion, 1972.
DUSENBERRY, D., KNOWER, F.H., Experimental studies of the symbolism of action and voice: II. A study of the specificity of meaning in abstract tonal symbols, *Quarterly Journal of Speech*, 1939, *25*, 65-75.

DYMOND, R., A scale for the measurement of empathic ability, *Journal of Consulting Psychology*, 1949, *13*, 127-133.
EKMAN, P., OSTER, H., Facial expressions of emotion, *Annual review of Psychology*, 1979, *30*, 527-554.
EMMERICH, W., Young children's discrimination of parent and child roles, *Child Development*, 1959, *30*, 403-419.
EMMERICH, W., Family role concepts of children aged six to ten, *Child Development*, 1961, *32*, 609-624.
ENGEL M., The stability of self concept in adolescence, *Journal of abnormal Psychology*, 1959, *58*, 211-215.
FANTZ, R.L., Pattern vision in newborn infants, *Science*, 1963, *140*, n° 3564, 296-297.
FELDSTEIN, S., Temporal patterns of dialogue: basic research and reconsiderations in A.W. Siegman et B. Pope (eds.) *Studies in dyadic communication*, New York, Pergamon, 1972.
FELEKY, A., *Feelings and emotions*, New York, Pioneer Press, 1924.
FERNBERGER, S.W., False suggestion and the Piderit model, *American Journal of Psychology*, 1928, *40*, 562-568.
FESBACH, N., ROE, K., Empathy in six and seven-years-olds, *Child Development*, 1968, *39*, 133-145.
FINK, H.B., Self concept as it relates to academic underachievement, *Californian Journal of educational Research*, 1962, *13*, 57-62.
FISHBEIN, H.D., LEWIS, S., KEIFFER, K., Children's understanding of spatial relations, *Developmental Psychology*, 1972, *7*, 21-23.
FLAVELL, J.H., Concept development in P.H. Mussen (ed.), *Carmichael's Manual of child Psychology*, New York, Wiley, 1970, 983-1059.
FLAVELL, J.H., First discussant's comments: What is development memory the development of? *Human Development*, 1971, *14*, 272-278.
FLAVELL, J.H., Memory in J.H. Flavell, *Cognitive Development*, Prentice Hall, 1977, 183-218.
FLAVELL, J.H., *Cognitive development*, Englewood Cliffs, New Jersey, Prentice Hall, 1977.
FLAVELL, J.H., *Cognitive monitoring*. Paper presented at the Conference on children's oral communication skills, University of Wisconsin, oct. 1978.
FLAVELL, J.H. Metacognition and cognitive monitoring, *American Psychologists*, 1979, *34*, 906-911.
FLAVELL, J.H., with BOTKIN, P.T., FRY, C.L., WRIGHT, J.H., JARVIS, P.E., *The development of role taking and communication skills in children*, New York, Wiley, 1968.
FLAVELL, J.H., FRIEDRICHS, A.G., HOYT, J.D., Developmental changes in memorization processes, *Cognitive Psychology*, 1970, *1*, 324-340.
FLAVELL, J.H., SHIPSTEAD, S.G., CROFT, K., Young children's knowledge about visual perception: hiding objects from others, *Child Development*, 1978, *49*, 1208-1211.
FLAVELL, J.H., WELLMAN, H.M. Metamory in R.V. Kail, J.W. Hagen (eds.) *Perspectives on the development of memory and cognition* Hillsdale, New Jersey, Erlbaum, 1977, 3-34.
FRAISSE, P., Les émotions, in P. Fraisse et J. Piaget, *Traité de Psychologie Expérimentale*, tome V, Ch. 16, 83-153, Paris, P.U.F. 1963.
FREUD, A., *Le moi et les mécanismes de défense,* Paris, Presses Universitaires de France, 1949.
FRIJDA, N.H., The understanding of facial expression of emotion, *Acta Psychologica*, The Hague, 1953, *9*, n° 4, 294-362.

FRIJDA, N.H., Recognition of emotion, in L. Berkowitz (ed.), *Advances in experimental social Psychology*, (vol. 4), New York, Academic Press, 1968.
FROIS-WITTMAN, J., The judgment of facial expression, *Journal of experimental Psychology*, 1930, *13*, n° 2, 113-151.
GALEJS, I., Social interaction of preschool children, *Home economics Research Journal*, 1974, *2*, 153-159.
GARVEY, C., in J.S. Bruner et al., *Play, its role in development and evolution*, New York, Basic Books, 1976.
GARVEY, C., *Play*, Glasgow, William Collins, 1977.
GARVEY, C.J., HOGAN, R., Social speech and social interaction: egocentrism revisited, *Child Development*, 1973, *44*, 562-569.
GATES, G.S., An experimental study of the growth of social perception, *Journal of educational Psychology*, 1923, *14*, 449-461.
GATES, G.S., The role of the auditory element in the interpretation of emotion, *Psychological Bulletin*, 1927, *24*, 175.
GELLERT, E., Children's constructions of their self images, *Perceptual and motor skills*, 1975, *40*, 307-324.
GERBNER G., GROSS, L., Living with television: the violence profile, *Journal of Communication*, 1976, *26*, 172-199.
GESELL, A., THOMPSON, H., *Infant behavior. Its genesis and growth*, New York, McGraw Hill, 1934.
GEWIRTZ, J.L., BOYD, E.F., Does maternal responding imply reduced infant crying? A critique of the Bell and Ainsworth report, *Child Development*, 1977a, *48*, 1200-1207.
GEWIRTZ, J.L., BOYD, E.F., In reply to the rejoinder to our critique of the Bell and Ainsworth report, *Child Development*, 1977b, *48*, 1217-1218.
GILBERT, D.C., The young child's awareness of affect, *Child Development*, 1969, *39*, 619-636.
GILLY, M., L'élève en fonction de sa réussite scolaire: perception par le maître, par la mère et par l'élève lui-même, *Enfance*, 1968, 3-4, 219-235.
GILLY, M., LACOUR, M., MEYER, R., Images propres, images sociales et statut scolaire, *Bulletin de Psychologie*, 1971-1972, 14-17, 792-806.
GITTER, A.G., MOSTOFSKY, D.I., QUINCY, A.J. Jr., Race and sex differences in the child's perception of emotion, *Child Development*, 1971, *42*, 2071-2075.
GLASER, R., *Adaptative education: Individual diversity and learning*, New York, Holt, Rinehart, Winston, 1977.
GOMBRICH, E.H., *L'art et l'illusion, Psychologie de la représentation picturale*, Paris, Gallimard, 1971.
GOODENOUGH, F.L., TINKER, M.A., The relative potency of facial expression and verbal description of stimulus in the judgment of emotion, *Journal of comparative Psychology*, 1931, *12*, 365-370.
GORDON, F.R., FLAVELL, J.H., The development of instruction about cognitive cueing, *Child Development*, 1977, *48*, 1027-1033.
GOUIN DECARIE, T., *La réaction du jeune enfant à la personne étrangère*, Montréal, Presses Université Montréal, 1972.
GREENBERG, M.T., MARVIN, R.S., MOSSLER, D.G., The development of conditional reasoning skills, *Developmental Psychology*, 1977, *13*, 527-528.
GREEN, S.K., Causal attribution of emotion in kindergarten, *Developmental Psychology*, 1977, *13*, 5, 533-534.
GREENFIELD, P., L'influence maternelle au cours de la transition de la communication non verbale à la communication verbale, *Conférence au Groupe d'Etude interuniversitaire sur les processus cognitifs*, Paris, 18 décembre 1980.

GREENO, J.G., Trends in the theory of knowledge for problem solving in D.T. Tuma (ed.) *Problem solving and education*, Hillsdale, New Jersey, Erlbaum, 1980.
GREGOIRE, A., *L'apprentissage du langage*, II. *La troisième année et les années suivantes*, Paris, Les Belles Lettres, 1947.
GREIF, E.B., Sex role playing in preschool children in J.S. Bruner, A. Jolly, H. Sylva, *Play, its role in development and evolution*, New York, Basic Books, 1976.
GRUEN, G.E., KORTE, J.R., BAUM, J.F., Group measure of locus of control, *Developmental Psychology*, 1974, *10*, 683-686.
GUARDO, C.J., BOHAN, J.B., Development of a sense of self-identity in children, *Child Development*, 1971, *42*, 1909-1921.
GUILFORD, J.P., An experiment in learning to read facial expressions, *Journal of abnormal and social Psychology*, 1929, *24*, 191-202.
GUILFORD, J.P., *The nature of intelligence*, New York, McGraw Hill, 1967.
GUILFORD, J.P., HOEPFNER, R., *The analysis of intelligence*, New York, Mc Graw Hill, 1971.
GUILLAUME, P., *L'imitation chez l'enfant*, Paris, Alcan, 1925.
GUILLAUME, P., *Introduction à la psychologie*, Paris, Vrin, 1942.
HAGEN, J.W., Some thoughts on how children learn to remember, *Human Development*, 1971, *14*, 262-271.
HANAWALT, N.G., The role of the upper and lower parts of the face as basis for judging facial expressions: I. In painting and sculpture, *Journal of general Psychology*, 1942, *27*, 331-346.
HANAWALT, N.G., The role of the upper and the lower parts of the face as the basis for judging facial expressions. II. In posed expressions and «candid camera» pictures, *Journal of general Psychology*, 1944, *31*, 23-36.
HALLIDAY, M.A.K., *Learning how to mean, explorations in the development of language*, London, Arnold, 1975.
HAPKIEWICZ, W., Children's reactions to cartoon violence, *Journal of clinical Child Psychology*, 1979, *8*, 30-34.
HARIZUKA, S., Developmental traits in classifying behavior of facial expression-pictures, *The Japanese Journal of Psychology*, 1979, *49*, n° 6, 333-340.
HAYES-ROTH, F., WATERMAN, D.A., LENAT, D.B., Principles of pattern-directed inference systems in D.A. Waterman, F. Hayes-Roth (eds.) *Pattern directed inference systems*, New York, Academic Press, 1978, 577-601.
HEBB, D.O., Emotion in man and animal: an analysis of the intuitive processes of recognition, *Psychological Review*, 1946, *53*, 88-106.
HEBB, D.O., On the nature of fear, *Psychological Review*, 1946, *53*, 259-276.
HEBB, D.O., *The organisation of behavior. A neuropsychological theory*, New York, Wiley, 1949.
HEBBLE, P.W., The development of elementary school children's judgment of intent, *Child Development*, 1971, *42*, 1203-1215.
HEIDER, F., *The psychology of interpersonal relations*, New York, Wiley, 1958.
HONKAVAARA, S., The psychology of expression. Dimensions in human perception, *British Journal of Psychology*, Monogr. Suppl., 1961, *32*, 96 p.
HOWIE-DAY, A.M., Metapersuasion: The development of reasoning about persuasive strategies, *Dissertation Abstracts International*, 1977, *38*, n° 6.
HUDSON, L.M. On the coherence of role taking abilities: an alternative to correlational analysis, *Child Development*, 1978, *49*, 223-227.
HURTIG, M.C., ZAZZO, R., La mesure du développement psychosocial, in R. Zazzo et al. *Manuel pour l'examen psychologique de l'enfant*, vol. 2, Neuchâtel, Delachaux et Niestlé, 1969, 727-841.

HUTEAU, M., LAUTREY, J., L'utilisation des tests d'intelligence et de la psychologie cognitive dans l'éducation et l'orientation, *L'orientation scolaire et professionnelle*, 1978, 7, 99-174.
JACKLIN, C., MACCOBY, E., Social behavior at thirty three months in same sex and mixed sex dyads, *Child Development*, 1978, 49, 557-569.
JACOBSON, J.L., Cognitive determinants of wariness toward unfamiliar peers, *Developmental Psychology*, 1980, 16, 347-354.
JANUS, S.Q., An investigation of the relationship between children's language and their play, *Journal of Genetic Psychology*, 1943, 62, 3-61.
JENNESS, A., The effects of coaching subjects in the recognition of facial expression, *Journal of Genetic Psychology*, 1932, 7, 163-178.
JERSILD, A.T., *In search of self*, Teachers College, Columbia University, 1952.
JOHNSON, C.N., MARATSOS, M.P., Early comprehension of mental verbs: Think and Know, *Child Development*, 1977, 48, 1743-1747.
JONES, E.E., DAVIS, K.E., From acts to dispostions. The attribution process in person perception, in L. Berkowitz (ed.), *Advances in experimental social Psychology*, Vol. 2, 1965, New York, Academic Press.
JOSSE, D., LEONARD, M., LEZINE, I., ROBINOT, F., ROUCHOUSE, J.C., Evolution de la communication entre l'enfant de 4 à 9 mois et un adulte, *Enfance*, 1973, 3-4, 175-206.
JOYCE-MONIZ, L., Mécanismes de compensation et de rééquilibration dans le développement socio-affectif de l'enfant et de l'adulte, *Revue suisse de Psychologie*, 1978, 37, 117-127.
KAGAN, J. Acquisition and significance of sex-typing and sex-role identity in Hoffman and Hoffman (eds.) *Review of child Development Research*, New York, Russel Square Foundation, 1964.
KAGAN, J., HENKER, B.A., HEN-TOV, A., LEVINE, J., LEWIS, M., Infants'differential reactions to familiar and distorted faces, *Child Development*, 1966, 37, n° 3, 520-532.
KAILA, E., Die reaktionen des Säuglings auf das menschliche Gesicht, *Ann. Univ. Aboensis*, 1932, 17.
KANNER, L., Judging emotions from facial expressions, *Psychological Monographs*, 1931, 41, n° 186.
KARNIOL, R., Children's use of intention cues in evaluating behavior, *Psychological Bulletin*, 1978, 85, 76-85.
KARNIOL, R., ROSS, M., The development of causal attributions in social perception, *Journal of Personality and social Psychology*, 1976, 34, 455-464.
KATZ, P., ZIGLER, E., Self image disparity: a developmental approach, *Journal of Personality and Social Psychology*, 1967, 5, 186-195.
KATZ, P. ZIGLER, E., ZAIK, S., Children's self image disparity: the effects of age, maladjustment and action-thought orientation, *Developmental Psychology*, 1975, 11, 546-550.
KEASEY, C.B., Children's developing awareness and usage of intentionnality and motives, in H.E. Howe (ed.), *1977, Nebraska Symposium on motivation*, Lincoln, Univ. Nebraska, 1977.
KELLER, A., LEROY, H., FORD, J.R., MEACHAM, J.A., Dimensions of self concept in preschool children, *Developmental Psychology*, 1978, 14, 5, 483-489.
KELLEY, H.H., Attribution theory in social psychology, *Nebraska Symposium on motivation*, 1967, Lincoln, University of Nebraska Press, 1967.
KELLEY, H.H., *Personal relationships: Their structures and processes*, Hillsdale, Erlbaum, 1979.

KING, M., The development of some intention concepts in young children, *Child Development*, 1971, 42, 1145-1152.
KLINE, L.W., JOHANNSEN, D.E., Comparative role of the face and of the face-body-hands as aids in identifying emotions, *Journal of abnormal and social Psychology*, 1934, 29, 415-426.
KOHLBERG, L.A., A cognitive developmental analysis of children's sex-role concepts and attitudes, in E.M. Maccoby (Ed.), *The development of sex differences*, Standford California, Standford University Press, 1966.
KOKENES, B., Grade level differences in factors of self-esteem, *Developmental Psychology*, 1974, 10, 954-958.
KRAMER, E., Judgment of personal characteristics and emotions from non verbal properties of speech, *Psychological Bulletin*, 1963, 60, 408-420.
KRAUSS, R.M., GLUCKSBERG, S., The development of communication: competence as a function of age, *Child Development*, 1969, 40, 255-256.
KRAUSS, R.M., GLUCKSBERG, S., Socialization of communication skills: the development of competence as a communicator, in R. Hoppe, E. Simmel, G. Milton (eds.), *Early experience and the processes of socialization*, New York, Academic Press, 1970.
KRAUT, R.E., PRICE, J.D., Machiavellianism in parents and their children, *Journal of Personality and social Psychology*, 1976, 33, 782-786.
KREUTZER, M.A. LEONARD, C., FLAVELL, J.H., An interview study of children's knowledge about memory, *Monographs of the Society for research in Child Development*, 1975, 40, n° 159.
LABARBERA, J.D., IZARD, C.E., VIETZE, P., PARISI, S.A., Four-and six-month-old infants' visual response to joy, anger and neutral expressions. *Child Development*, 1976, 47, 535-538.
LA GRECA, A.M., Can children remember to be creative? An interview study of children's thinking processes, *Child Development*, 1980, 51, 572-575.
LANDIS, C., The interpretation of facial expression in emotion, *Journal of genetic Psychology*, 1929, 2, 59-72.
LANGFELD, H.S., The judgment of emotions from facial expressions, *Journal of abnormal and social Psychology*, 1918, 13, 172-184.
LAURENDEAU, M., PINARD, A., *Les premières notions spatiales de l'enfant*, Neuchâtel, Delachaux et Niestlé, 1968.
LEAHY, R.L., HUARD, C., Role-taking and self-image disparity, *Developmental Psychology*, 1976, 6, 504-508.
LECKY, P., *Self consistency: A theory of personality*, Long Island, New York, The Island Press, 1945.
LECKY, P., The theory of self consistency in C. Gordon et K.J. Gergen (Eds.), *The self in social interaction*, Classic and contemporary perspectives, New York, John Wiley and Sons, 1968.
L'ECUYER, R., *La genèse du concept de soi*. Thèmes et recherches, Sherbooke, Québec, 1975.
LEFCOURT, H.M., *Locus of control: Current trends in theory and research*, Hillsdale, Erlbaum, 1976.
LEMPERS, J.D., Young children's production and comprehension of non verbal deictic behavior, *Journal of genetic Psychology*, 1979, 135, 93-102.
LEMPERS, J.D., FLAVELL, E.R., FLAVELL, J.H., The development in very young children of tacit knowledge concerning visual perception, *Genetic Psychology Monographs*, 1977, 95, 3-53.

LÉON, A., BASTIDE, L., CONTOU, J., FAUQUET, M., PORCHER, L., *Enfant d'hier*, film couleur sonore, C.A.V. St-Cloud et UER Sciences de l'Education, Paris V, 1977.
LÉON, A., BASTIDE, L., CONTOU, J., FAUQUET, M., PORCHER, L., *Enfants d'hier, document d'accompagnement*, 1981 (sous presse).
LEVINE, J., Représentation des étapes du développement et conscience de soi chez l'enfant, *Enfance*, 1958, 2, 85-114.
LEVY-SCHOEN, A., *Sur le développement de la connaissance d'autrui. L'émergence des mimiques dans la vision d'autrui par l'enfant*, Paris, Presses Universitaires de France, 1964.
LINDZEY, G., ARONSON, E., *The handbook of social psychology*, London, Addison Wesley, vol. 2 et 3, 2e edit. 1969.
LINDZEY, G., BORGATTA, E.F., Sociometric measurement in G. Lindzey (ed.) Handbook of social psychology, Chap. II., Reading, Addison-Wesley, 1954.
LING, Y.G., Age and sex differences in the dimensionalities of the self concept, *Dissertation Abstracts*, 1962, *23*, 692-694.
LITTLE, B.R., Age and sex differences in the use of psychological role and physicalistic constructs, *Bulletin of the British Psychological Society*, 1968, *21*, 34.
LIVESLEY, W.J., BROMLEY, D.B., *Person perception in childhood and adolescence*, London, New York, John Wiley and sons, 1973.
LYNN, D.B., *Parental and sex-role identification, a theoretical formulation*, Berkeley, Mc Cutchan, 1969.
MACCOBY, E., JACKLIN C., *The psychology of sex differences*, Stanford, California, Standford University Press, 1974.
MAC NAMARA, J., BAKER, E., OLSON, C.L., Four year-olds understanding of *pretend, forget* and *know*: evidence for propositional operations, *Child Development*, 1976, *47*, 62-70.
MALRIEU, P., *Les émotions et la personnalité de l'enfant*, Paris, Vrin, 1952.
MALRIEU, P., La socialisation in H. Gratiot-Alphandery, R. Zazzo (eds.), *Traité de psychologie de l'enfant*, Paris, Presses Universitaires de France, Tome 5, 1973.
MARATSOS, M.P., Non egocentric communication abilities in preschool children, *Child Development*, 1973, *44*, 697-700.
MARCUS, R., TELLEEN, S., ROKE, E., Relation between cooperation and empathy, *Developmental Psychology*, 1979, *15*, 3, 346-347.
MARKMAN, E.M., Realizing that you don't understand: a preliminary investigation, *Child Development*, 1977, *48*, 986-992.
MARKMAN, E.M., Realizing that you don't understand: elementary school children's awareness of inconsistencies, *Child Development*, 1979, *50*, 643-655.
MARKMAN, E., Comprehension monitoring in W.P. Dickson (ed.), *Children's oral communication skills*, New York, Academic Press, 1981, 61-84.
MARKUS, H., Self schemas and processing information about the self, *Journal of Personality and social Psychology*, 1977, *35*, 63-78.
MASANGKAY, Z.S., Mc CLUSKEY, K.A., Mc INTYRE, C.W., SIMS-KNIGHT, J., VAUGHN, B.E., FLAVELL, J.H., The early development of inferences about the visual perception of others, *Child Development*, 1974, *45*, 357-366.
MASUR, E.F., Mc INTYRE, C.W., FLAVELL, J.H., Developmental changes in apportionment of study time among items in a multitrial free recall task, *Journal of experimental Child Psychology*, 1973, *15*, 237-246.
MAUCORPS, P.H., BASSOUL, R., *Empathies et connaissance d'autrui*, Paris, C.N.R.S., Monographies Françaises de Psychologie, n° 3, 1960.
Mc CLELLAND, D.C., Testing for competence rather than for «intelligence», *American Psychologist*, 1973, *28*, 1-14.

MEAD, G.H., *Mind, Self and Society*, Chicago, Ill., The University of Chicago Press, 1934, trad. fr. *L'Esprit, le Soi et la Société*, Paris, Presses Universitaires de France, 1963.
MEISSNER, J., APTHORP, H., Non egocentrism and communication mode switching in black preschool children, *Developmental Psychology*, 1976, *12*, 245-249.
MENIG-PETERSON, C.L., The modification of communicative behavior in preschool-aged children as a function of the listener's perspective, *Child Development*, 1975, *46*, 1015-1018.
MILLER, P.H., KESSEL, F.S., FLAVELL, J.H., Thinking about people thinking about people thinking about ...: a study of social cognitive development, *Child Development*, 1970, *41*, 613-623.
MISCHEL, W., Sex-typing and socialization in P.H. Mussen (ed.) *Carmichael's manual of child psychology*, New York, Wiley & sons, 1970.
MISCIONE, J.L., MARVIN, R.S., O'BRIEN, R.G., GREENBERG, M.T., A developmental study of preschool children's understanding of the words « Know » and « Guess », *Child Development*, 1978, *49*, 1107-1113.
MOHR, D.M., Development of attributes of personal identity, *Developmental Psychology*, 1978, *14*, 427-428.
MONTAGNER, H., *L'enfant et la communication*, Paris, Pernoud-Stock, 1980.
MONTEMAYOR, R., EISEN, M., The development of self-conceptions from childhood to adolescence, *Developmental Psychology*, 1977, *13*, 314-319.
MOYNAHAN, E.D., The development of knowledge concerning the effect of categorization upon free recall, *Child Development*, 1973, *44*, 238-246.
MUELLER, E., The maintenance of verbal exchanges between young children, *Child Development*, 1972, *43*, 930-938.
MUELLER, E., BLEIER, M., KRAKOW, J., HEGEDUS, K., COURNOYER, P., The development of peer verbal interaction among two-year-old boys, *Child Development*, 1977, *48*, 284-287.
MULLENER, N., LAIRD, J.D., Some developmental changes in the organization of self evaluation, *Developmental Psychology*, 1971, 233-236.
MUNN, N.L., The effect of knowledge of the situatiion upon judgment of emotion from facial expressions, *Journal of abnormal and social Psychology*, 1940, *35*, 324-338.
MUNN, N.L., *The evolution and growth of human behavior*, Boston, Houghton Mifflin, 1955.
MURPHY, L.B., *Social behavior and child personality: An exploratory study of some roots of sympathy*, New York, Columbia University Press, 1937.
NEIMARK, E., SLOTNICK, N.S., ULRICH, T., The development of memorization strategies, *Developmental Psychology*, 1971, *5*, 427-432.
NELSON, C.A., MORSE, P.A., LEAVITT, L.A., Recognition of facial expressions by seven-month-old infants, *Child Development*, 1979, *50*, 1239-1242.
NELSON, S.A. Factors influencing young children's use of motives and outcomes as moral criteria, *Child Development*, 1980, *51*, 823-829.
ODOM, R.D. LEMOND, C.M., Developmental differences in the perception and production of facial expressions, *Child Development*, 1972, *43*, 359-369.
OLÉRON, P., *Langage et développement mental*, Bruxelles, Dessart, 1972.
OLÉRON, P., *Les activités intellectuelles*, Paris, Presses Universitaires de France, 2e éd., 1972.
OLÉRON, P., Discussion in *Psychologie de la connaissance de soi*. Symposium de l'Association de Psychologie Scientifique de langue française (Paris, 1973), Paris, Presses Universitaires de France, 1975, 346-349.

OLÉRON, P., Pour un dépassement du concept d'intelligence, *International Review of applied Psychology*, 1975, *24*, n° 2, 107-116.
OLÉRON, P., L'acquisition du langage in H. Gratiot-Alphandery, R. Zazzo, (éd.) *Traité de Psychologie de l'enfant*, tome 6, 1976, 75-212, Paris, Presses Universitaires de France.
OLÉRON, P., *L'intelligence*, Paris, Presses Universitaires de France, Coll. Que sais-Je, 2ᵉ édit., 1977.
OLÉRON, P., Encadrement et désencadrement de l'intelligence, *Bulletin de Psychologie*, 1979 a, *32*, 401-411.
OLÉRON, P., *L'enfant et l'acquisition du langage*, Paris, Presses Universitaires de France, 1979 b.
OLÉRON, P. Délimitation de l'intelligence et formation intellectuelle, *Revue de Psychologie appliquée*, 1979 c, *29*, 197-203.
OLÉRON, P., LEGROS, S., Présuppositions, implications linguistiques et atteinte de la signification des termes psychologiques par l'enfant, *Journal de Psychologie*, 1977, *4*, 409-429.
OLÉRON, P., SOUBITEZ, M.C., Influence des variables âge, sexe, agent et connotation sur l'évaluation du *Locus of control* par des enfants d'âge scolaire (à paraître).
PAGES, R., La perception d'autrui, in P. Fraisse et J. Piaget, *Traité de Psychologie Expérimentale*, tome IX, Chap. 32, 101-169, Paris, Presses Universitaires de France, 1965.
PERKINS, H.W., Teacher's and peer's perceptions of children's self concepts, *Child Development*, 1958, *29*, 203-220.
PERRON, R., La conception de soi comme facteur de comportement, *Psychologie française*, 1959, *4*, 58-68.
PERRON, R., *Modèle d'enfants, enfants modèles*, Paris, Presses Universitaires de France, 1971.
PIAGET, J., *La représentation du monde chez l'enfant*, Paris, Alcan, 1926.
PIAGET, J., *La naissance de l'intelligence chez l'enfant*, Neuchâtel, Delachaux et Niestlé, 1936.
PIAGET, J., *Le langage et la pensée chez l'enfant. Etudes sur la logique de l'enfant*, Paris et Neuchâtel, Delachaux et Niestlé, 1923, 5ᵉ ed. 1962.
PIAGET, J., *La prise de conscience*, Paris, Presses Universitaires de France, 1974 a.
PIAGET, J., *Réussir et comprendre*, Paris, Presses Universitaires de France, 1974 b.
PIAGET, J., INHELDER, B., *La représentation de l'espace chez l'enfant*, Paris, Presses Universitaires de France, 1948.
PIAGET, J., INHELDER, B., *La psychologie de l'enfant*, Paris, Presses Universitaires de France, 4ᵉ edit., 1971.
PICHÉ, G.L., RUBIN, D.L., MICHLIN, M.L., Age and social class in children's use of persuasive communicative appeals, *Child Development*, 1978, *49*, 773-780.
PIERAUT-Le BONNIEC, G., *Le raisonnement modal. Etude génétique*, Paris, La Haye, Mouton, 1974.
PIERS, E.V., HARRIS, D.B., Age and others correlates of self concept in children, *Journal of Educational Psychology*, 1964, *55*, 91-95.
PRATT, M., SCRIBNER, S., COLE, M., Children as teachers: developmental studies of instructional communication, *Child Development*, 1977, *48*, 1475-1481.
RAGOZIN, A.S., Attachement behavior of day-care children: naturalistic and laboratory observations, *Child Development*, 1980, *51*, 409-415.
RHEINGOLD, H.L., The effect of environmental stimulation upon social and exploratory behaviour in the human infant in B.M. Foss (ed.), *Determinants of infant behaviour*, London, Methuen, 1961, 143-170.

RHEINGOLD, H.L., ECKERMAN, C., Fear of the stranger: a critical examination in H. Reese (ed.), *Advances in child development and behavior,* Vol. 8, New York, Academic Press, 1973.
RHEINGOLD, H.L., GEWIRTZ, J.L., ROSS, H.W., Social conditioning of vocalization in the infant, *Journal of comparative and physiological Psychology,* 1959, *52*, 68-73.
ROBINSON, E., Mother-child interaction and the child's understanding about communication, *International Journal of Psycholinguistics,* 1980, 7-1/2 (17/18), 85-101.
ROBINSON, E., The child's understanding of inadequate messages and communication failure: a problem of ignorance or egocentrism? in W.P. Dickson (ed.), *Children's oral communication skills,* New York, Academic Press, 1981, 167-188.
RODRIGUEZ TOME, H., *Le Moi et l'Autre dans la conscience de l'adolescent,* Neuchâtel, Delachaux et Niestlé, 1972.
ROEN, S.R., Primary prevention in the classroom through a teaching program in the behavioral sciences in E.L. Cowen, E.A. Gardner, M. Zak, (eds), *Emergent approaches to mental health problems,* New York, Appleton-Century-Crofts, 1967.
ROGERS, C., DYMOND, R., *Psychotherapy and personality change,* Chicago, University of Chicago Press, 1954.
ROGERS, C., KINGET, G.M., *Psychothérapie et relations humaines. Théorie et pratique de la thérapie non-directive,* Louvain, Nauwelaerts, 5ᵉ ed. 1971.
ROSENBACK, D., CROCKETT, W.H., WAPNER, S., Developmental level, emotional involvement, and the resolution of inconsistency in impression formation, *Developmental Psychology,* 1973, *8*, 120-130.
ROSS, L., The intuitive psychologist and his shortcomings: distorsions in the attribution process, in L. Berkowitz (ed.), *Advances in experimental social Psychology,* vol. 10, New York, Academic Press, 1977, 173-220.
ROSS, L., Some afterthoughts on the intuitive psychologist, in L. Berkowitz, L. (ed.), *Cognitive theories in social psychology,* New York, Academic Press, 1978, 385-400.
ROTHENBERG, B.B., Children's social sensitivity and their relationship to interpersonal competence and intellectual level, *Developmental Psychology,* 1970, *2*, 335-350.
ROTTER, J.B., *Social learning and clinical psychology,* Englewood Cliffs, Prentice Hall, 1954.
ROTTER, J.B., Generalized expectancies for internal versus external control of reinforcement, *Psychological Monographs,* 1966, *80*, n° 1.
RUCKMICK, C.A., A preliminary study of the emotions, *Psychological Monographs,* 1921, *30*, n° 136, 30-35.
RUSSEL, G. (et al.), Measurement of Masculine and Feminine, *Australian Psychologist,* 1978, *13*, 1, p. 41.
SARBIN, T., Contribution to role taking theory, *Psychological Review,* 1950, *57*, 255-270.
SARBIN, T.R., A preface to a psychological analysis of the self, *Psychological Review,* 1952, *59*, 11-22.
SARBIN, T.R., TAFT, R., BAILEY, D.E., *Clinical inference and cognitive theory,* New York, Holt Rinehart and Winston, 1960.
SALATAS, H., FLAVELL, J.H., Behavioral and metamnemonic indicators of strategic behaviors under remember instructions in first grade, *Child Development,* 1976, *47*, 81-89.
SAVITSKY, J.C., ISARD, C.E., Developmental changes in the use of emotion cues in a concept-formation task, *Developmental Psychology,* 1970, *3*, n° 3, 350-357.

SCARLETT, H.H., PRESS, A.N., CROCKETT, W.H., Children's description of peers: a Wernerian developmental analysis, *Child Development*, 1971, *42*, 439-453.
SCHAFFER, H.R., The onset of fear of strangers and the incongruity hypothesis, *Journal of Child Psychology and Psychiatry*, 1966, *7*, 95-100.
SCHAFFER, H.R., EMERSON, P.E., The development of social attachment in infancy, *Monographs of the Society for Research in Child Development*, 1964, *29*, n° 3.
SCHEGLOFF, E.A., Sequencing in conversational openings, *American Anthropologist*, 1968, *70*, 1075-1095.
SCHNEIDER, D.J., HASTORF, A.H., ELLSWORTH, P.C., *Person perception*, 2ᵉ ed., Reading, Addison-Wesley, 1979.
SEARLE, J.R., *Les actes de langage*, Trad. fr., Paris, Hermann, 1972.
SEARS, R.R., Discussion in B. Weiner (ed.) *Cognitive views of human motivation*, New York, Academic Press, 1974.
SELMAN, R.L., Taking another's perspective: role-taking development in early childhood, *Child Development*, 1971, *42*, 1721-1734.
SELMAN, R., BYRNE, D., A structural developmental analysis of levels of role taking in middle childhood, *Child Development*, 1975, *45*, 803-806.
SERBIN, L., CONNOR, J., Sex-typing of children's play preferences and patterns of cognitive performance, *Journal of genetic Psychology*, 1979, *134*, 315-315.
SHANTZ, C.U., The development of social cognition in E.M. Hetherington (ed.), *Review of child development research*, Vol. 5, Chicago, University of Chicago Press, 1975.
SHANTZ, C., The role of role-taking in children's referential communication in W.P. Dickson (ed.), *Children's oral communication skills*, New York, Academic Press, 1981, 85-104.
SHANTZ, C.U., WATSON, J.S., Assessment of spatial egocentrism through expectancy violation, *Psychonomic Science*, 1970, *18*, 93-94.
SHATZ, M. GELMAN, R., The development of communication skills. Modifications in the speech of young children as a function of listener, *Monographs of the Society for Research in Child Development*, 1973, *38*, 5, n° 152.
SHAW, R.L., UHL, N.P., Control of reinforcement and acedemic achievement, *Journal of Educational Research*, 1971, *64*, 226-228.
SHERMAN, M. The differenciation of emotional response in infants, *Journal of comparative psychology*, 1927, *7*, 265-283, 335-351, et 1928, *8*, 385-394.
SIGUAN SOLER, M., De la communication gestuelle au langage verbal in *La genèse de la parole*, Paris, Presses Universitaires de France, 1977, 29-79.
SLAMA-CAZACU, T., Echanges verbaux entre enfants et adultes in *La genèse de la parole*, Paris, Presses Universitaires de France, 1977, 179-246.
SLAMA-CAZACU, T., Le dialogue chez les petits enfants. Sa signification et quelques-unes de ses particularités, *Bulletin de Psychologie*, 1966, *19*, 688-697.
SMITH, M.C., Cognizing the behavior stream: the recognition of intentional action, *Child Development*, 1978, *49*, 736-743.
SOLOMON, D., HOULIHAN, K.A., PERELIUS, R.J., Intellectual achievement responsability in Negro and White Children, *Psychological Report*, 1969, *24*, 479-483.
SPILTON, D., LEE, L., Some determinants of effective communication in four-years-olds, *Child Development*, 1977, *48*, 968-977.
SPITZ, R.A., *De la naissance à la parole. La première année de la vie*. Trad. fr., Paris, Presses Universitaires de France, 1968.
SPITZ, R.A., WOLF, K.M., The smiling response: a contribution to the ontogenesis of social relations, *Genetic Psychology Monographs*, 1946, *34*, 57-125.

SROUFE, L.A., Wariness of strangers and the study of infant development, *Child Development*, 1977, *48*, 731-746.
STAGNER, R., *Psychology of personality*, New York, Mc Graw Kill, 1961.
STEPHENS, H.W., DELYS, P.A., A Locus of control measure for preschool children, *Developmental Psychology*, 1973, *9*, 55-65.
STONE, L.J., SMITH, H.T., MURPHY, L.B., (eds.), *The competent infant. Research and commentary*, New York, Basic Books, 1973.
STRAYER, J. A naturalistic study of empathic behaviors and their relation to affective states and perspective-taking skills in preschool children, *Child Development*, 1980, *51*, 815-822.
SUNDBERG, N.D., SNOWDEN, L.R., REYNOLDS, W.M., Toward assessment of personal competence and incompetence in life situation, *Annual Review of Psychology*, 1978, *29*, 179-221.
SYMONDS, P.H., *The ego and the self*, New York, Appleton Century Crofts, 1951.
TAGIURI, R., Relational analysis: an extension of sociometric method with emphasis upon social perception, *Sociometry*, 1952, *15*, 91-104.
TAJFEL, H., La catégorisation sociale in S. Moscovici, *Introduction à la psychologie sociale*, Paris, Larousse, 1972.
TAP, P. Etude différentielle de la représentation des qualités paternelles à l'adolescence, *Enfance*, 1971, *3*, 249-289.
TAP, P., La représentation des qualités maternelles à l'adolescence, *Enfance*, 1977, 2-4, 123-140.
TENNEY, Y.I., The child's conception of organization and recall, *Journal of experimental Child Psychology*, 1975, *19*, 100-114.
THOMAS, M. et al. Desencitization to portrayals of real life agression as a function of T.V. violence, *Journal of Personality and Social Psychology*, 1977, *35*, 450-458.
THOMAS, M., DRABMAN, R., Effects of television violence on expectations of others agression, *Personality and Social Psychology Bulletin*, 1978, *4*, 73-76.
THORNDIKE, R.L., STEIN, S., An evaluation of the attempts to measure social intelligence, *Psychological Bulletin*, 1937, *34*, 275-285.
TURIEL, E., Distinct conceptual and developmental domains: social convention and morality in H.E. Howe (ed.), *1977 Nebraska Symposium motivation*, Lincoln, University of Nebraska Press, 1977.
U.N.E.S.C.O. *Déclaration des droits de l'enfant*, Publication de l'UNESCO, 20 novembre 1959.
URBAIN, E.S., KENDALL, P.C., Review of social-cognitive problem solving interventions with children, *Psychological Bulletin*, 1980, *88*, 109-143.
URBERG, K.A., DOCHERTY, E.M., Development of role taking skills in young children, *Developmental Psychology*, 1976, *12*, 198-203.
VETTER, H., *Language behavior and psychopathology*, Chicago, Rand McNally, 1969.
VURPILLOT, E., *Les perceptions du nourrisson*, Paris, Presses Universitaires de France, 1972.
WALLON, H., *L'évolution psychologique de l'enfant*, Paris, Colin, 1941.
WALLON, H., *Les origines de la pensée chez l'enfant*, Paris, Presses Universitaires de France, 1945.
WALLON, H., Le rôle de l'«autre» dans la co. .cience du moi, *Journal égyptien de Psychologie*, 1946, 1, repris dans *Enfance*, 1959, n° 3-4.
WALLON, H., Les livres pour enfants, Préface, *Enfance*, 1956, n° spécial, 3-9.
WARR, P.B., KNAPPER, C., *The perception of people and events*, London, Wiley, 1968.

WATSON, M. FISHER, K., Development of social roles in elicited and spontaneous behavior during the preschool years, *Developmental Psychology*, 1980, *16*, 483-494.
WELLMAN, H.M., Tip of the tongue and feeling of knowing experiences: a developmental study of memory monitoring, *Child Development* 1977, *48*, 13-21.
WELLMAN, H.M., JOHNSON, C.N., Understanding of mental processes: a developmental study of «Remember» and «Forget», *Child Development*, 1979, *50*, 79-88.
WELLMAN, H., LEMPERS, J., The naturalistic communication abilities of two-years-olds, *Child Development*, 1977, *48*, 1052-1057.
WELKOWITZ, J., CARIFFE, G., FELDSTEIN, S., Conversational congruence as a criterion of socialization in children, *Child Development*, 1976, *47*, 269-272.
WERNER, H., The concept of development from a comparative and organismic point of view, in D.B. Harris (Ed.) *The concept of development*, Minneapolis, University of Minnesota Press, 1957.
WERNER, E.E., Cross-cultural child development. *A view from the planet earth*, Brooks Cole publisching Company, Monteroy, 1979.
WHITE, D.G., Effects of sex-typed labels and their source on the imitative performance of young children, *Child Development*, 1978, *49*, 1266-1269.
WHITE, R.W., Motivation reconsidered: the concept of competence, *Psychological Review*, 1959, *66*, 297-333.
WHITE R.W., Competence as an aspect of personal growth in M.W. Kent, J.E. Rolf (eds.), *Primary prevention of psychopathology*, vol. 3: *Social competence in children*, Hanover, New England, University Press, 1979.
WHITEMAN, M., Chidren's conceptions of psychological causality, *Child Development*, 1967, *38*, 143-155.
WHITEMAN, M., BROOK, J.S., GORDON, A.S., Children's motivational perception as related to instrumentality and effect of action, *Developmental Psychology*, 1974, *10*, 929-935.
WINSTON, P.H., *Artificial intelligence*, London, Addison and Wesley Publ. Comp. 1977.
WILLIAMS, J., BENNETS, S., BEST, D., Awareness and expression of sex stereotypes in young children, *Developmental Psychology*, 1975, *11*, 635-642.
WINNYKAMEN, F., SAINT-MARC, D., Rôle de l'influence d'un modèle dans une situation de choix de jouets chez des filles et des garçons de 4 à 5 ans, (à paraître).
WOLFF, P.H., Observations on the early development of smiling in B.M. Foss (ed.), *Determinants of infant behaviour* II., New York, Wiley, 1963.
WOLMAN, R.N., LEWIS, W.C., KING, M., The development of the language of emotions: Conditions of emotional arousal, *Child Development*, 1971, *42*, 1288-1293.
WOODWORTH, R.S., *Psychologie expérimentale*, tome 1, trad. A. Ombredane et I. Lezine, Paris, Presses Universitaires de France, 1949.
WYLIE, R.C., *The self-concept. A critical survey of pertinent research literature*, Lincoln, University of Nebraska Press, 1961.
YUSSEN, S.R., GAGNÉ, E., GAGUILO, R., KUNEN, S., The distinction between perceiving and memorizing in elementary school children, *Child Development*, 1974, *45*, 547-551.
ZABEL, R.H., Recognition of emotions in facial expressions by emotionally disturbed and undisturbed children, *Psychology in the schools*, 1979, *16*, n° 1, 119-126.
ZAZZO, B., Le dynamisme évolutif, genèse de valeurs du moi chez l'enfant étudié à travers ses représentations de l'évolution, in R. Zazzo, *Des garçons de 6 à 12 ans*, Paris, Presses Universitaires de France, 1969.

ZAZZO, B., *Psychologie de l'adolescence,* Paris, Presses Universitaires de France, 1966.

ZAZZO, R., L'attachement. Une nouvelle théorie sur les origines de l'affectivité in *L'attachement,* Neuchâtel, Delachaux et Niestlé, 1974.

ZUCKERMAN, M., PRZEWUZMAN, S.J., Decoding and encoding facial expressions in preschool-age children, *Environmental Psychology and non verbal Psychology,* 1979, *3*, n° 3, 147-163.

Table des matières

Avant-propos 5

CHAPITRE I. LES SAVOIRS ET SAVOIR-FAIRE PSYCHOLOGIQUES: NATURE, FORMES, GENESE
par Pierre Oléron

1. Les aspects cognitifs de la vie sociale 7
2. La spécificité des savoirs et savoir-faire relatifs au social et au psychologique 11
   A. La spécificité du social et du psychologique 13
   B. L'originalité initiale 17
   C. Quelques traits typiques 18
3. La notion de compétence psychologique 25
4. Formes, niveaux, genèse des savoirs et savoir-faire psychologiques 31
   A. Les exigences de la situation 32
   B. Les aspects de la connaissance 34
   C. Le passage de l'implicite à l'explicite 38
5. Lacunes et limites 43
   A. L'apport des notions d'attribution et de *locus of control* 43
   B. Limites propres à l'étude de l'enfant 46

CHAPITRE II. LA CONNAISSANCE D'AUTRUI 49
par Pierre Oléron

1. Savoirs et savoir-faire impliqués par les premières relations avec les personnes 50
   A. La distinction du moi et du non-moi 51
   B. La distinction entre les personnes et les choses 53
   C. La distinction entre les personnes 56
   D. Unité et variabilité des personnes 60
   E. La coordination entre les activités des personnes et les siennes propres ... 62
   F. L'identification des personnes 65
2. La connaissance de la vie psychologique chez autrui 69
   A. La formation des savoirs et leurs bases 70
      1. La mise en œuvre dans l'action 71
      2. Les bases affectives: sympathie et empathie 72
      3. L'apprentissage 75
      4. Le langage 77
   B. Les aspects de la connaissance de l'autre 80
      1. La connaissance de l'autre et de sa différence 83

La perception	86
Prise de rôle et empathie	88
2. La connaissance des intentions et des mobiles	92
L'intention à travers l'évaluation morale	94
Comment sont détectés intentions et mobiles	97
C. Les interactions cognitives	102
1. L'autre comme source d'information	103
2. L'atteinte de la représentation de l'autre	104
3. La pensée de la pensée : pénétration et dissimulation	108
3. Le déchiffrement des expressions affectives par Jacqueline Danset-Léger	112
A. L'identification des états affectifs et le rôle des indices	114
B. Réactions du bébé aux mouvements expressifs du visage	115
C. Progrès avec l'âge de la lecture des expressions	118
D. L'utilisation des mimiques dans l'appréhension d'autrui par l'enfant	119
E. L'enfant et les artifices de la représentation graphique des émotions	123

CHAPITRE III : ADAPTATION AUX INTERACTIONS ET AUX SITUATIONS SOCIALES
par Janine Beaudichon et Fajda Winnykamen

1. Les déterminants de l'adaptation aux interactions	127
A. Approche expérimentale des interactions	127
B. Le processus en jeu	129
2. Adaptation aux interactions et échanges verbaux adaptés au cours de la communication	134
A. Le champ d'étude	134
B. Les savoir-faire de l'enfant à l'égard de la communication	135
1. Les communications non verbales adaptées	135
2. Les interactions non verbales associées au dialogue	136
3. L'adaptation des communications verbales	137
C. Les savoirs de l'enfant à l'égard de la communication	142
1. Le passage des savoir-faire aux savoirs	143
2. L'apport de l'observation des conduites	143
3. L'apport de l'analyse des contradictions entre séries de données d'expériences	144
4. Les raisonnements et jugements de l'enfant relatifs à la communication	146
5. Les voies d'acquisition des savoir-faire et savoirs	149
3. Savoirs et savoir-faire de l'enfant à l'égard des rôles sociaux	151
A. La notion de rôle	151
1. Le rôle social	151
2. Le rôle d'enfant	152
3. Les rôles tenus par les enfants	153
4. Rôles sociaux et sociétés	154
B. Les savoirs et savoir-faire relatifs aux rôles sociaux manifestés par les enfants	155

	1. Savoirs et savoir-faire	155
	2. Les méthodes d'approche	156
	3. Les études empiriques	157
	Les observations	157
	Les épreuves par interviews	160
	Quelques études expérimentales	161
C.	Les modalités d'acquisition des savoirs et savoir-faire relatifs aux rôles	165
	1. Les acquisitions sociales	166
	2. Les données biologiques et leurs limites	166
	3. Le niveau de développement	168
	4. La pression sociale	168
	5. Les processus de modélisation	169
	6. Les relations du sujet aux sources d'information et les interactions	169
	7. Le rôle des média	170
D.	Les jugements portés par les enfants sur les rôles sociaux	171

CHAPITRE IV. LE DEVELOPPEMENT DE LA CONNAISSANCE DE SOI CHEZ L'ENFANT ET L'ADOLESCENT
par Annick Cartron

1.	Caractéristiques des travaux ayant pour objet le développement de la connaissance de soi	175
	A. Diversité des perspectives d'étude	175
	B. Connaissance de soi et connaissance d'autrui	176
	C. Désintérêt de la psychologie à l'égard des processus conscients	177
	D. L'attrait des spéculations théoriques à propos de la nature du «soi»	178
	E. Difficultés méthodologiques	178
	Production écrite ou orale de l'autoportrait	178
	Autoportrait obtenu à partir de questionnaires, échelles d'attitudes et listes d'adjectifs	179
	Expression de la connaissance de soi et survalorisation	180
	Méthodes utilisées, données descriptives et explicatives	181
2.	La connaissance de soi chez l'enfant d'âge préscolaire	182
	A. Connaissance de soi et connaissance du corps propre	182
	B. Connaissance de soi, imitations, identifications et rôles sociaux	183
	C. Connaissance de soi et relations interpersonnelles	184
3.	La connaissance de soi chez l'enfant d'âge scolaire et son évolution au cours de l'adolescence	186
	A. L'accès à la connaissance de sa personnalité	186
	Caractéristiques de la personnalité privilégiées en fonction de l'âge	186
	Diversification et différenciation des éléments de connaissance de soi: caractéristiques externes et internes	187
	B. Les savoirs psychologiques de l'enfant à propos de lui-même	189
	Les déterminants des conduites selon l'enfant	189
	Le *«locus of control»*	190

Le développement de l'identité du moi à travers la prise de conscience de sa propre évolution 191
C. Connaissance de soi et cadres de références sociales 193
Connaissance de soi et « moi idéal » 193
Connaissance de soi et connaissance d'autrui 196
Connaissance de soi et jugements attribués à autrui 196
La comparaison moi-autrui 198
4. Conclusion 200

CHAPITRE V : LA CONNAISSANCE DES PHENOMENES PSYCHOLOGIQUES
par Anne-Marie Melot et Ahn Nguyen Xuan

1. Eléments théoriques 204
  A. Le concept de métacognition 204
  B. Le concept de structure de contrôle dans l'approche traitement de l'information 206
  C. Les niveaux de compréhension de ses propres actions dans l'approche piagétienne 208
  D. Proposition d'un cadre conceptuel pour analyser le développement de la connaissance des phénomènes psychologiques 210
2. Analyses des données expérimentales 215
  A. Connaissance et contrôle des activités psychologiques 216
    1. La connaissance des termes psychologiques 217
    2. L'inférence des résultats d'activités internes chez autrui 222
       La perception visuelle 223
       Inférences concernant l'activité cognitive chez l'enfant 228
    3. Le contrôle régulateur de son propre fonctionnement cognitif 231
  B. La connaissance des phénomènes relatifs à la mémoire et à son fonctionnement 235
    1. Quelques recherches réalisées en situation de mémorisation réelle
       Moynahan (1973) 238
       Tenney (1975) 240
    2. Les études utilisant l'interview : Kreutzer, Léonard, Flavell 1975 . 242
    3. Les rapports entre « connaissance méta » et conduites : une expérience d'entraînement 255

CONCLUSION 260
BIBLIOGRAPHIE 265

PSYCHOLOGIE ET SCIENCES HUMAINES

collection publiée sous la direction de MARC RICHELLE

1 Dr Paul Chauchard
LA MAITRISE DE SOI, 9ᵉ éd.
5 François Duyckaerts
LA FORMATION DU LIEN SEXUEL, 9ᵉ éd.
7 Paul-A. Osterrieth
FAIRE DES ADULTES, 16ᵉ éd.
9 Daniel Widlöcher
L'INTERPRETATION DES DESSINS D'ENFANTS, 9ᵉ éd.
11 Berthe Reymond-Rivier
LE DEVELOPPEMENT SOCIAL DE L'ENFANT ET DE L'ADOLESCENT, 9ᵉ éd.
12 Maurice Dongier
NEVROSES ET TROUBLES PSYCHOSOMATIQUES, 7ᵉ éd.
15 Roger Mucchielli
INTRODUCTION A LA PSYCHOLOGIE STRUCTURALE, 3ᵉ éd.
16 Claude Köhler
JEUNES DEFICIENTS MENTAUX, 4ᵉ éd.
21 Dr P. Geissmann et Dr R. Durand
LES METHODES DE RELAXATION, 4ᵉ éd.
22 H. T. Klinkhamer-Steketée
PSYCHOTHERAPIE PAR LE JEU, 3ᵉ éd.
23 Louis Corman
L'EXAMEN PSYCHOLOGIQUE D'UN ENFANT, 3ᵉ éd.
24 Marc Richelle
POURQUOI LES PSYCHOLOGUES?, 6ᵉ éd.
25 Lucien Israel
LE MEDECIN FACE AU MALADE, 5ᵉ éd.
26 Francine Robaye-Geelen
L'ENFANT AU CERVEAU BLESSE, 2ᵉ éd.
27 B.F. Skinner
LA REVOLUTION SCIENTIFIQUE DE L'ENSEIGNEMENT, 3ᵉ éd.
28 Colette Durieu
LA REEDUCATION DES APHASIQUES
29 J.C. Ruwet
ETHOLOGIE: BIOLOGIE DU COMPORTEMENT, 3ᵉ éd.
30 Eugénie De Keyser
ART ET MESURE DE L'ESPACE
32 Ernest Natalis
CARREFOURS PSYCHOPEDAGOGIQUES
33 E. Hartmann
BIOLOGIE DU REVE
34 Georges Bastin
DICTIONNAIRE DE LA PSYCHOLOGIE SEXUELLE
35 Louis Corman
PSYCHO-PATHOLOGIE DE LA RIVALITE FRATERNELLE
36 Dr G. Varenne
L'ABUS DES DROGUES
37 Christian Debuyst, Julienne Joos
L'ENFANT ET L'ADOLESCENT VOLEURS
38 B.-F. Skinner
L'ANALYSE EXPERIMENTALE DU COMPORTEMENT, 2ᵉ éd.
39 D.J. West
HOMOSEXUALITE
40 R. Droz et M. Rahmy
LIRE PIAGET, 3ᵉ éd.
41 José M.R. Delgado
LE CONDITIONNEMENT DU CERVEAU ET LA LIBERTE DE L'ESPRIT
42 Denis Szabo, Denis Gagné, Alice Parizeau
L'ADOLESCENT ET LA SOCIETE, 2ᵉ éd.
43 Pierre Oléron
LANGAGE ET DEVELOPPEMENT MENTAL, 2ᵉ éd.
44 Roger Mucchielli
ANALYSE EXISTENTIELLE ET PSYCHOTHERAPIE PHENOMENO-STRUCTURALE
45 Gertrud L. Wyatt
LA RELATION MERE-ENFANT ET L'ACQUISITION DU LANGAGE, 2ᵉ éd.
46 Dr. Etienne De Greeff
AMOUR ET CRIMES D'AMOUR
47 Louis Corman
L'EDUCATION ECLAIREE PAR LA PSYCHANALYSE
48 Jean-Claude Benoit et Mario Berta
L'ACTIVATION PSYCHOTHERAPIQUE
49 T. Ayllon et N. Azrin
TRAITEMENT COMPORTEMENTAL EN INSTITUTION PSYCHIATRIQUE
50 G. Rucquoy
LA CONSULTATION CONJUGALE
51 R. Titone
LE BILINGUISME PRECOCE
52 G. Kellens
BANQUEROUTE ET BANQUEROUTIERS
53 François Duyckaerts
CONSCIENCE ET PRISE DE CONSCIENCE
54 Jacques Launay, Jacques Levine et Gilbert Maurey
LE REVE EVEILLE-DIRIGE ET L'INCONSCIENT
55 Alain Lieury
LA MEMOIRE
56 Louis Corman
NARCISSISME ET FRUSTRATION D'AMOUR

57 E. Hartmann
LES FONCTIONS DU SOMMEIL
58 Jean-Marie Paisse
L'UNIVERS SYMBOLIQUE DE L'ENFANT ARRIERE MENTAL
59 Jacques Van Rillaer
L'AGRESSIVITE HUMAINE
60 Georges Mounin
LINGUISTIQUE ET TRADUCTION
61 Jérôme Kagan
COMPRENDRE L'ENFANT
62 Michael S. Gazzaniga
LE CERVEAU DEDOUBLE
63 Paul Cazayus
L'APHASIE
64 X. Seron, J.L. Lambert, M. Van der Linden
LA MODIFICATION DU COMPORTEMENT
65 W. Huber
INTRODUCTION A LA PSYCHOLOGIE DE LA PERSONNALITE, 2ᵉ éd.
66 Emile Meurice
PSYCHIATRIE ET VIE SOCIALE
67 J. Château, H. Gratiot-Alphandéry, R. Doron et P. Cazayus
LES GRANDES PSYCHOLOGIES MODERNES
68 P. Sifnéos
PSYCHOTHERAPIE BREVE ET CRISE EMOTIONNELLE
69 Marc Richelle
B.F. SKINNER OU LE PERIL BEHAVIORISTE
70 J.P. Bronckart
THEORIES DU LANGAGE
71 Anika Lemaire
JACQUES LACAN, 2ᵉ éd. revue et augmentée
72 J.L. Lambert
INTRODUCTION A L'ARRIERATION MENTALE
73 T.G.R. Bower
DEVELOPPEMENT PSYCHOLOGIQUE DE LA PREMIERE ENFANCE
74 J. Rondal
LANGAGE ET EDUCATION
75 Sheila Kitzinger
PREPARER A L'ACCOUCHEMENT
76 Ovide Fontaine
INTRODUCTION AUX THERAPIES COMPORTEMENTALES
77 Jacques-Philippe Leyens
PSYCHOLOGIE SOCIALE, 2ᵉ éd.
78 Jean Rondal
VOTRE ENFANT APPREND A PARLER
79 Michel Legrand
LE TEST DE SZONDI
80 H.J. Eysenck
LA NEVROSE ET VOUS
81 Albert Demaret
ETHOLOGIE ET PSYCHIATRIE
82 Jean-Luc Lambert et Jean A. Rondal
LE MONGOLISME
83 Albert Bandura
L'APPRENTISSAGE SOCIAL
84 Xavier Seron
APHASIE ET NEUROPSYCHOLOGIE
85 Roger Rondeau
LES GROUPES EN CRISE ?
86 J. Danset-Léger
L'ENFANT ET LES IMAGES DE LA LITTERATURE ENFANTINE
87 Herbert S. Terrace
NIM, UN CHIMPANZE QUI A APPRIS LE LANGAGE GESTUEL
88 Roger Gilbert
BON POUR ENSEIGNER ?
89 Wing, Cooper et Santorius
GUIDE POUR UN EXAMEN PSYCHIATRIQUE
90 Jean Costermans
PSYCHOLOGIE DU LANGAGE
91 Françoise Macar
LE TEMPS PERSPECTIVES PSYCHOPHYSIOLOGIQUES
92 Jacques Van Rillaer
LES ILLUSIONS DE LA PSYCHANALYSE
93 Alain Lieury
LES PROCEDES MNEMOTECHNIQUES
94 Georges Thinès
PHENOMENOLOGIE ET SCIENCE DU COMPORTEMENT
95 Rudolph Schaffer
COMPORTEMENT MATERNEL
96 Daniel Stern
MERE ET ENFANT LES PREMIERES RELATIONS
97 R. Kempe & C. Kempe
L'ENFANCE TORTUREE
98 Jean-Luc Lambert
ENSEIGNEMENT SPECIAL ET HANDICAP MENTAL
99 Jean Morval
INTRODUCTION A LA PSYCHOLOGIE DE L'ENVIRONNEMENT
100 Pierre Oleron et al.
SAVOIRS ET SAVOIR-FAIRE PSYCHOLOGIQUES CHEZ L'ENFANT
101 Bernard I. Murstein
STYLES DE VIE INTIME

Collectif: LE SYSTEME AMDP